행복도시
꾸리찌바

행복도시 꾸리찌바

초판 1쇄 인쇄 2025년 1월 15일
초판 1쇄 발행 2025년 1월 31일

지은이 박용남
펴낸이 하인숙

기획총괄 김현종
책임편집 옥귀희
마케팅 김미숙
디자인 studio forb

펴낸곳 더블북
출판등록 2009년 4월 13일 제2022-000052호
주소 서울시 양천구 목동서로 77 현대월드타워 1713호
전화 02-2061-0765 **팩스** 02-2061-0766
블로그 https://blog.naver.com/doublebook
인스타그램 @doublebook_pub
포스트 post.naver.com/doublebook
페이스북 www.facebook.com/doublebook1
이메일 doublebook@naver.com

© 박용남, 2025
ISBN 979-11-93153-51-2 (03300)

행복도시 꾸리찌바

시민의 행복한

삶이 빛나는

스마트한

생태도시 이야기

박용남 지음

더블북

머리말

《꿈의 도시 꾸리찌바》가 출간된 지 꼭 24년이 지났다. 이 책을 읽고 꾸리찌바 시정에서 많은 것을 배우고 영감을 얻었다는 독자들의 이야기를 듣곤 한다. 어떤 독자는 진로를 새롭게 결정해 도시에 관련된 교수나 연구원이 되기도 했는데, 사람들은 이들을 '꾸리찌바 키드'라고 부른다. 지방 강연에서 만났던 한 기자는 우리 사회를 가장 많이 바꾼 책 한 권을 꼽으라면 단연코《꿈의 도시 꾸리찌바》를 이야기할 것이라고 말했다. 그러나 이런 칭찬은 지나치게 과분한 것이 틀림없다.

그동안 전국을 돌아다니며 만난 독자 중에는 책이 출판된 이후 20여 년 동안 꾸리찌바에 무슨 일이 있었는지, 또 어떤 일을 해왔는지를 궁금해 하는 사람들이 꽤 많았다. 이들은 대부분 단체장이나 공직자, 그리고 대학과 연구소의 전문가 및 시민사회 활동가였다.《행복도시 꾸리찌바》는 이러한 관심에 대한《꿈의 도시 꾸리찌바》저자의 대답이다. 즉 꿈의 도시 꾸리찌바, 그 후 25년을 정리한 것이라고 이해하면 좋을 것 같다.

꾸리찌바에는 에리코 카르발류 페레이라라는 청년이 살고 있다. 그는 자폐증을 가진 젊은이로 포지치부 대학교에서 수학 과정을 수료했다. 페레이라는 꾸리찌바 전역의 250개 버스 노선과 대도시권 일부 노선에 대한 모든 것을 알고 있다. 2019년 하파엘 그레카 시장이 이 청년을 만났다. 그 자리에서 그는 페레이라에게 꾸리찌바 시의 통합교통망이 잘 작동하고 있는지 이야기해 달라고 부탁하면서 그의 의견과 제안을 경청했다. 이처럼 진지하게 장애가 있는 시민과 소통하는 시장의 태도도 놀랍지만 나를 더욱 감동시킨 것은 페레이라의 열정이었다.

페레이라의 열정은 동네를 산책하면서 싹트기 시작했다. 그의 어머니는 자폐증을 가진 아들이 고립되지 않도록 외부 환경에 자연스레 노출되도록 했는데, 그 방법이 바로 동네 산책이었다. 이후 페레이라의 산책은 걸어서 하는 동네 산책을 넘어 버스를 타고 떠나는 도시 산책으로 이어졌다. 산책이 너무 좋고 즐거웠던 그는 마침내 도시 전역의 모든 버스 노선을 타보면서 그것을 외우게 되었다. 그렇게 페레이라는 꾸리찌바 시의 통합교통망에 대한 열렬한 팬이자 전문가가 되었다.

페레이라의 이야기를 알게 된 후 나는 내가 도시 공부를 하는 동안 그처럼 열정을 가지고 임했는지 스스로에게 물어보았다. 어느 도시든 그곳에 사는 모든 사람이 자신의 삶의 터전에 대해 잘 아는 것은 아니다. 나 역시 생태교통에 대해 공부하는 사람임에도 페레이라처럼 현장 구석구석을 열정을 가지고 제대로 살펴보고 탐험해 보진 못했다. 정말 많이 반성하게 된다. 이처럼 도시에 대한 열정을 가진 사람들의 에너지가 모여 있는 꾸리찌바는 생태적으로 건강한 도시가 될 수밖에 없다. 우리나라에도 도시에 대한 열정을 가진 사람들이 많이 나타나 스마트한 생태도시를 만드는 대장정에 적극 참여하면 좋겠다.

이 책을 쓰기 위해 2000년 이후 몇 차례 더 꾸리찌바를 방문했다. 2012년에는 지속가능성을 위한 세계지방정부 협의체ICLEI 세계총회와 유엔지속가능발전 정상회의Rio+20에 참석하고, 희망제작소의 목민관 클럽 회원들로 구성된 단체장들을 안내하기 위해 서울시 대표단의 일원으로 꾸리찌바를 다녀왔다. 그 후 한동안은 세계적인 혁신도시로 평가받는 콜롬비아의 메데진에 대한 책《기적의 도시 메데진》을 쓰느라 꾸리찌바에 대한 관심이 적어질 수밖에 없었다. 다만 10여 년 전 페이스북에 가입한 이후 꾸리찌바의 동향을 지속적으로 모니터링하고 그 내용을 조금씩이라도 정리해 두는 일은 멈추지 않았다. 그런 노력이 없었다면《꿈의 도시 꾸리찌바》이후 25년 동안의 꾸리찌바 이야기와 정책들을 시간의 흐름에 따라 하나도 놓치지 않고 상세히 정리한 이 책이 세상에 나오기 어려웠을 것이다.

나는 오래전부터 우리나라 사람들이 미국, 유럽 그리고 일본의 경험만 맹종하는 학문적, 정책적 사대주의에서 벗어나는 계기를 마련하기 위해 부단히 애써왔다. 이를 위해 꾸리찌바, 메데진, 보고타 등 주로 라틴아메리카의 도시들을 꾸준히 소개하며, 그곳들이 우리나라 정치와 언론에서 소개하는 것처럼 포퓰리즘이 만연한 현장이 아니라는 사실을 역설해 왔다. 그렇게 했던 이유는 이 도시들이 서구 선진국 도시들과 달리 우리 실정과 상당히 비슷할 뿐 아니라 우리가 배울 만한 도시철학과 풍부한 경험을 가지고 있다고 판단했기 때문이다.

《행복도시 꾸리찌바》는 프롤로그와 일곱 개의 장, 그리고 에필로그로 구성되어 있다. 프롤로그에서는 코폴라 감독이 유토피아적 도시를 구상하며 꾸리찌바를 방문해 자이메 레르네르를 만나게 된 사연을 포함해 꾸리찌바가 생태도시와 스마트시티라는 두 개의 날개를 가지고 비상하게 된 배경을 살펴본다. 1장에서는 자이메 레르네르가 남긴 유산을 도시침술 개념과 이 도시를 만든 연금술사들의 이야기로 풀어본다. 2장에서는 간선급행버스 시스템을 토대로 한 세계적인 생태교통도시의 모델을 상세히 언급한다. 그리고 3장에서 6장까지는 꾸리찌바가 시민들을 위해 식량권을 구체적으로 어떻게 지켜내고 있는지, 또 다양한 영역에서 행복한 도시 만들기를 어떻게 추진하고 있는지, 기후위기에 대한 대응 전략과 그 실천을 어떻게 실행하고 있는지 등을 상세히 분석한다. 그리고 7장에서는 세계적인 스마트시티를 어떻게 만들었는지를 살펴본다. 마지막 에필로그에서는 꾸리찌바가 현재 당면한 문제와 향후 과제를 개략적으로 고찰해 본다.

꾸리찌바의 창조적이고 혁신적인 실험들을 배울 수 있도록 물심양면으로 도와준 많은 분께 깊은 감사의 인사를 전하고 싶다. 특히 나에게 도시를 새롭게 볼 수 있는 혜안을 주고 돌아가신 마음속 스승 자이메 레르네르와 2024년 말에 임기를 마치고 물러나는 하파엘 그레카 시장에게 감사드린다. 또 평생 고생만 시킨 아내 양낙미 교수와 두 딸 지연과 홍주, 그리고 사위 성재에게도 특별히 고마움을 전하고 싶다. 이들의 희생과 격려가 없었다면 이 책은 세상에 나오지 못했을 것이다. 독촉이나 불평 없이 긴 시간 원고의 교정은 물론 편집을 위해 애쓰신 옥귀희 실장과 더블북 김현종 사장에게도 마음에서 우러나오는 감사의 인사를 전한다.

2025년 1월
박용남

차례

1
자이메 레르네르가 남긴 도시 유산

2

생태교통도시 모델

3

시민들을 위한 식량권 지키기

4

행복한 도시 만들기 I : 주거, 교육, 문화

5

행복한 도시 만들기 II :
자원순환(폐기물), 도시경관, 공원

6

기후위기에 대한 대응 전략

7

열린 스마트시티 만들기

두 날개로 다시 날다

코폴라와 레르네르의 만남

프랜시스 포드 코폴라는 〈대부〉 3부작과 〈지옥의 묵시록〉으로 유명한 거장 감독이다. 그가 영화 〈메갈로폴리스〉를 만들기 위해 2003년 깨끗한 거리와 효율적인 대중교통으로 유명한 브라질의 꾸리찌바Curitiba에서 일주일을 보냈다는 사실을 최근에야 알게 되었다.

60대 중반이었던 코폴라는 자신의 대본에 적합한 솔루션을 제시하는 유토피아적 도시를 찾던 중에 꾸리찌바를 알게 되었다. 그는 과거에 교통체증, 오염, 폭력으로 신음했던 도시가 새롭게 재창조되어 시민에게 편리한 삶을 제공하는 꾸리찌바의 곳곳을 직접 보고 싶어 했다. 이 도시에 도착하자마자 코폴라는 건축가이자 꾸리찌바를 브라질 최고의 도시로 만들어낸 많은 프로젝트를 창안한 자이메 레르네르Jaime Lerner를 만나 회의도 하고 토론도 했다.[1] 당시는 레르네르가 파라나 주의 주지사 임기를 끝내고 국제건축가연맹의 회장직을 맡고 있던 때였다.

이 만남을 통해 세계적인 영화감독 코폴라는 건축가이자 도시계획가인 레르네르로부터 적지 않은 영감을 받았던 것으로 보인다. 그 후에 코폴라는 관광객으로 꾸리찌바의 거리를 돌아다니며, 그 도시를 도시계획의 모델로 만든 모든 것을 상세히 살펴보고 연구했다. 그는 "이곳은 정말 멋진 곳이에요. 특히 대중교통이 좋죠."라는 평을 남기기도 했다.

〈메갈로폴리스〉는 유토피아적 도시 설계라는 비전을 가진 건축가와 부패한 시장이 도시 재건의 방향성을 두고 대립하는 이야기다. 꾸리찌바 방문 이후 코폴라는 각본을 완성했지만 여러 가지 우여곡절로 인해 제작은 계획대로 이루어지지 못했고, 그러다 최근에야 영화를 완성했다. 2024년 85세가 된 이 뛰어난 노장 감독이 유토피아적 도시를 만들려는 건축가를 어떻게 그려냈을지 무척 궁금하다. 그가 만났던 자이메 레르네르의 면면을 찾아낼 수 있을지도 궁금하다.

〈메갈로폴리스〉는 코폴라 감독이 일생을 바쳐 만들어낸 영화지만, 대본이 대중적이지 않아서 투자자를 구하지 못해 자신의 나파 밸리 포도원과 와이너리를 매각해 투자비를 조달[2]했으며, 영화가 완성된 후에는 배급사를 찾지 못했다는 후일담도 들려온다. 〈메갈로폴리스〉는 제77회 칸 영화제 경쟁 부문에 초청되었고 9월 말 미국에서 개봉되었다.

코폴라와 레르네르. 이 두 거장의 운명적인 만남이 있었던 2003년 8월은 꾸리찌바가 생태도시 또는 환경도시로 국제사회에 널리 이름을 날리던 무렵이다. 그 후 2010년대 초반 무렵까지도 꾸리찌바는 녹색도시, 지속가능한 도시의 대표적인 사례 가운데 하나인 것으로 평가, 보고되었다.

생태도시와 스마트시티의 결합

영국의 이코노미스트 인텔리전스 유닛은 지멘스의 후원을 받아 2012년 녹색도시지수를 산정해 발표했다. 전 세계 120개 이상의 도시를 대륙별로 평가해 발표했는데, 유럽에서는 코펜하겐, 아시아에서는 싱가포르, 북미에선 샌프란시스코, 라틴아메리카에서는 꾸리찌바가 1위를 차지했다.[3] 이 밖에도 《가디언》을 비롯한 세계 유수의 언론들이 생태도시 또는 녹색도시 사례를 선정해 소개할 때면 빠지지 않는 곳이 꾸리찌바다. 또 영국 비비씨어스에서 '자연을 위한 공간을 만드는 여섯 개 도시'를 소개할 때도 꾸리찌바가 포함되었다.[4]

캐나다 토론토에 본사를 둔 미디어, 리서치 및 금융 정보 회사인 코퍼레이트 나이트는 '2022년 지속가능한 도시 지수'[5]를 발표했다. 이는 전 세계 50개 도시를 대상으로 온실가스 배출량, 대기질, 기후변화 회복력 등 12개 항목을 종합적으로 평가한 것이다. 그 결과를 보면 스톡홀름, 오슬로, 코펜하겐, 런던이 각각 1위, 2위, 3위, 5위로 상위권을 차지했다. 그리고 브라질의 꾸리찌바는 14위의 지속가능한 도시로 평가되었는데, 라틴아메리카에서는 1위였다. 꾸리찌바가 17위의 파리나 19위의 뉴욕보다 지속가능한 도시 지수가 높은 것이다. 한편 서울은 25위로 26위 시드니, 27위 메데진Medellin과 비슷한 수준의 도시로 분석되었다. 놀라운 사실은 온실가스 배출량 탓인지 싱가포르가 45위로 비교적 낮은 순위를 기록하고 있다는 점이다.

최근 들어서는 꾸리찌바가 국제사회에서 세계적인 스마트시티로 인정받고 있다. 2022년 피라 바르셀로나가 유엔 해비타트와 공동으로 주최한 스마트시티 라탐 회의에서 꾸리찌바는 '라탐 스마트시티 어워드 2022Latam Smart City Award 2022'를 수상했다. 또 2023년 11월에는 세계에서 가장 권위 있는 '월드 스마트시티 어워드World Smart City Awards'를 수상했다. 이 상은 하파엘 그레카Rafael Greca 시장이 이끄는 사회·경제적 성장과 환경적 지속가능성을 목표로 하는 꾸리찌바 시의 공공정책과 스마트시티 계획 프로그램에 대한 성과를 국제적으로 인정받은 것이 아닌가 하는 생각이 든다.

스마트시티에 관련된 세계 최대 국제행사인 스마트시티 엑스포 세계회의SCEWC에서 그레카 시장은 감격에 겨워 말했다. "꾸리찌바는 탄생 330주년이 되는 2023년에 세계에서 가장 똑똑한 도시로 선정되었습니다. 하지만 꾸리찌바에서 가장 똑똑한 것은 이 도시를 사랑할 수 있는 곳으로 만든 꾸리찌바 사람들입니다. 꾸리찌바 만세! 이 독특한 도시의 지성 만세!"

꾸리찌바는 브라질 최초의 대학과 보행자 전용거리를 가진 도시이자 대중교통, 도시계획 및 환경보존의 모델이 되는 도시다.

그레카 시장이 지난 7년여 동안 개발한 새로운 도시계획 덕분에 꾸리찌바가 혁신형 DNA를 완전히 회복한 것으로 보인다. 이는 지금은 고인이 된 자이메 레르네르 시장 시절의 도시 유산을 확대, 발전시켜 온 결과다.

꾸리찌바는 최근 몇 년 동안 카주루 팹 랩Cajuru Fab Lab과 혁신형 지혜의 등대Faróis do Saber e Inovação를 통해 메이커 문화를 장려하면서 브라질은 물론 세계적으로도 유명한 평생 교육도시로 발전했다. 또 디지털 벽Digital Wall과 노부 인테르 2Novo Inter 2 및 동서 교통축의 간선급행버스Bus Rapid Transit, BRT 시스템을 통한 e-모빌리티 개발도 적극 추진했다. 더 나아가 발리 두 피냥Vale do Pinhão과 같은 혁신 생태계를 구축하는 데도 앞장서왔으며, 라틴아메리카 최초로 쓰레기 매립지에 태양광 발전소인 피라미드 솔라를 건설해 꾸리찌바를 탄소중립 사회로 만드는 데 커다란 기여를 했다. 이 모든 노력에 대해 국제사회는 '월드 스마트시티 어워드' 도시상으로 화답해 주었다.

2024년 9월에는 네덜란드의 위트레흐트에서 '제1회 미래 녹색도시 세계회의'가 열렸다. 이 행사에는 전 세계에서 3,000명 이상의 전문가가 참석해 미래의 녹색도시 형성을 위한 열정과 지식을 공유했다. 이 회의의 하이라이트는 국제원예생산자협회가 수여하는 '세계 녹색도시 어워드 2024World Green City Awards 2024'다.[6]

세계 녹색도시 어워드 2024는 일곱 개 부문으로 나뉘어 수여되는데, 각 부문마다 세 개 도시가 최종 후보로 선정된다. 각 부문의 수상 도시가 하나씩 선정되면 마지막으로 일곱 개 수상 도시

중 하나를 대상으로 선정한다. 브라질 꾸리찌바는 독일의 뮌헨, 포르투갈의 카스카이스와 함께 '도시농업 및 식량 시스템' 부문의 후보로 올라 대상을 받았다. 이는 꾸리찌바가 녹색도시, 환경도시, 생태도시, 스마트시티로만 국제사회에서 인정받는 것이 아니라 도시농업과 먹거리 보장 분야에서도 아주 높은 평가를 받고 있다는 증거다.

그리고 꾸리찌바는 2024년 10월에 국제적으로 명예로운 상을 하나 더 수상했다. 스페인의 빌바오 시에서 주는 '도시 개척자 상 Urban Pioneers Award'을 받은 것이다. 15분 도시 이론을 제창한 카를로스 모레나Carlos Moreno와 창의도시 개념을 대중화한 찰스 랜드리Charles Landry를 포함해 국제적으로 저명한 12명의 도시 전문가들이 심사한 결과다. 이 상은 매년 최고의 글로벌 도시 전략을 가진 도시를 선정한다. 전 세계에서 성공 모델로 입증된 것 가운데 글로벌 벤치마크가 된 도시를 선정하는데, 꾸리찌바가 오스트리아 비엔나와 호주 맬버른과 경합하여 최종 수상자로 결정되었다.

스페인의 《엘 파이스》는 전 세계 스페인어권에서 가장 영향력 있는 언론이다. 2023년 이 신문에서 '꾸리찌바 : 브라질의 지속가능한 녹색 아이콘'[7]이라는 제목으로 꾸리찌바 사례를 특집으로 다루었다. 이걸 보니 꾸리찌바가 국제무대에 완전히 돌아온 것 같다.

지속가능한 성장과 환경 문제에 우선순위를 두지 않았던 두 사람의 시장들이 실패한 후, 지금은 뛰어난 도시계획가인 하파엘 그레카 시장이 꾸리찌바를 이끌고 있다. 변화의 씨앗을 심은 자이메 레르네르에게 오랜 기간 훈련받은 그는 기후변화에 적응하고 완화할 수 있는 야심 찬 계획을 세워 레르네르의 유산을 업데이트하는 사업을 실행하고 있다.

"지구온난화는 인류의 운명이 아니라 추세입니다. 우리는 바꿀 수 있습니다. 사람들을 설득해야 합니다. 그리고 숲뿐만 아니라 도시에서도 직접 행동해야 합니다." 그레카는 이렇게 외치며 탄소중립형 간선급행버스 시스템을 새로 만들고, 쓰레기 매립지였던 곳을 '피라미드 솔라'라 불리는 태양광발전소로 전환시키는 등 아주 혁명적인 프로젝트를 진행했다. 그래서인지 지금 브라질의 도시들은 물론이고 외국에서도 벤치마킹하기 위해 다시 꾸리찌바를 찾고 있다.

꾸리찌바가 다시 한 번 두 날개로 힘차게 날아오르기 시작했다. 하나는 레르네르가 간선급행버스 시스템을 토대로 한 저비용의 대중교통과 생태도시 모델이고, 다른 하나는 그레카가 창안한 꾸리찌바 현실에 가장 적합한 독자적인 탄소중립 도시와 스마트시티가 바로 그것이다. 이 두 개를 결합하여 꾸리찌바는 지금 기후변화에 대응, 적응하며 자원을 낭비하지 않는 순환형 사회를 구축하고 있다. 또한 저비용으로 도시를 관리하는 새로운 모델을 개척하고 있다. 이를 위해 2000년대 초반부터 지금까지 꾸리찌바에서 지속적으로 추진해 온 노력들을 구체적으로 살펴보기 전에 기본적으로 우리가 알아야 할 정보를 간단히 소개하고자 한다.

꾸리찌바는 남아메리카에서 가장 큰 초거대도시 상파울루São

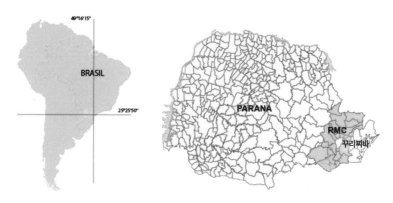

파라나 주와 주도 꾸리찌바의 지리적 위치

Paulo에서 400킬로미터 떨어진, 대서양 연안과 인접해 있는 파라
나 주의 주도다. 평균 고도 908미터의 아열대 지역에 자리 잡은
이 도시는 총면적이 43만 4,892제곱킬로미터(대략 남북으로 35킬로
미터, 동서로 20킬로미터)로 우리나라의 대전시보다 약 100제곱킬
로미터가 작다. 하지만 지형이 이구아수 유역을 축으로 북쪽, 남
쪽, 남동쪽에 고원을 가진 구릉성 언덕으로 이루어져 있어 이용
가능한 토지 규모는 대전보다 약간 큰 전형적인 대도시다.

꾸리찌바의 행정구역은 우리나라의 구청과 같은 역할을 하는
열 개의 지방정부, 동과 같은 역할을 하는 75개의 바이후가 있다.
다만 바이후는 지리적 구분일 뿐 행정 권한은 부여되지 않는다.
이곳에는 주민의 생활 수준을 개선하기 위한 여러 동네 협회가
있다.

마트리스 지역사무소 안에는 중심 상업지구인 센트로가 있다.
구시가지인 이곳에는 옛 도시의 흔적이 보존되어 있는 치라덴치

스 광장Praça Tiradentes, 파세이우 푸블리쿠 공원Parque Passeio Público 등이 있다. 또 유명 브랜드 매장이 즐비한 11월 15일의 거리일명 '꽃의 거리'가 있고 현대적인 과이라 극장도 있다. 대부분의 금융기관도 이곳에 입지해 있다. 꾸리찌바의 가장 특징적인 장소는 행정 분권화의 상징인 시민의 거리Rua da Cidadania라 불리는 곳이다. 시민의 거리는 시립 공공서비스를 제공하는 기준점이자 시민들의 다양한 활동을 위한 만남의 장소다. 시민의 거리는 모두 꾸리찌바의 대중교통 터미널과 접해 있다. 이곳의 핵심 기능은 지방, 주, 연방 정부의 공공서비스를 제공하는 것이다.

파라나 주의 주도인 꾸리찌바의 주변에는 꾸리찌바를 포함해

꾸리찌바의 행정구역

모두 29개의 지방자치단체가 있다. 연방보완법 제14/73호에 의해 설립된 이 광역권은 꾸리찌바 대도시권 지역Região Metropolitana de Curitiba이라 부른다.[8] 이는 브라질 전국에서 두 번째로 큰 광역권이다. 브라질 지리통계연구소IBGE의 2022년 인구센서스 조사에 따르면 꾸리찌바 대도시권 지역의 면적은 1만 6,581.21제곱킬로미터이고 인구는 356만 258명이다. 파라나 주 인구의 31.6%가 이곳에 집중되어 있는 것이다. 이 가운데 꾸리찌바 시의 인구는 177만 3,718명으로 대도시권 지역의 약 절반을 차지하고 있다.[9]

꾸리찌바의 인구는 브라질 남부의 다른 지역과 마찬가지로 주로 포르투갈과 스페인 혈통의 유럽 정착민―주로 독일인, 폴란드인, 우크라이나인, 러시아인, 이탈리아인 등으로 구성―의 후손으로 구성되어 있다. 그 외에는 1879년에 처음 설립된 대규모 유대인 공동체가 있는데, 1930년대에는 나치 독일의 부상과 함께 많은 저명한 독일계 유대인 학자들이 브라질로 이주해 꾸리찌바에 정착하기도 했다. 또한 1915년과 1924년에는 많은 일본인 이민자들이 꾸리찌바에 도착했다. 이곳에는 브라질에서 상파울루에 이어 두 번째로 큰 일본인 커뮤니티의 본거지가 자리 잡고 있다. 현재 꾸리찌바에는 4만 명 이상의 일본계 브라질인이 사는 것으로 추정된다.[10] 한편 한국에서 이주해 온 한국계 브라질인의 규모는 상대적으로 적은 것으로 보고되고 있다.

4,300만 제곱미터의 산업단지를 보유하고 있는 꾸리찌바 대도시권 안에는 아우디, 폭스바겐, 닛산, 볼보, 피아트 등 세계적인 자동차 회사들과 엑손모빌, 지멘스, 뉴홀랜드, HSBC, ESSO 등 유

명한 다국적기업이 자리 잡고 있다. 또 꾸리찌바의 위성도시인 상
호세 도스 핀하이스에는 아폰소 페나 국제공항이 입지하고 있다.

1
자이메 레르네르가 남긴 도시 유산

자이메 레르네르

꾸리찌바는 많은 전문가들에 의해 세계 최고 도시계획 사례 가운데 하나로 평가받고 있다. 꾸리찌바의 도시계획을 위해 최초로 고용된 인물은 건축가, 도시계획가인 알프레드 아가시Alfred Agache다. 그는 1911년 결성된 프랑스 도시계획가협회의 공동 창립자이자 상파울루와 히우데자네이루Rio de Janeiro의 도시계획에 참여한 인물이다. 아가시는 도심의 공공 편의시설, 산업지구와 위생시설 등을 골고루 갖춘 근대 도시계획을 수립했다. 주거지에 둘러싸인 중심지역을 핵으로 환형環形 도로에 방사형放射形 도로를 연결한 교통체계를 제시한 이 계획의 기본원칙은 중심상업 업무지구를 강화하는 것이었다. 고전적인 계획 개념을 반영한 아가시의 계획은 1950년대부터 브라질에서 일어나기 시작한 자가용 붐의 예측에 실패한 데다 공공자금의 부족 때문에 방사형 도로를 제외하고는 거의 집행되지 않았다.

꾸리찌바 종합계획

1960년대에 인구가 43만 명으로 급증하면서 꾸리찌바는 도시의 성격이 완전히 왜곡되고 훼손될 위기에 처했다. 이에 1964년 이부 아르수아Ivo Arzua 시장은 자이메 레르네르에게 새로운 도시 디자인을 요청했다. 나중에 시장이 된 레르네르는 파라나 연방대학교 전문가들을 이끌고 도시의 무분별한 확장에 대한 엄격한 통제, 도심지역의 교통량 감소, 꾸리찌바 역사지구 보존 및 편리하고 저렴한 대중교통 시스템을 제안했다. 이 꾸리찌바 종합계획은 1968년 채택되었다.

꾸리찌바 종합계획에는 교통량을 최소화하기 위한 새로운 도로 설계방식인 3중 도로 시스템Trinary Road System이 포함되었다. 이는 급행버스 전용 차선이 있는 작은 2차선 도로를 둘러싸고 반대 방향으로 움직이는 두 개의 일방통행 도로를 이용하는 것이다. 이 도로 중 다섯 개는 도심에 수렴하듯 별 모양을 형성하고, 도로에서 멀리 떨어진 토지는 저밀도 개발 구역으로 지정되어 주요 도로의 교통량을 분산시키는 데 기여한다. 그리고 홍수가 자주 발생하는 여러 지역에서 건물을 철거하여 공원을 조성했다.

꾸리찌바의 생태도시 만들기는 폴란드계 유대인 이민자 가정에서 태어난 탁월한 인물에 의해 이루어졌다. 그의 이름이 바로 자이메 레르네르다. 그는 파라나 연방대학교를 졸업하고, 1965년 꾸리찌바 도시계획연구소IPPUC의 설립을 도운 이후 1968~69년에는 소장으로 재직했다. 그 후 꾸리찌바 시장을 3번, 파라나 주지사를

자이메 레르네르(우)와 하파엘 그레카 시장(중앙)

2번 역임했고, 국제건축가연맹의 회장을 지내기도 했다.

　나는 레르네르가 2021년 5월 27일 83세의 나이로 사망[11]하기 전까지 개인적으로 세 차례 만난 적이 있다. 그는 2010년 미국의 시사주간지 《타임》이 선정한 세계에서 가장 영향력 있는 100명에 속했던 인물이다. 또한 2009년 미국의 도시계획 관련 뉴스를 제공하는 플래닛티즌이 세계 전역의 독자를 대상으로 조사해 도시사상가 100명을 발표했을 때 제인 제이콥스Jane Jacobs에 이어 2위를 차지했다. 그리고 8년 후인 2017년에도 2위를 차지하는 영예를 누렸다.[12] 이를 통해 레르네르가 뉴욕의 센트럴파크를 설계한 프레더릭 로 옴스테드Frederick Law Olmsted나 프랭크 로이드 라이트Frank Lloyd Wright, 르 코르뷔지에Le Corbusier 등과 같은 유명한 근대 건축가들과 견주어도 뒤지지 않을 만큼 국제사회에서 높이 평가받았다는 사실을 알 수 있다.

'도시침술都市鍼術, Urban Acupuncture'이론의 창시자는 스페인의 건축가이자 도시계획가인 마누엘 지 솔라 모랄레스Manuel de Solà-Morales다. 그러나 도시침술을 대중화하고 도시 현장에 직접 구현한 대표적인 인물은 레르네르다. 그는 도시침술을 특정 지역에 자극을 줌으로써 주변 지역을 되살리고 생기가 돌게 하는 도시 재생 방법이라고 정의한다. 도시침술은 물리적인 공간을 새롭게 변화·창조시키는 것부터 아무것도 하지 않는 것까지 그 스펙트럼이 상당히 다양하다.

지혜로운 리더들은 계획을 수립하느라 많은 세월을 보내지 않는다. 그들은 자신만의 창의적인 도시침술을 활용해 도시를 단기간에 혁명적으로 바꾼다. "완벽하게 계획하는 데는 시간이 걸립니다. 그래서 저는 도시의 침술요법을 제안합니다. 어떤 작은 것도 도시를 더 좋게 만들 수 있습니다. 이러한 침술 처방의 사례는 지구촌의 많은 도시에 상존하고 있습니다." 레르네르는 이렇게 도시침술을 개발하고 집행하도록 많은 사람에게 꾸준히 권해왔다. 도시침술은 많은 정치인들이 그러하듯 뭔가 보여주려고 대형사업만 계속 기획하는 오류를 범하지 않도록 돕는다.

이런 특징 때문에 레르네르가 시도해 온 도시침술은 재미와 장난을 토대로 한 창의성에 기반을 두게 되었다. 내가 그를 처음 만났을 때 들었던 말이 지금도 귓가를 맴돈다. "예산에서 뒷자리의 0을 하나 뺄 때 창의성이 시작되고, 0을 두 개 빼면 더욱 좋습니다. 바로 그것이 도시의 지속가능성을 담보하기 때문입니다."
이러한 생각을 바탕으로 했기에 꾸리찌바가 오늘날 지속가능한
도시의 모델로 인정받고 있는지도 모른다.

덴마크의 건축가이자 도시 디자이너인 〈얀 겔의 위대한 실험〉
이란 다큐멘터리에는 아주 중요한 말이 언급된다. "처음엔 인간이
도시를 만들지만 그 다음에는 도시가 인간을 만든다." 그렇다면
레르네르가 만든 꾸리찌바가 지금은 생태적으로 건강한 꾸리찌바
시민을 만들고 있다고 해도 과언은 아닐 것이다.

간선급행버스 시스템의 구루

레르네르는 시민들의 이해를 돕기 위해 독특한 용어를 만들거
나 경구를 사용하는 데 능숙한 정치인이다. 그 좋은 예가 바로 '도
시 콜레스테롤urban cholesterol'이다. 그는 도시 콜레스테롤이란 도
시의 도로에 지나치게 많은 자동차가 축적된 상태를 뜻한다고 이
야기한다. 그리고 그것이 사람들의 신체는 물론 정신에까지 영향
을 미친다고 보았다. 알다시피 콜레스테롤에는 나쁜 콜레스테롤
도 있지만 좋은 콜레스테롤도 있다. 도시 콜레스테롤도 마찬가지
다. 좋은 도시 콜레스테롤이란 바로 대중교통과 자전거 교통 시스
템으로 이를 통해 자동차 이용을 효율적으로 통제할 수 있다. 자
동차, 특히 자가용이 도시 안의 도로와 주차장에 축적된다면 우리
혈관에 쌓인 나쁜 콜레스테롤이 건강을 해치듯이 도시의 건강도

나빠질 수밖에 없다. 그래서 레르네르는 도시의 건강을 위해 정기적으로 콜레스테롤을 검사해 나쁜 콜레스테롤은 줄이고 좋은 콜레스테롤은 높이기 위한 도시정책을 추진해야 한다고 말했다.

이러한 철학이 바로 레르네르를 간선급행버스 시스템의 구루이자 아버지로 만든 것이다. 원통형 정류장에서 요금을 선지불하는 시스템을 갖춘 대용량의 간선급행버스를 운행하기 위한 구상을 대강 그린 후, 레르네르는 전 브라질 재무부장관이자 볼보 이사였던 카를루스 히시비에터Carlos Rischbieter를 통해 스웨덴의 볼보 본사를 직접 방문했다. 당시 볼보는 그의 혁명적인 아이디어에 즉답하지 못했다. 하지만 두 달 후에 부회장을 직접 꾸리찌바에 보내 특별한 샷시가 설치된 굴절버스 개발 의사를 밝혔다. 이렇게 개발된 굴절버스는 나날이 진화해 지금은 이중굴절버스까지 탄생하게 되었다. 오늘날에는 이를 활용해 250개가 넘는 도시에서 간선급행버스 시스템을 운행하고 있다.

레르네르가 여러 동료들과 창안한 간선급행버스 시스템을 국제사회에서는 어떻게 바라보고 있을까? 미국 펜실베이니아에 있는 비영리 프로젝트 관리 연구소PMI에서는 지난 50년 동안 세계에서 가장 영향력 있었던 프로젝트 50개를 순위를 정해 발표했다. 이는 프로젝트 관리 연구소 지부장과 회원뿐 아니라 학계 및 비지니스 전문가를 포함한 전 세계 프로젝트 관리 커뮤니티의 리더 400명이 1,000개가 넘는 영향력 있는 프로젝트 중에서 엄선한 결과였다.

여기에 선정된 프로젝트들은 기술, 인프라, 건축, 교통, 재무,

의료, 엔터테인먼트 등에 이르기까지 방대한 부문과 전체 비즈니스 환경을 혁명적으로 변화시킨 것들이다. 1위 프로젝트는 월드 와이드 웹이고, 그 다음은 아폴로 11, 인텔 4004 마이크로프로세서, 유로, 휴먼 게놈 프로젝트 순이었다. 그리고 꾸리찌바 간선급행버스 시스템은 전 세계 도시 교통혁명에 미친 영향 때문에 33위를 차지했다.[13]

레르네르는 도시교통 문제가 해결하기 어렵기는 하지만 풀 수 없는 문제는 아니라고 생각하는 아주 낙천적인 인물이다. 그는 2015년 9월에 히우데자네이루에서 남아메리카 최초로 세계자원연구소WRI가 주최한 '시장정상회의'와 '도시 & 교통 국제회의'에서 지속가능하고 평등한 도시를 건설하기 위해서는 대담하고 창의적인 지도력이 필요하다고 역설한 바 있다. 레르네르는 이 자리에서 130명의 연설자와 1,000명이 넘는 참가자들을 앞에 두고 얼마든지 다양한 교통수단을 결합해 지속가능한 대중교통 시스템을 만들어낼 수 있다고 강조하면서 "자동차는 잊어버리세요!"라고 외쳤다. 이것은 자동차 의존도를 줄이는 것이 살기 좋은 도시를 만들기 위해, 또 기후변화에 대응하기 위해 시급한 필수 요소라는 것을 뜻한다.

저렴하게, 실용적으로, 빠르게

레르네르는 자신의 책 《도시침술》[14]에서 '호의'가 중요하다고 언급했다. 이는 경제·사회적 약자와 장애인들에 대한 배려를 토대로 한 포용도시를 만드는 것이 인본적인 도시를 만드는 데 필수적이란 생각에 뿌리를 두어야 함을 의미한다. 그로 인해 꾸리찌바에는 전 세계 어디를 가도 볼 수 없는 아주 특별한 공간이 있다. 그것은 1988년 11월에 개장한 안젤로 앤토니우 다예그라비 터미널Terminal Angelo Antonio Dalegrave이다. 35개 특수학교에 다니는 약 2,400여 명의 장애인들에게 교통 편의를 제공하는 면적 2,580제곱미터에 이르는 이 터미널에 가면 놀라운 진풍경이 연출된다. 21개 노선이 연결된 이 터미널을 지나는 버스에는 모두 휠체어 리프트가 장착되어 있으며 최소 두 개 이상의 휠체어 전용 공간이 마련되어 있다. 또한 특수훈련을 받은 기사 및 도우미가 직접 장애인의 이동 편의를 돕는다. 이런 세심한 배려가 노약자나 장애인들에게 그들이 공동체의 구성원이라는 사실을 계속 인식하게 한다.

자동차는 남성지배사회의 산물이다. 헨리 포드가 달리는 궁전이라고 표현한 자동차는 사실 상당히 폭력적인 기계 장치다. 그 안에 들어가면 누구도 백미러를 벗어난 세상에 대해 배려하지 않는다. 그래서 인본적인 도시에서는 자동차, 특히 자가용에 대한 배려가 아니라 보행자나 자전거 그리고 대중교통에 대한 배려가 우선이다. 이런 생각을 가지고 꾸리찌바를 설계한 레르네르는 우리나라 도시들에도 상당한 영향을 미쳤다.

오래전 유인태 전 의원이 CBS 라디오 〈김현정의 뉴스쇼〉에 출연해 "이명박 전 대통령이 대통령이 되는 데 도움이 된 제일 큰 업적이 청계천하고 버스중앙차로가 아니냐."면서 이 두 사업은 중앙정부의 지원 없이는 성공할 수 없었다고 말한 적이 있다. 그리고 노무현 대통령이 서울시가 하는 청계천 사업에 적극적으로 협조하라는 지시를 하지 않았다면 불가능했을 것이라고 덧붙였다. 내가 보기에는 중앙버스전용차로의 경우도 마찬가지다.

2003년 이명박 시장의 초청으로 자이메 레르네르와 꾸리찌바 도시계획연구소 소장을 지냈던 카를로스 에두아르두 세네비바 Carlos Eduardo Ceneviva가 서울을 방문한 적이 있다. 그들이 귀국한 후 서울시는 동북부 지역의 주간선도로인 도봉·미아로에 중앙버스전용차로를 시범적으로 건설하기로 결정했다. 이 사업은 당시 김근태 의원을 비롯한 지역구 의원들과 서울경찰청의 반대로 난항을 겪기도 했다. 그때 문제의 매듭을 풀어준 것이 노무현 대통령이었다.

레르네르는 세계에서 가장 혁신적인 시장 중 한 명으로 '저렴하게 실용적으로 일을 완수하자'는 실용주의 철학을 가진 사람이다. 그가 사망한 후 《월스트리트 저널》은 '브라질 시장, 도시계획의 세계적 구루가 되다'라는 부고 기사에서 그를 상찬한 바 있다.[15] "이상적인 것을 상상하되 지금 가능한 일을 하세요. 20년 또는 30년 후의 해결책은 무의미합니다. 그때는 이미 달라져 있을 것이기 때문입니다." 그는 시장은 정교한 계획을 세우는 데 몇 년을 소비하기보다는 당장 변화를 시작해야 한다고 말했다. "올바른

길을 가고 있지 않다면 시민들이 가르쳐줄 것입니다."라고 얘기하는 그는 '저렴하게, 실용적으로, 빠르게 일을 끝내자!'는 원칙을 평생 지켜냈다.

꾸리찌바에 가면 레르네르가 도시침술로 도시문제를 해결하고 시민들의 삶의 질을 제고시킨 창의적인 흔적들을 도처에서 만날 수 있다. 그리고 그가 가난한 사람들과 사회적 약자들, 기존의 좋은 것들을 얼마나 존중했는지, 또 자연과 동네(마을)를 보존하고 가꾸기 위해 얼마나 많은 애를 썼는지를 구체적으로 살펴볼 수 있다.

도시침술

도시침술은 지역이나 동네 수준에서 도시 재생을 촉진하는 디자인 전술이다. 이는 공공 공간의 혁신적 변화를 위해 개입할 때 많은 비용이 필요하지 않다는 생각을 바탕으로 한다. 기존의 많은 비용이 소요되는 개발 프로세스에 대한 대안인 도시침술은 도시 재생을 위한 새로운 패러다임이다. 이는 고도로 집중되고 목표에 초점을 맞춘 새로운 계획을 통해 방치된 공간을 재생하고, 도시 전략을 점진적으로 배치하거나 도시의 사회 인프라를 통합하는데 도움을 준다.

도시침술의 옹호자

　중국 전통 의학에서 착안한 도시침술은 도시 지역을 활성화하고 도시계획 전략을 통합하는 정밀한 개입을 통해 사회 및 도시의 문제를 개선하는 것을 의미한다. 스페인 건축가 마누엘 지 솔라 모랄레스가 처음 만든 도시침술은 높은 수준의 가역성을 가진 프로젝트를 포괄적으로 실행할 수 있는 길을 열어준다. 이는 적은 비용으로 신속한 실행이 가능하다는 것이 장점이다. 도시침술과 같은 관료적 폐해가 덜한 국지적 처방은 사회적 결속력 증가부터 공공안전 개선에 이르기까지 주변 도시 환경의 질을 개선하는 데 도움이 되어 긍정적인 반응을 연쇄적으로 일으킬 수도 있다.

　꾸리찌바 시장을 3번이나 역임한 자이메 레르네르는 도시침술을 도시 환경을 즉각적으로 개선하고 오랜 의사결정 과정을 우회하며 경제적 장애를 뛰어넘을 수 있는 수단으로 여기는 대표적인 도시침술 옹호자다. 그는 "자원이 부족하다는 사실은 더 이상 행동을 취하지 않는 핑계가 될 수 없다. 모든 해답과 자원을 찾은 후에야 조치를 취한다는 생각은 도시문제를 심화시키고 도시 기능을 마비시키는 확실한 처방이다."라고 했다. 도시침술은 도로 모퉁이의 구조 개편에서 새로운 교통 노선의 구현에 이르기까지 프로젝트 규모가 천차만별인 전술이다. 하지만 꾸리찌바에서 실천해 온 도시침술 처방은 상대적으로 규모는 작지만 주변 환경에 상당히 긍정적인 영향을 미치는 국지적인 개입에 주로 초점이 맞춰져 있다. 나는 바로 이것이 꾸리찌바 개발 모델의 특징이자 장점이라고 생각한다.

이런 도시침술은 현재 선진국과 후진국을 막론하고 세계의 많은 도시들에서 광범위한 도시 전략을 반복적으로 실행하는 수단으로 채택하고 있다. 그 이유는 대부분의 프로젝트를 단기간에 저렴한 비용으로 실행할 수 있기 때문이다. 오래전 레르네르는 나와의 인터뷰에서 이런 이야기를 한 적이 있다. "도시를 계획하는 데는 시간이 걸립니다. 몇 가지 개입만으로는 도시문제를 근본적으로 해결하지 못합니다. 도시침술은 도시의 삶을 점진적으로 변화시킬 수 있고 활력을 불어넣는 일련의 구체적인 행동입니다. 도시 구조에 대한 이러한 개입은 고통을 즉각적이고 효과적이며 기능적으로 치유하는 데 도움이 됩니다."

침술은 침으로 경락을 찔러 신경계에 자극을 줌으로써 특정한 치료 효과를 거두려는 의술이다. 마찬가지로 도시침술이란 도시의 특정 지역에서 창의적인 프로젝트를 실시해 좁게는 해당 지역, 넓게는 도시 전체를 건강하게 되살리는 기법이다. 이것을 잘 구사한다면 인본적인 도시를 만드는 데 크게 기여할 수 있을 것이다.

좋은 도시침술_노바 예루살렘과 땅구아 공원

브라질은 인구 규모도 크고 면적도 넓은 데다 계층 간 불평등과 지역 간 불균형도 심각한 나라다. 그래서인지 여러 가지 도시문제를 풀기 위한 창의적인 실험들, 즉 도시침술이 도처에서 이루어지고 있다. 그 좋은 예가 《도시의 로빈후드》에 소개한 바 있는 포르탈레자Fortaleza 시의 파우마스 은행 사례다. 지역화폐 파우마를 매개로 운영되는 공동체 은행이 해안의 습지에서 어떻게 꽃피웠는지, 브라질 전국으로 나아가 남아메리카 전역으로 어떻게 확산되었는지를 살피다 보면 우리는 도시침술에 대해 잘 알 수 있다.[16]

좋은 도시침술은 시민들의 자부심, 물, 빛, 건축물, 공원, 광장, 축제 등 그 소재가 참 다양하다. 여기서는 시민들의 자부심이 한 마을을 어떻게 변화시켰는지를 보여주는 사례를 소개하려 한다.

브라질 북동부 지역의 페르남부쿠 주에는 노바 예루살렘Nova Jerusalem 야외극장이 있다. 가톨릭 국가인 브라질에서 가장 유명한 종교적인 행사인 수난극이 공연되는 이곳은 세계에서 가장 큰 야외극장이다. 10만 제곱미터의 면적을 자랑하는 이곳은 플리니우 파체쿠Plínio Pacheco의 열정이 만든 산물이다.

파체쿠는 1956년에 디바 멘두사와 결혼한 후 이 지역에 정착했다. 그는 직접 〈예수님의 수난〉이란 극본을 썼고, 그 극본의 공연을 보다 사실적으로 보여주기 위해 예루살렘을 실제와 같이 건설하기로 했다. 그는 10년이 넘는 시간 동안 노바 예루살렘 극장의 건설을 직접 지휘·감독했다. 1968년 말부터 〈예수님의 수난〉이 겟세마네 동산, 헤롯왕의 궁전, 그리고 골고다 언덕 등 아홉 개의 거대한 실물 크기 무대 위에서 공연되었다. 이 야외극장에는 고대 팔레스타인 남부의 로마 영토처럼 건조한 지형에 망루와 로마식의 성벽이 추가로 건설되었다. 〈예수님의 수난〉은 오늘날까지 계속 상연되고 있는데, 이곳을 찾은 관객들은 자신이 2,000년 전 예루살렘에 있는 것 같다고 이야기한다.

〈예수님의 수난〉에서 주요 배역은 전문 배우들이 맡지만, 그 외의 많은 엑스트라는 약 500명의 마을 사람들이 맡아 공연한다. 그뿐이 아니다. 약 500명 정도의 마을 사람들이 조명, 음향에서 의상 제작에 이르기까지 공연을 위한 다양한 업무를 맡아 일한다. 엑스트라로 일하는 사람들은 최저임금 수준에 해당하는 급여가 주어지고 식사도 제공된다.

노바 예루살렘 극장에서 일하는 마을 사람들은 자부심이 대단하다. 〈예수님의 수난〉 공연에 엑스트라로 참가한 사람들은 커다란 영예를 얻은 것으로 생각하고, 이 야외극장을 만들 때 돌을 직접 날랐던 사람들은 그 일에 큰 자부심을 느낀다. 그리고 그로 인해 지역에 대한 소속감이 매우 크다. 노바 예루살렘 극장 사례에서 확인할 수 있는 시민들의 자부심은 향후 그 지역이 발전하는 데 대단히 좋은 도시침술이다.

시민들의 자부심 외에도 좋은 도시침술의 소재는 많다. 레르네르는 빛도 좋은 도시침술이라고 했다. 세계 최대 규모의 여행 사이트인 트립어드바이저에서는 남아메리카에서 꼭 가봐야 할 가장 잘 조성된 도시공원 10곳을 선정한 적이 있다. 그중 2곳이 브라질의 꾸리찌바에 있는데, 하나는 시민공원 역할을 하는 바리귀 공원 Parque Barigui 이고, 다른 하나는 땅구아 공원 Parque Tanguá 이다. 땅구아 공원이 있는 곳은 원래 채탄장이었는데, 이곳의 소유주가 공원으로 만들자고 제안하면서 공원으로 조성되었다. 이 공원은 해가

뜨거나 질 무렵, 그리고 비가 오고 난 후 운무가 끼면 한 폭의 동양화를 보는 것과 같은 아름다운 풍경을 보여준다. 또한 밤에 땅구아 공원을 방문하면 조명을 받은 절벽과 동굴, 폭포와 전망대가 마치 영화의 한 장면처럼 환상적인 분위기를 연출하는 광경을 볼 수 있다. 땅구아 공원의 빛 역시 좋은 도시침술의 사례라 할 것이다.

레르네르는 도시침술에 있어서 '비범한 사람들의 존재'도 아주 중요하다고 생각했다. 그는 전 세계 주요 도시들의 역사를 들여다보면 천재들이 상당히 큰 역할을 했다고 말한다. 미켈란젤로, 다빈치, 티치아노와 보티첼리 같은 르네상스 대가들의 고향인 이탈리아 도시들을 보라. 그뿐인가? 가우디가 없는 바르셀로나, 오스카 니마이어Oscar Niemeyer가 없는 브라질리아, 페르난도 보테로 Fernando Botero가 없는 메데진을 우리가 상상할 수 있을까? 유명한 가수, 작곡가, 조경가, 화가, 조각가, 작가, 시인 등이 한 도시를 풍요롭게 만들기도 하고 도시 자체를 상징하기도 한다. 세계적인 가수이자 작곡가, 피아니스트로 보사노바의 전설을 만든 안토니우 카를루스 조빙 하면 떠오르는 도시가 바로 히우데자네이루다. 이런 차원에서 보면 대구시에 있는 '김광석 다시 그리기 길'을 왜 많은 사람이 찾는지 그 이유를 쉽게 이해할 수 있을 것이다.

도시침술의 세 가지 원칙

도시침술에 있어서 중요한 원칙이 몇 가지 있다. 첫 번째는 속도에 관한 것이다. 레르네르는《도시침술》에서 꾸리찌바에 있는 꽃의 거리 조성 당시의 뒷이야기를 흥미 있게 기록하며 속도의 원칙에 대해 설명한다.

침은 재빨리 놓아야 한다. 천천히, 아프게 놓는 침술은 상상도 할 수 없다. 침술의 생명은 속도와 정확성이다.

도시침술도 마찬가지다. 1972년, 꾸리찌바에 처음 보행자 전용 거리를 조성할 때도 일은 매우 신속하게 진행되었다. 전체 작업을 마치는 데 걸린 시간은 겨우 72시간이었다.

프로젝트를 발표하자 인근 주민들이 요란하고 거세게 항의했던 것이 아직도 생각난다. 그들이 소송이라도 걸어 행여나 법원이 주민들의 손을 들어주면 작업이 중단될 것이고, 보행자 구역 아이디어는 물 건너갈 것이 뻔했다.

우리는 매우 재빠르고 신속하게 작업해야 했다. 공공사업 비서관은 적어도 몇 달은 걸리리라고 예상했지만, 나는 48시간 안에 끝내자고 했다. 분명 그들은 내가 미쳤다고 생각했을 것이다. 내 말에 비서관이 다시 와서 한 달 안에 끝낼 수 있을 거라고 했다. 나는 이 제안에도 퇴짜를 놓았다. 도로 시설물을 미리 준비하고 특별팀을 동원해 각 구역별로 도로포장을 준비하는 등 새로운 방안을 마련했다.

나는 비서관이 일주일이 한계라고 할 때까지 시간을 계속 줄여 나갔다. 그러다 일주일 제안에도 이의를 제기했고 마침내 72시 간으로 합의를 보았다. 금요일 밤 작업을 시작해 월요일 밤에 완 성된 결과를 공개한 것이다.

두 번째 원칙은 꾸리찌바 도시계획의 핵심 원칙이기도 한 '저 비용'이다. 꾸리찌바에서는 세계의 많은 도시처럼 지하철과 같은 도시철도 사업을 수행하지 않았다. 대신 저렴한 새로운 대안을 개 발해 땅 위의 지하철을 창조했다. 원통형 정류장과 굴절버스를 개 발·도입하며 세계 어디에도 없던 간선급행버스 시스템을 개발한 것이다. 그리고 저렴한 비용으로 가장 빛나는 성과를 얻은 것은 바로 꾸리찌바에 있는 많은 공원들이다.

도시침술의 마지막 원칙은 '단순하고 검소한 아이디어를 실행 한다'는 사실이다. 이는 저비용과도 연결된다. 레르네르가 말한 것처럼 단순성을 정확히 정의하는 것은 매우 어려운 일이다. 다만 단순성이 일정한 정치적 위임이 필요한 것은 분명하다. 도시행정 은 많은 사람이 믿는 것처럼 복잡한 일이 아니다. 가능한 한 단순 한 아이디어에서 출발해 정책을 개발하고 집행하면 된다. 만약 이 런 사실을 정책결정자들이 인식하지 못한다면, 일을 만들기 위해 일을 하는 전문가들처럼 복잡한 아이디어를 팔려는 사람들의 의 견에 지나치게 귀를 기울이게 될 것이다. 그것은 관료주의의 폐해 를 야기할 뿐만 아니라 엄청난 재정 낭비와 환경파괴를 동반하게 된다.

⇧ 세계 3대 보행자 전용거리 중 하나인 꽃의 거리의 현재 모습
⇦ 보행자 전용거리 조성 전인 1972년의 11월 15일의 거리

예를 들어 꾸리찌바에는 다른 도시들에서 흔히 볼 수 있는 수십억, 수백억에 이르는 막대한 예산을 투입해 건설하는 대형 도서관이나 문예회관 등이 존재하지 않는다. 대신에 지혜의 등대Faróis do Saber처럼 소규모 도서관을 건립하거나 파이오우 극장과 같이 예전의 탄약창을 재활용하는 것이 보편적이다. 이런 전통은 하파엘 그레카 시장이 재임하는 지금까지도 계속 이어지고 있다. 단순한 아이디어를 실행한 사례는 또 있다. 노숙자들이나 마약하는 사람들이 모여 쉬곤 하던 카파네마 고가도로 하부를 재생해 만든 카파네마 민중식당이 그것이다. 연대 테이블까지 마련되어 있는 이곳은 꾸리찌바의 대표적인 사회적 단지가 되었다.

현재 도시침술은 전 세계의 많은 도시에서 아주 보편적으로 채택되고 있다. 많은 도시가 생소한 도시침술이라는 개념을 채택하는 배경은 무엇일까? 그것은 아마도 메가 프로젝트가 가지고 있는 태생적 한계 때문이 아닐까?

벤트 플뤼브예르그는 전 세계 주요 프로젝트의 비용과 이점에 대한 데이터를 수집·분석하는 옥스퍼드대 교수로 메가 프로젝트에 대한 비판적인 연구로 아주 유명하고 독보적인 학자다.《하버드 비즈니스 리뷰》에 발표된 '프랭크 게리가 시간과 예산을 준수하는 방법'이라는 글을 보면 아주 흥미로운 이야기가 소개되어 있다.[17]

"대형 건물에서 교량, 댐, 발전소, 로켓, 철도, 정보 기술 시스템, 심지어 올림픽 게임에 이르기까지 약 1만 6,000개의 주요 프로젝트에 대해 연구해 보니 엄청난 프로젝트 관리의 문제가 드러났다. 이러한 프로젝트 중 8.5%만이 인도되었고, 0.5%의 프로젝트만이 기한과 예산에 맞춰 완료되어 기대한 만큼의 성과를 거두었다. 즉, 대규모 프로젝트의 99.5%가 약속한 대로 완공되지 못했다."

사정이 이러한데 왜 정치인과 공무원은 지금도 끊임없이 메가프로젝트만을 기획하고 실행하려고 할까? 오늘도 지방자치단체장들이 자신의 임기 중에 첫 삽도 뜨지 못할 대규모 사업을 계획한다는 기사가 언론에 심심치 않게 보도되는 것이 현실이다. 이렇게 어처구니없는 일을 그만두고 이제는 정말 도시침술의 메시지에 귀를 기울여야 할 때다.

꾸리찌바의 연금술사들

스트리트 파이터 레르네르

자이메 레르네르는 2021년 5월 27일 아침 5시 10분에 에반젤리쿠 매켄지 대학병원에서 영면했다. 말년에 만성 신장질환으로 고생하던 그가 83세로 생을 마감한 것이다. 라티뉴 주니오르 파라나 주지사는 "파라나는 꾸리찌바와 국가를 변화시키는 데 도움을 준 위대한 시민을 잃었다."고 발표하면서 사흘의 공식 애도 기간을 선포했다. 이는 꾸리찌바에서도 마찬가지였다.

공식 애도 기간을 마무리하며 꾸리찌바 문화재단FCC에서는 헨델의 〈주께서 말씀하시길〉을 배경 음악으로 레르네르가 활동하던 모습의 사진을 담아 헌정 공연 형식으로 비디오 콘서트를 열었다. 이 영상을 보면 꾸리찌바 시민들과 현 시장인 하파엘 그레카가 얼마나 레르네르를 기리고 있는지를 알 수 있다. 도시의 품격이란 바로 이런 데서 나오는 것이 아닌가 하는 생각이 든다. 우리는 중앙이든 지방이든 정권이 바뀌면 전임자의 흔적을 지우느라 바쁜데, 이렇게 예우를 갖춰 존경의 뜻을 표하는 것을 보니 정말 부럽다.

레르네르가 창안해 만든 간선급행버스 시스템은 서울을 포함한 전 세계 250개 이상의 도시에서 도입할 정도로 그 파급력이 대단했다. 레르네르의 사망으로 한 시대가 또 저물었다. 그가 사망한 후 뉴욕의 맨해튼 거리를 혁명적으로 바꾼 쟈넷 사딕-칸Janette Sadik-Khan은 자신의 트위터에 다음과 같은 글을 남겼다. 이 글을 보면 그녀가 레르네르를 어떻게 생각하고 있었는지를 알 수 있다.

"스트리트 파이터 중의 스트리트 파이터. 자이메 레르네르는 간선급행버스, 자전거 전용도로 또는 자전거 공유란 단어가 없었을 때 살기 좋은 거리의 거물titan이었습니다. 그의 비전은 거리에서 일상생활이 가능해진 모든 도시와 거리에 살아 있습니다."

레르네르의 땀과 열정이 살아 숨 쉬던 꾸리찌바는 50여 년 전부터 도시정책을 실험하는 최전선에 서 있었다. 당시는 농촌에서 도시로 이주해 오는 인구가 급증했고, 그로 인해 증가하는 교통량에 대처하기 위한 육교와 도로 확장 요구가 엄청났던 시절이다. 브라질 전역에서는 이런 요구에 적극 부응하는 분위기가 만연해 있었지만 꾸리찌바만은 예외였다.

33세의 젊은 나이에 새로 부임한 자이메 레르네르 시장은 시민들에게 다음과 같이 말했다. "도시는 자동차가 아니라 사람을 위해 설계되어야 합니다. 대부분의 경우 육교는 교통 체증을 한 지점에서 다른 지점으로 이동시키는 역할만 합니다." 그리고 그는 "도시가 얼마나 성장하는지가 중요한 것이 아니라 인간이 도시의 성장 과정을 지배하는 것이 중요하다."고도 했다. 오일 쇼크로 전 세계가 흔들리던 때 남아메리카 변방 작은 도시의 시장이 이렇게 외쳤다고 생각하니 정말 놀랍기만 하다. 이런 선견지명을 가진 정치적 리더를 우리나라에서도 만날 수 있기를 기대해 본다.

생태도시를 만든 사람들

레르네르가 초창기에 몸담았던 꾸리찌바 도시계획연구소가 창립한 지 약 60년이 되었다. 이곳은 간선급행버스 시스템의 탄생에 결정적인 기여를 했을 뿐 아니라 도시정책과 관련된 창의적인 아이디어를 많이 만들어냈다. 얼마 전 에두아르두 피멘텔Eduardo Pimentel 부시장은 이 연구소를 '프로젝트 공장'이라고 표현했다.

꾸리찌바 시의 두뇌라 불리는 꾸리찌바 도시계획연구소 전경

내가 보기에도 정말 적절한 비유인 것 같다.

꾸리찌바 도시계획연구소를 거점으로 레르네르를 보필했던 연금술사들이 있다. 그중 하나가 교통 분야에서 구루 대접을 받는 카를로스 에두아르두 세네비바다. 지금은 고인이 된 그는 레르네르와 함께 꾸리찌바의 간선급행버스 시스템을 창안하고 완성한 인물이다. 창의적인 그가 없었다면 원통형 정류장은 물론 요금 선지불과 환승 할인 시스템 도입도 가능하지 않았을 것 같다. 세네비바는 꾸리찌바 시청에서 시의 발전에 헌신한 사람과 기관에 수여하는 메달을 처음으로 받은 인물이다.

이외에도 세계적인 생태도시 꾸리찌바를 만드는 데 중요한 역할을 한 사람들이 여럿 있다. 이 도시는 하파엘 그레카 시장을 비

꾸리찌바 시에서 수여하는 최고훈장을 받은 카를로스 에두아르두 세네비바(중앙)

롯해 소수의 자이메 레르네르 사단이 만들었다고 해도 과언이 아니다. 1990년대 말에 꾸리찌바 도시계획연구소의 소장을 지낸, 건축가이자 도시학자인 오스발두 나바루 알베스Osvaldo Navarro Alves도 그중 한 사람이다. '나무 위의 집'이라 불리는 그의 집은 그가 직접 설계해 지은 목조 주택으로 원시림 숲 가운데 건설되어 꾸리찌바에서 생태주택으로 아주 유명하다.

이 생태친화적인 건축물은 9미터 높이의 나무를 원형 그대로 살려 거실로 만듦으로써 꾸리찌바의 지속가능성을 상징하는 좋은 예가 되었다. 그래선지 건축학을 공부하는 학생이나 전문가, 그리고 외국에서 온 대표단이 자주 방문한다. 이 집에는 안팎으로 아주 흥미로운 공간들이 존재한다. 그 가운데 특히 나의 눈길을 끈 것은 새에게 먹이를 주기 위해 알베스가 직접 철근으로 만든 소품이다. 이 작은 소품에서 나는 레르네르 사단이 꾸리찌바를 어떤 생각을 가지고 만들었는지를 유추할 수 있었다. 인간과 자연의 공존을 지향하는 마음을 가진 사람들이 비단으로 수를 놓듯이 꾸리찌바라는 생태도시의 공간들을 만든 것이다.

꾸리찌바를 세계적인 지속가능한 도시의 모델로 만들어온 역사에서 핵심적인 역할을 담당한 또 한 명의 탁월한 인물이 있다. 지금은 고인이 된 기술관료로 '물의 남자'라는 애칭을 가진 생태도시 전문가 니콜라우 클뤼펠Nicolau Klüppel다.

그리고 레르네르 시장의 친구인 건축가이자 도시계획가, 디자이너이자 조각가인 아브랑 아사드Abrão Assad도 있다. 그는 파이오우 극장의 복원을 시작으로 세계 3대 보행자 전용거리라 불리는

24시간의 거리

꽃의 거리를 설계하고 시립궁전을 복원했으며 1989년에는 원통형 정류장을 설계했다. 그리고 24시간의 거리와 식물원 등을 설계하는 중책을 맡기도 했다. 앞서 소개한 3명의 기술관료와 건축가 아사드가 없었다면 오늘날의 꾸리찌바가 없었을지도 모른다.

그리고 1965년 꾸리찌바의 마스터플랜 수립에 직접 참여했고, 오페라 하우스와 환경개방대학—지금의 시립 지속가능성 학교—을 직접 설계했고, 라인하르트 마아크 공원Parque Reinhardt Maak, 치쿠 멘데스 공원Parque Chico Mendes을 디자인한 건축가 도밍고스 봉게스타브Domingos Bongestabs도 빼놓을 수 없다.

하파엘 그레카

꾸리찌바에 다시 활력을 불어넣다

2016년 10월 꾸리찌바 시장 선거의 결선투표 결과가 발표되었다. 자이메 레르네르에 이어 1993년부터 1996년까지 시장을 역임했던 하파엘 그레카가 53.25%의 표를 얻어 다시 당선되었다. 파라나 연방대학교에서 도시계획과 토목공학을 전공한 그는 작가, 시인, 편집자이자 역사학자로 활동한 다재다능한 정치인이었다. 그레카는 작은 도서관 지혜의 등대를 만들고, 시민의 거리를 조성하며 꾸리찌바를 문화도시로 육성한 인물이기도 하다. 페르난두 엔히키 카르도주 행정부에서는 1999년부터 2000년까지 스포츠·관광부 장관을 지내기도 했다.

2017년 1월 1일 하파엘 그레카 시장은 시민회관인 메모리얼 다 시다지에서 조촐하게 취임식을 치뤘다. 그런데 다음 날 그가 폐혈전색전증으로 병원에 입원하는 초유의 사태가 벌어졌다. 이때 꾸리찌바 시에서는 매일 조석으로 그레카 시장의 상태를 시민들에게 상세히 알려주었다. 나는 물론이고 많은 꾸리찌바 시민들이 그레카 시장이 임기를 잘 마칠 수 있을지 걱정했다. 하지만 그것은 기우에 지나지 않았다.

2018년 2월 27일, 그레카 시장은 꾸리찌바 공업단지에 있는 볼보 공장에서 이중굴절버스 조립 공정에 참가하는 이벤트에 모습을 드러냈다. 그 자리에서 그레카는 볼보의 B340M 그랜 아틱 모델 버스 25대가 꾸리찌바 325주년 기념행사가 열리는 3월 28일에 본격적인 운행을 시작한다고 발표했다. 이 모델은 길이 28미터, 정원 270명인 이중굴절버스로 유로5 기준을 충족시키는 엔진이 장착되었으며, 차체는 30미터까지 조립 가능해서 세계에서 가장 긴 버스인 셈이다.

기존의 이중굴절버스에 비해 안전성과 편의성, 환경성 등이 훨씬 개선된 이 첨단버스는 우선 산타 칸디다에서 일본 광장까지 운행하고, 향후 카팡 하주까지 연장해 운행되었다. 이로써 볼보에서 도입한 이중굴절버스 대수가 180대로 늘어나 꾸리찌바의 간선급행버스 시스템의 교통 사정은 훨씬 좋아졌다.

휠체어 탄 시민이 버스에 승차하는 모습

2011년 신경제 매트릭스의 실패, 2014년 브라질 경제위기, 그리고 2015년과 2016년에 투자와 소비 심리 위축으로 브라질 전체가 어려움을 겪던 시기에는 꾸리찌바도 활력을 잃고 정체기에 빠져들었다. 2010년부터 2016년까지 두 명의 전임 시장[18]이 제대로 역할을 하지 못했던 것일까? 그레카 시장이 다시 취임한 지 불과 1년밖에 지나지 않은 2018년 무렵 꾸리찌바는 다시 활력을 되찾기 시작했다.

사회행동재단FAS의 24시간 사회 길 안내 센터 개장식에서 들려준 그레카의 말이 참 인상적이다. "도시 이름의 위대함은 가장 취약한 사람들이 가장 필요로 하는 것을 제공하느냐에 의해 측정됩니다. 도시가 사회봉사에 기여하는 것은 매우 중요합니다. 아무도 가난하다고 길거리에서 살게 할 수는 없습니다. 거리는 주택이 아닙니다." 그레카 시장이 어떤 철학과 도시관을 가졌는지 알 수 있는 발언이다.

자이메 레르네르가 버스를 땅 위의 지하철로 만들기 위해 볼보의 본사가 있던 스웨덴까지 직접 찾아갔다는 유명한 일화가 있다. 레르네르가 창안한 간선급행버스 시스템을 구축하는 데 반드시 필요했던 굴절버스는 걸출한 계획가 레르네르의 아이디어와 볼보의 혁신적인 기술이 만나 생산될 수 있었다.

현재 트럭, 버스, 건설 장비, 해양 및 산업 엔진 분야의 세계 최대 제조업체 중 하나인 볼보는 1979년 꾸리찌바 공업단지CIC에 라틴아메리카 최초로 분공장을 설치했다. 그곳에서 처음으로 생산한 것이 바로 꾸리찌바에서 운행할 버스 65대였다. 꾸리찌바 공업단지의 볼보는 꾸리찌바와 긴밀한 파트너십을 맺고 사업을 시작해 오늘날에는 3,800명의 직원을 고용할 정도로 성장했고, 세계 여러 나라로 굴절버스를 생산·수출하고 있다. 2019년 5월 14일에는 그레카 시장과 볼보 버스 라틴아메리카의 회장 파비아노 토데시니가 참석하는 40주년 기념행사도 있었다. 오늘날 지구촌 도처에 있는 BRT 시스템은 꾸리찌바와 볼보의 40년 파트너십이 만든 것이라고 해도 과언이 아니다.

레르네르의 시정철학을 잇다

2020년 그레카 시장은 59.76%의 압도적인 지지를 받아 결선투표도 하지 않고 3선에 성공했다. 시장으로 당선되자마자 그레카는 첫날부터 아주 분주하게 움직였다. 코로나19 팬데믹 때문인지 취임식도 없었다. 그는 출근하자마자 2025년 개통을 목표로 하는 '노부 인테르 2 프로젝트' 실행을 위한 행정절차에 착수했다. 이 순환노선에서는 전기 굴절버스가 운행될 예정인데, 시민들은 버스와 연계된 스마트 모빌리티를 자유롭게 이용할 것으로 보인다.

또 파라나 주의 아라우카리아에 접해 있는 꾸리찌바의 카심바Caximba 지역에서는 기후변화에 대비한 환경 개선과 함께 지역 재생 사업을 본격적으로 추진하기 시작했다. 나는 오래전 매립이 끝난 이 지역에 1990년대 말 방문한 적이 있다. 이곳의 빈민가인 파벨라favela에는 태양광 패널과 빗물 수집 및 재사용 기술 등이 적용된 주택단지가 건설되었고, 호수 오염 제거 및 정화, 홍수 예방을 위한 제방 건설, 선형공원 조성 등이 이루어졌다. 이 지역의 변화를 위한 일부 재정은 미주개발은행과 프랑스개발청에서 제공했다.

취임 첫날 그레카는 보행자 전용거리인 꽃의 거리로 나가 코로나19 팬데믹 때문에 지친 시민들을 위로하기도 했다. 그는 감염병 위기 아래서도 소심한 관료주의를 극복하고 창의적인 방식으로 도시침술을 구현함으로써 도시혁신을 추진했다. 꾸리찌바는 전염병과 기후위기 시대를 대비하기 위해 녹색회복을 기본전략으로 선택한 것 같다. 그레카는 지금까지 높이 평가되어 온 레르네르의 시정철학을 유지하려 애쓰는 중이다.

그렇다고 그레카가 비판의식이 없는 우유부단한 인물인 것은 아니다. 《엘 파이스》와의 인터뷰에서 그는 다음과 같이 말했다.[19] "꾸리찌바는 브라질 중산층의 핵심 산업인 자동차를 제조하는 서비스 도시입니다. 룰라 대통령은 전임자와 달리 아마존을 보호하겠다고 약속하면서도 산업을 육성하고 중산층의 환심을 사기 위해 대중적인 가격으로 차를 구입할 수 있는 인센티브를 제공한다고 발표했습니다. 그는 역사의 흐름을 거스르고 있습니다. 저는 대통령이 도시의 전기 대중교통을 장려하기 위한 보조금을 제공했으면 합니다." 그는 비판과 함께 대안까지 제시함으로써 자신이 얼마나 냉철하게 사고하는 인물인지를 보여주었다.

워싱턴의 미주개발은행에서 주최한 국제 세미나에서 은행 관계자들과 외국에서 온 전문가들은 꾸리찌바 시민들이 교통 이외의 많은 영역에서도 혁신적인 행동을 쉽게 수용하는 이유가 무엇인지 무척 궁금해 했다. 그레카는 다음과 같이 대답했다.

"외국의 많은 학자와 전문가는 브라질 최초의 대학인 파라나 연방대학교가 1912년 꾸리찌바에 설립되었고, 많은 주민이 유럽에서 이주해 온 사람들이기 때문에 이곳에서 혁신적인 사업들이 잘 수용된다고 생각하는 것 같습니다. 하지만 그것이 핵심적인 요인은 아닙니다. 다양한 인구 구성이 꾸리찌바를 특별하게 만드는 것은 아니죠. 꾸리찌바를 특별한 사례로 만든 것은 지난 60년 동

하파엘 그레카 시장

안 변하지 않은 도시계획 지침이 존재했다는 사실입니다. 꾸리찌바는 다른 도시들과 달리 지난 60년 동안 동일한 도시계획을 유지해 왔습니다. 이것은 매우 중요합니다. 꾸리찌바의 역대 행정부는 모두 도시계획의 방향과 기조를 항상 동일하게 유지하려고 애써왔습니다." 그레카는 또 이렇게 덧붙였다. "바로 이런 점이 꾸리찌바 사람들이 도시계획, 지속가능성, 창조경제 및 혁신적인 도시문화 등을 좋아하고 잘 수용하게 만드는 거라고 생각합니다."

이렇게 명확한 도시계획 지침과 기조가 잘 유지되고 관리되는 것은 좋은 도시를 만들기 위한 가장 중요한 필수 항목이다. 덴마크의 코펜하겐이 가지고 있는 손가락 계획Finger Plan과 같이 꾸리찌바도 다섯 개의 간선 교통축을 중심으로 한 도시계획을 근간으로 유지했다. 그러다 약 20년 전부터 리냐 베르지Linha Verde, 영어로는 그린 라인인 새로운 교통축을 추가함으로써 현재는 여섯 개의 주요 교통 회랑을 유지하고 있다. 마지막에 건설된 리냐 베르지 노르치Linha Verde Norte 구간의 개발사업을 2024년 6월 마무리한 사람이 바로 하파엘 그레카다.

2
생태교통도시 모델

자동차가 아닌 사람을 위한 도시

나는 기후변화와 생태 발자국을 설명할 때 종종 마차에 너무 많은 짐을 실어서 당나귀가 공중에 둥둥 떠 있는 사진을 사용한다. 그것이 당나귀가 감당할 수 있는 짐의 한계를 넘어선 경우 어떤 일이 초래되는지를 보여주기 때문이다. 이를 통해 나는 약 2040년경 한반도에 도래할 것으로 예상되는 기후이탈의 결과가 얼마나 파국적인지, 대통령이나 정치인, 지방자치단체장이 생태 발자국을 전혀 고려하지 않고 두바이처럼 개발하겠다고 외치는 것이 얼마나 무모한 일인지를 이해시키려 했다.

또 자동차가 지배하는 도시 사회의 문제점을 보여주기 위해서는 도널드 애플야드와 마크 린텔이 아주 오래전 샌프란시스코에서 수행한 연구를 소개한다.[20] 그것은 자동차 교통이 주택가의 삶에 미치는 영향을 분석한 것으로 아주 흥미로운 결과를 보여준다. 자동차 통행량이 가장 적은 주택가에서 주민들의 거리 활동이 가장 많이 일어났는데, 어린이들은 차도에서 놀고 주민들은 현관과 계단에 주로 머물렀다. 자동차 통행량이 중간인 주택가에서는 거리 활동이 보다 적게 일어났으며 주민들은 대체로 보도에 머물렀다. 한편 자동차 통행량이 가장 많은 주택가에서는 주민들의 거리 활동이 건물 입구에서만 일어났다. 게다가 이곳은 보도의 폭도 좁았다. 공공생활 분야의 고전으로 인정받는 이 연구는 자동차 통행량이 많을수록 지역 주민들의 사회적 교류가 적어지고 그것이 결국 공동체를 해체하는 데 크게 작용한다는 사실을 우리에게 보여준다.

도시를 자동차가 지배하게 되면 도시 공간 자체도 비민주적으로 이용된다. 미국 뉴욕시를 예로 들면, 자동차 이용자의 경우 120제곱미터의 면적을 차지하는 데 반해 대중교통 이용자는 12제곱미터, 자전거 타는 사람은 9제곱미터, 보행자는 2제곱미터를 점유하는 것으로 나타났다. 자동차 이용자가 보행자, 자전거 타는 사람, 대중교통 이용자와 비교하면 각각 약 59배, 13배, 10배나 많은 도시 공간을 이용하는 것이다. 이로써 우리는 가장 비능률적인 이용자가 자동차 이용자라는 사실을 알 수 있다.

자동차가 도시 공간을 비민주적으로 이용하면서 공동체를 해체하는 것을 막기 위해서 우리는 자동차가 아닌 사람을 위한 도시를 만들어야 한다. 사람이 살기 좋은 도시의 전형은 어떤 도시일까? '8-80 Cities'의 설립자이자 대표인 길 페냐로사Gil Penalosa는 자동차가 아닌 사람을 배려하는 도시라고 말한다. 그는 근린지역에서는 자동차의 속도를 최대 시속 30킬로미터로 설정하여 8세부터 80세까지의 모든 시민이 보행자로서 안전하게 길을 걸을 수 있어야 한다고 강력히 주장한다. 그리고 자전거 전용도로는 차도와 완전히 분리되도록 하여 안전한 자전거 타기가 가능하도록 만들어야 한다고, 또 사람들이 모이고 놀고 휴식을 취할 수 있는 공원과 같은 공공 공간을 구비해야 한다고 말한다. 마지막으로 시민들에게 지불 가능한 수준의 운임으로 이용할 수 있는 깨끗하고 빠른 대중교통을 완벽하게 갖추고 있어야 한다고 주장한다.

많은 사람이 이러한 도시의 사례로 꼽는 곳이 바로 덴마크의 코펜하겐과 브라질의 꾸리찌바다. 2025년 세계 최초로 탄소중립 수도가 되겠다고 선언한 코펜하겐의 교통수단 분담률은 2017년 현재 자동차 26%, 대중교통 27%, 자전거 41%, 보행 6%다. 코펜하겐은 이런 수치를 만들기 위해 도심에서 자동차 이용 차로와 주차공간을 1년에 2~3%씩 천천히 제거하고, 그 공간을 자전거나 버스 전용도로 등의 새로운 용도로 전환시켰다.

자동차가 아닌 사람을 배려하는 도시를 구현하려면 인본주의적 도시철학에 기반을 두어야 한다. 즉 삶의 질이 높은 사람을 위한 도시를 추구해야 한다는 말이다. 나는 이러한 도시를 만들어내기 위해서는 네 개의 기둥이 떠받치는 안정적인 구조의 정책기조를 가진 의자형 모델이 가장 이상적이라고 생각한다. 그렇다면 의자형 모델의 네 개 기둥은 각각 무엇일까?

첫 번째 기둥은 보행자 친화성이다. 자동차를 운전하든, 자전거를 타든, 대중교통을 이용하든 도시에 사는 사람이라면 어느 누구든 처음과 마지막에는 모두 보행자가 될 수밖에 없다. 그러므로 도시는 보행자를 최우선으로 고려해야 한다. 구체적으로 이야기하자면 교통사고 발생 시 사망률이 5%에 지나지 않는 시속 30킬로미터로 속도를 제한하는 주거지역과 상업지역을 지속적으로 확대하거나 보행자의 속도에 맞춰 자동차가 이동하도록 하는 구역을 설정하는 것이 좋은 방법이다.

두 번째 기둥은 더 많은 자전거 이용을 위한 도시 설계의 초석이 되는 자전거 친화성이다. 이것은 자전거 타는 사람들의 편의성과 안전성을 철저히 보장한다는 것을 뜻한다. 이를 위해서는 새로운 자전거 이용자들을 유인할 수 있도록 안전하고 편안한 자전거 전용도로와 네트워크를 체계적으로 구축하고 공용자전거 사업을 적극 추진하는 데 역점을 기울여야 할 것이다.

세 번째 기둥은 공원과 광장, 보행자 전용거리 등을 포함하는

의자형 도시 모델

공공 공간의 확보다. 이것은 사람들의 건강한 삶과 사회화를 이끄는 원동력으로 인간적인 도시를 만드는 데 있어서 핵심 항목이다. 최근 들어 창의적인 방식으로 공공 공간을 확보하여 도시 재생에 성공한 사례가 많아 특히 유의해 봐야 할 영역이다.

마지막 기둥은 청결하고 현대적이고 빠른 대중교통이다. 도시의 재정 여건에 따라 다소 차이는 있겠지만 안락하고 지불가능하며 능률적인 대중교통 수단을 도입해 자동차 이용자들을 대중교통 이용자로 전환시키는 노력이 아주 시급하다. 이는 기후친화적인 생태교통수단인 간선급행버스 시스템이나 트램 등의 구축이 아주 중요하다는 것을 의미한다.

자동차를 위한 도시에서 사람을 위한 도시로 전환하는 것은 생각보다 쉬운 과업이 아니다. 하지만 우리가 인간답게 살기 위해서 반드시 실천해야 하는 과제임에는 틀림 없다.

꾸리찌바 혁신의 핵심, 대중교통 시스템

자이메 레르네르는 제1차 석유파동이 있었던 1970년대에 빠르게 성장하는 세계의 많은 도시와는 근본적으로 다른 개발 비전을 제시했다. 그는 도시가 성장하면서도 환경에 악영향을 끼치지 않고 주민의 삶의 질을 향상시킬 수 있는 도시 비전을 분명히 밝혔다. 그는 꾸리찌바에서 미국 로스앤젤레스와 같은 혼란스러운 성장과 그로 인한 교통 및 대기오염 문제가 발생하는 것을 원하지 않는다고 이야기했다. 이런 생각으로 레르네르가 구현한 프로젝트 중 가장 유명한 것이 바로 대중교통 프로젝트다.

1980년대 후반부터 1990년대 초반까지 꾸리찌바의 버스에 기반을 둔 대중교통 시스템은 전 세계적으로 유명세를 떨쳤다. 로스앤젤레스 시장을 포함한 세계의 정치 지도자들이 꾸리찌바의 혁신적인 프로그램을 관찰하기 위해 이 도시를 방문했고, 도시계획가들과 연구자들도 스터디투어에 나서며 거대한 물결에 동참했다. 이런 흐름에 우리나라도 예외는 아니었다.

그러나 2000년대 초반에 접어들면서 꾸리찌바에 만개했던 꽃들이 하나둘 서서히 떨어지기 시작했다. 국가 차원의 정치적 위기와 그에 따른 주요 경제 불황으로 인해 도시의 중요한 재정 자원과 제도적 지원이 약화되었던 것이다. 게다가 혁신적인 프로그램을 개발하는 능력 또한 쇠퇴하기 시작했다. 레르네르가 현직에서 은퇴한 후 꾸리찌바의 빈약한 정치적 리더십은 기존의 통합교통망RIT을 약화시켰다. 그 결과 2010년대 중반에는 국제사회로부터 수십 년 동안 혁신의 중심지로 인정받던 꾸리찌바에 대한 인식이 사라지기 시작했다.

꾸리찌바 혁신의 핵심은 간선급행버스 시스템이라 불리는 대중교통 체계다. 이 시스템은 수송능력이 아주 큰 고용량 간선, 중용량 지선, 그리고 동네의 중심을 연결해 주는 지구 간 순환버스 사이에 쉬운 환승을 가능하게 하는 통합 대중교통망을 제공해 주었다. 간선급행버스 시스템은 승객이 이동 시 개인 교통수단을 사용하지 않고도 적시에 목적지에 도착할 수 있는 가장 좋은 방법으로 생각되었다. 레르네르가 명시적으로 제시한 목표는 어떤 승객도 대중교통 시스템을 이용하기 위해 5~10분 이상 걸어갈 필요가 없도록 하는 것이었다. 그는 대중교통 시스템을 통해 교통 및 대기오염을 관리하고 경제성장을 촉진하는 메커니즘을 발견했다.

꾸리찌바의 대중교통 시스템—현지에서는 통합교통망이라고 한다—에 대한 투자는 1973년에 시작되었다. 이 시스템은 도시 중심에서 뻗어 나오는 다섯 개의 간선 교통축을 따라 구조적으로 건설되었다. 이 시스템은 곧장 전 세계 많은 도시가 따라야 할 모델이 되었고, 2000년대 초반에는 콜롬비아 보고타의 트랜스밀레니오 시스템을 필두로 간선급행버스 시스템에 대한 투자가 전 세계적으로 급증했다. 그 후 꾸리찌바에는 2024년 리냐 베르지라 불리는 여섯 번째 간선 교통축이 추가되었다.

브라질은 물론이고 라틴아메리카 대부분의 나라에서는 재정 능력의 한계 때문에 도시철도보다는 버스를 이용하는 것이 오랜 전통이었다. 꾸리찌바도 마찬가지였다. 마침 꾸리찌바 공업단지에는 버스 공장이 있었고, 제한된 재정 자원으로 인해 도시의 관리자와 경영진들은 저렴한 대중교통 옵션을 찾아야만 했다. 꾸리찌바에서 찾은 대중교통 체계의 핵심 내용은 다음과 같다.

1. 도시 인구의 대부분을 수송할 수 있고, 정류장까지의 이동 시간이 5~10분 미만으로 소요되는 계층적이고 통합적인, 그리고 저렴하고 이용하기 쉬운 고품질의 신속한 대중교통

시스템을 개발했다. 기본적으로 버스 시스템에 들어가기 위해 걷는 시간과 시스템에서 나와 최종 목적지에 도달하기 위해 걷는 시간이 동일하게 소요되도록 설계되었다.

2. 더 많은 시민이 대중교통 시스템을 이용할 수 있고, 이용하고 싶어 하는 도시 인프라를 유기적으로 건설했다.

3. 대중교통 시스템을 운영하고 차량을 업그레이드하는 동시에 시스템을 계획하고 감독할 독립적인 기관인 꾸리찌바 도시공사URBS를 설립하고, 민간 부문과의 유기적인 협조체계를 구축했다.

4. 버스 운행이 꾸리찌바 시 경계를 넘어 확장됨에 따라 꾸리찌바 대도시권을 포괄하도록 하는 거버넌스 전략을 개발·실행했다.

이와 같은 노력의 결과로 꾸리찌바는 대중교통 시스템을 통해 삶의 질이 크게 향상되었음을 분명히 확인했다. 1992년에는 도시 인구의 70%가 개인 차량이 아니라 대중교통 시스템을 이용했다. 1991년 여행자 조사 결과에 따르면 간선급행버스 도입으로 연간 약 2,700만 건의 자동차 운행이 감소하고 약 2,700만 리터의 연료가 절약된 것으로 추정되었다. 그리고 비슷한 크기의 브라질 내 다른 여덟 개 도시에 비해 꾸리찌바는 1인당 연료를 약 30% 적게 사용해 브라질에서 대기 오염률이 가장 낮은 도시 중 하나인 것으로 나타났다.[21]

꾸리찌바의 간선급행버스 시스템은 오늘날 수송능력도 크고 이용 횟수도 많은 효과적인 저비용 대중교통 시스템이라는 사실 때문에 국제사회에서 높이 평가받고 있다. 특히 2050년까지 순배출 제로라는 탄소중립 목표를 달성하기 위해 고군분투하고 있는 도시라면 다른 어떤 교통체계보다 훨씬 유용할 것으로 보인다. 게다가 최근에는 이산화탄소 배출을 전혀 하지 않는 대용량의 전기나 수소 버스가 전 세계 도시에서 본격적인 운행을 시작했다. 이는 기후위기 대응에 큰 도움이 될 것이다. 간선급행버스 시스템의 좋은 예는 브라질의 꾸리찌바는 물론이고 호주의 브리즈번 메트로에서도 만날 수 있다.[22]

레르네르는 꾸리찌바에서 개발한 대중교통 시스템이 널리 사용되기 위해서는 그것이 시민들에게 매력적이어야 한다는 것을 누구보다 정확히 인식했다. 그래서 선택한 것이 지선에 설치된 원통형 정류장을 통해 연결되는 대용량 간선 노선(버스 전용도로에서 이중굴절버스로 제공)을 갖춘 시스템이었다. 이는 터미널에서 추가 요금 부담 없이 환승할 수 있고, 승객들의 거주지나 목적지 가까이까지 운행하는 지역 버스와 연결해 주는 것이다.

전 세계의 대중교통 시스템은 간선과 지선을 사용한다. 그리고 많은 경우 지선 시스템에는 추가 요금이 필요하고 지선 정류장이 간선 정류장 근처에 있지 않아서 승객들은 지선을 이용하기 위해 걷거나 대체 차량을 이용해야 한다. 이에 꾸리찌바에서는 간선과 지선을 효과적으로 연결하는 데 우선순위를 두었다. 또한 승객들이 집에서 대중교통 정류장까지, 또 대중교통 정류장에서 목적지까지 짧은 시간 동안 걸어서 도착할 수 있도록 하는 것을 목표로 인근 대중교통과의 연결도 중요하게 고려했다. 그 결과 꾸리찌바는 일반적인 대중교통 시스템이 승객의 출발지와 목적지에서 몇 마일 떨어진 곳에서 존재하는 이른바 '퍼스트 마일, 라스트 마일' 문제[23]를 해결한 최초의 대중교통 시스템이 되었다. 레르네르와 그의 동료들이 도입한 꾸리찌바의 진정한 혁신은 승객들에게 출발지의 퍼스트 마일부터 목적지의 라스트 마일까지를 잘 연결시켜 준 통합적이고 계층적인 시스템을 제공한 데 있다.

오늘날 지하철이 있는 도시에서는 버스를 지선으로 사용하는 경우가 많다. 하지만 대부분의 경우 지선 버스는 간선보다 덜 자주 운행되므로 연결이 불편할 수밖에 없다. 결국 사용자는 대중교통의 사용을 포기하게 된다. 꾸리찌바의 버스 노선은 승객의 퍼스트 마일과 라스트 마일 문제를 해결하면서 대중교통 시스템의 광범위한 사용을 확보하는 데 기여한 것으로 평가된다.

대중교통 시스템을 지원하는 도시구조

대중교통 지향형 도시개발

꾸리찌바에서 도입한 또 다른 혁신은 대중교통 정류장에 가까운 지역의 도시개발을 고밀화하여 보다 많은 시민이 대중교통 시스템을 더 쉽게 이용하도록 한 정책이었다. 도시의 간선 교통축에 가까운 지역의 개발 밀도를 가장 높게 하고, 간선 교통축에서 멀어질수록 개발 밀도를 감소하도록 만든 것이다. 아래 그림을 보면 구역 4(ZR4)가 간선 교통축에 가장 가깝고, 구역 1(ZR1)은 가장 멀다. 이 정책이 꾸리찌바에 처음 소개되었을 때는 전혀 새로운 것이었다. 실제로 '대중교통 지향형 설계'라는 용어는 건축가 피터 칼소프Peter Calthorpe에 의해 1993년에야 만들어졌다.

꾸리찌바의 이 정책은 오늘날 국제사회에 '대중교통 지향형 도시개발TOD'로 널리 알려졌으며, 전 세계 특히 산업화된 국가의 도시에서 점점 더 많이 채택되고 있다. 많은 도시가 대중교통에 대한 꾸리찌바의 접근 방식을 모방하려고 노력했지만, 제대로 모방한 도시는 거의 없다. 특히 개발도상국의 도시 중에는 토지이용

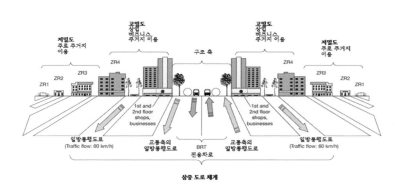

삼중 도로 체계를 기반으로 한 대중교통 지향형 도시개발

정책을 모방하는 곳이 전혀 없다.

　꾸리찌바에서는 1990년대부터 도심 기능 집중을 방지할 목적으로 시 전역에 시민의 거리를 조성했다. 이는 공공기관에서 멀리 떨어진 지역에 사는 시민들의 행정 수요에 부응하기 위해 공공서비스를 직접 가져와 제공함으로써 시민의 편의는 물론 불필요한 통행의 유발을 막는 아주 적극적인 조치였다. 그로 인해 시민들은 멀리 있는 관공서를 방문하는 대신 가장 가까운 환승 터미널 근처에 있는 시민의 거리에 가기만 하면 기본적인 행정서비스를 받을 수 있게 되었다.

　꾸리찌바는 시민들을 유인하는 도시 인프라에 투자하는 도시 개발 전략을 채택했다. 일부 블록이 독특한 특성을 지닌 공원으로 바뀌었고, 시내 중심부에는 차량 통행을 차단한 보행자 전용거리를 만들어 시민들에게 큰 인기를 얻었다. 꽃의 거리라 불리는 보행자 전용거리는 차량이 없는 산책로가 길게 조성되어 항상 시민들로 북적였다. 때문에 인근의 상점과 레스토랑 주인들의 반응도 매우 좋았다.

　또한 버려진 채석장에 건축학적으로 매력적인 오페라 하우스를 건설하여 문화적 기반을 제공하는 한편, 쓰레기 투기장이었던 공간을 개조해 식물원으로 조성하기도 했다. 이러한 변화는 모두 도심에서 자연을 즐기며 휴식을 취하고 싶어 하는 시민들의 관심을 끌었다. 그리고 밤늦게까지 식사와 쇼핑을 즐길 수 있는 24시간의 거리도 만들었다. 이러한 모든 개발을 원활히 추진할 수 있었던 것은 개발이 이루어지는 곳까지 쉽게 도달할 수 있도록 혁신적인 대중교통 시스템이 운영되고 있었기 때문이다. 게다가 시민들은 평소 버스를 이용하면서 이런 개발 현장을 볼 수 있었기에 호기심을 가지고 방문할 가능성이 더욱 높았다.

대중교통 지향형 도시개발은 전 세계 도시에서 점점 더 많이 채택되고 있다. 그러나 이 도시들이 모두 버스를 대중교통 지향형 도시구조와 잘 연결시키는 데 성공한 것은 아니다. 더욱이 도시에 기념물과 추억의 공간을 잘 배치하고, 주요 건축물과 공원으로 주민들을 유인하며, 대중교통에 쉽게 접근할 수 있도록 도시 인프라에 투자하는 꾸리찌바식 전략은 전 세계 도시에서 광범위하게 사용되지 않았다. 꾸리찌바에서 입증된 바와 같이, 이러한 도시 인프라 투자는 도시의 대중교통 이용을 늘릴 수 있는 가장 유용한 전략 가운데 하나다.

창조된 토지 제도

꾸리찌바는 2000년대 중반까지 다섯 개의 간선 교통축을 통해 대중교통 시스템을 지원하는 도시구조를 갖추고 있었다. 그러다 2009년 여섯 번째 간선 교통축인 '리냐 베르지'가 일부 개통되었다. 이는 예전에 연방고속도로인 주간 고속도로 BR-116을 교외로 이전하면서 새롭게 구축한 것이다. 리냐 베르지에서는 기존의 다섯 개 간선 교통축과는 달리 간선급행버스 스테이션이 있는 곳을 중심으로 허브 지역을 만들고, 리냐 베르지의 특별 및 전이 지역을 배치하도록 토지이용계획을 세웠다. 그리고 그 배후에 주거지역을 위치시켜 새로운 대중교통 중심의 개발축을 만들어가기 시작했다(리냐 베르지(그린 라인)는 '꾸리찌바 용도구역도'에 오른쪽에 빨간색의 허브 지역을 하얀 선으로 길게 연결한 구간이다). 리냐 베르지는 간선급행버스 노선의 승객들을 위해 통행 시간을 반으로 단축하면서 기존의 북-남 회랑과 병행하여 수평으로 간선 교통축을 완성한 것이다.

꾸리찌바에서는 현재 여섯 개 간선 교통축을 가지고 땅 위의 지하철이라 불리는 간선급행버스 시스템을 운영하고 있다. 이 시스템을 유지하기 위한 토지이용계획도 체계적으로 작성되어 있는데, 여기에는 각 구역별로 건설할 수 있는 층수가 명기된 상세한 용도구역계획도 포함되어 있다. 꾸리찌바에서 '창조된 토지solo criado'라 불리는 이 제도를 영어권 국가에서는 흔히들 '개발권 양도제TDR'라고 말하는데, 그것이 작동하는 방식을 나는 전작인《꿈의 도시 꾸리찌바》에서 간단히 소개한 바 있다.

> "꾸리찌바에는 다른 도시들과 달리 획일적인 기준을 설정해 놓지 않고 두 개의 기준, 즉 표준 허가기준과 최대기준이라는 아주 특이한 제도적 장치가 마련되어 있다. 이를 보통 사람들이 좀더 알기 쉽게 이해할 수 있도록 평면이 1만m^2인 호텔의 경우를 가정해 보기로 하자. 이곳의 표준 허가기준이 10층이고 최대기준이 15층인 경우, 토지소유자가 15층의 호텔을 건설할 계획을 갖고 있다면 '창조된 토지 시장'에서 이 두 기준의 차이에 해당하

꾸리찌바 용도구역도

는 5만 m^2(5층×1만 m^2)를 사야만 한다. 여기에서 우리들이 유념해야 할 것은 시 당국이 단지 시장에서 수요와 공급을 조화시키는 중개인의 역할만 수행한다는 점이다. 아래에서는 그것이 구체적으로 어떻게 이루어지는지 역사적 건물의 실례를 들어보기로 한다.

꾸리찌바에 있는 이탈리아노 클럽Club Italiano은 가리발디 하우스

최근에 완공된 간선 교통축 리냐 베르지를 달리는 이중굴절버스

Garibaldi House라 불리는 아름다운 역사적 건물을 소유하고 있었다. 대지면적이 2만5천㎡인 이 하우스를 재산으로 가지고 있었지만, 이탈리아노 클럽은 엄청난 예산이 소요되는 건축물의 복원 사업을 감당할 경제적 능력이 없었다. 하지만 하우스가 최대 기준에 따라 2층까지 건설할 수 있는 지역에 입지하고 있었기 때문에, 클럽은 최고의 입찰자, 즉 앞서 소개한 호텔 소유자에게 5만㎡(2층×2만5천㎡)를 팔 수 있었다. 이 거래로 발생한 수익은 외형적으로 클럽에 속하는 것으로 보이지만, 실제로는 그 금액의 전부가 가리발디 하우스의 복원에 사용되었다. 이는 호텔 소유자가 시로부터 어떤 재정 간섭도 없이 호텔의 초과 층을 건설하는 권리를 획득하기 위해 역사적 건물의 복원 비용을 지불했다는 것을 뜻한다. 이렇게 '창조된 토지 시장'이 작동하는 영역은 꾸리찌바 시에 무수히 많다.

녹지 조성이나 사회주택의 건설 등과 관련해서는 좋은 사례들이 더 많다. 대규모 토지소유자가 가로의 한쪽 면의 개발권을 획득하고자 할 경우, 반드시 다른 면에 공공공원을 조성하도록 만들었다. 현재 꾸리찌바 시에서 시민들에게 개방되고 있는 16개의 대규모 공원 가운데 가장 최근에 조성된 몇 개는 순수하게 이런 방식으로 자금을 조달한 것으로 알려져 있다. 또한 도시 빈민들을 위한 사회주택 건설에도 이와 같은 방식을 적용해 주택문제의 해소에도 일조하고 있는 것으로 전해지고 있다. 이것은 항상 부족한 투자재원에 시달리는 꾸리찌바 시가 문화유산 복원, 녹지 조성, 주택 건설 등에 직접 예산을 투자하지 않아도 되는 길을 열어주고, 건설업자들에게는 개발권을 취득하면서도 사회적으로 기여하는 통로를 만들어 주었으며, 나아가 시민들에게는 이로 인한 추가적인 세금 부담이 없이도 다양한 행정서비스를 받도록 해주었다. 한마디로 모두가 이기는 윈-윈 게임을 연출하고 있는 것이다.[24]

간선급행버스 시스템의 현대화

꾸리찌바에서는 1974년 도로 혼잡과 교통 체증을 완화하기 위해 간선급행버스 시스템을 세계 최초로 구축했다. 그후 꾸리찌바 도시공사와 버스 운영자는 도시의 성장에 맞춰 지속가능한 방식으로 BRT 시스템을 점진적으로 업그레이드했다. 꾸리찌바 시는 대중교통 시스템의 개발을 주도할 수 있는 권한을 가진 지방 공기업인 꾸리찌바 도시공사의 최대 주주였다. 처음 20년 동안 시 정부는 토지이용정책에 기반을 둔 통합 교통 네트워크 구축을 목표로 했다. 그 결과 버스 교통 전용 노선이 포함된 동서 간선 회랑을 건설했고, 다양한 대중교통 수단 간의 환승을 용이하게 하기 위해 사회적 요금이라 불리는 고정 요금제를 도입했다.

당시에는 승객들이 버스를 이용할 때 불편한 점으로 두 가지를 꼽았다. 하나는 승객들이 운전사에게 티켓을 사야 하는 요금 지불 방법으로, 티켓 구매를 위해 긴 줄을 서게 되고 이는 버스의 운행 지연 사태까지 초래했다. 다른 하나는 버스 요금이 저소득층에게 적합하지 않다는 것이었다. 이러한 문제를 해결하기 위해 시 정부는 지불 속도를 높이기 위한 전자 발권 시스템을 도입했고 저소득층에게는 인센티브를 제공했다.

그러나 BRT 시스템은 시민들의 열렬한 호응에도 불구하고 새 천년이 시작되면서 경제 규모와 소득이 커지고 인구가 급증하자 새로운 도전에 직면하게 되었다. 점점 더 많은 사람이 BRT 시스템에서 벗어나 승용차를 선택했고, 그 결과로 승객 수는 2008년과 2012년 사이에 4.3%나 감소한 것으로 나타났다.[25] 한 연구에서는 정시성의 부족과 라스트 마일 솔루션의 미흡이 승객 감소의 주요 원인으로 지적되었다.[26] 이에 꾸리찌바 도시공사는 BRT 시스템을 전반적으로 재점검하고 일련의 현대화 조치와 개선 사항을 실천에 옮겼다.

BRT 시스템 현대화를 위한 두 가지 조치

꾸리찌바 도시공사는 간선급행버스 시스템을 현대화하기 위해 두 가지 접근 방식을 채택했다. 첫째, 대중교통에 대한 접근성이 제한적인 승객을 수용하기 위해 주요 터미널과 외곽 교외를 연결하는 새로운 BRT 회랑을 건설했다. 둘째, 민간 기업과 협력해 동적 교통류 관리, 버스 우선 신호 및 실시간 버스 안내 정보 제공 시스템을 포함한 지능형 교통 시스템을 새롭게 구축했다. 한편 시에서는 BRT 회랑과 인접한 지역에 자전거 도로와 자전거 거치대 등을 추가하는 도시의 자전거 인프라 개선 사업도 적극 추진했다.

2009년 이후 꾸리찌바 시는 BRT 시스템의 운영 및 관리에 상당한 변화를 실행하기 시작했다. 이 시기의 목표는 새로운 간선 교통축을 개발하고, 버스 이용자들이 경험적으로 느끼는 불편사항들을 기술적으로 개선하면서 보다 환경친화적인 대중교통 시스템을 제공하는 것이었다.

첫 번째 조치는 연방고속도로인 BR-116을 교외로 이전하고 그 위치에 리냐 베르지를 구축해 BRT 시스템의 운영 효율성을 개선한 것이다. 리냐 베르지는 교통개발정책연구소ITDP 등 국제적인 연구기관들이 만든 BRT 표준으로 보면 금메달 급에 해당된다. 또한 꾸리찌바에서 가장 첨단화되고 우수한 노선이다. 리냐 베르지를 따라 건설된 정류장과 환승 터미널은 지역, 직통 및 급행 서비스를 수용할 수 있는 충분한 공간을 제공해 기존의 다른 간선 교통축에 비해 더 많은 마을을 연결하는 광범위한 교통망을 만드는 데 성공했다.

이 노선을 주행하는 전용버스는 100% 바이오디젤만을 사용하도록 해 꾸리찌바에서 처음으로 화석연료를 사용하지 않음으로써 기후변화에 대응하도록 만들었다. 즉 리냐 베르지에서 운행하는 굴절버스는 디젤 연료를 사용하는 버스에 비해 이산화탄소를 30%, 매연은 70% 적게 배출하는 것으로 추정된다.[27] 여름에는 정류장의 내부 온도를 빗물을 사용해 식히도록 했다. 이처럼 리냐 베르지는 대중교통의 지속가능성을 높이려는 꾸리찌바 정부의 야

⇧ 리냐 베르지 최종 구간 완공을 축하하는 기념식
⇩ 평면 승하차가 가능한 리냐 베르지의 원통형 정류장

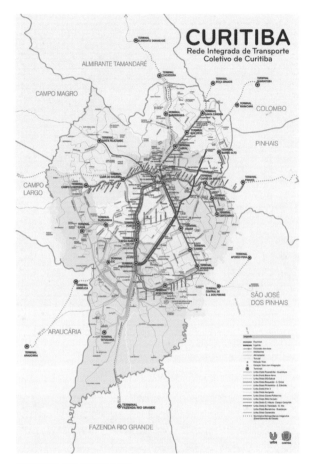

꾸리찌바의 현재 통합교통망도

망을 보여주는 대표적인 사례다.

꾸리찌바 시의 두 번째 조치는 지능형 교통 시스템을 시행한 것이다. 이를 위해 2013년 스페인의 인드라 사와 통합 모니터링 시스템을 전문으로 하는 지역 기업인 에스테이오와 데이터프롬으로 구성된 컨소시엄과 공공-민간 파트너십을 설립했다. 인드라는 브라질 정부와 오랜 협력 관계를 유지해 온 회사로 전국적으로도 많은 인프라 현대화 사업에 참여한 기업이었다. 공공-민간 파트너십이 시행되기 2년 전, 꾸리찌바 시 정부는 인드라 및 에스테이오와 협력해 신호등 제어 시스템을 시범 운영하고 두 개의 부유한 지역에서 버스 우선 신호 시스템을 테스트했다. 이러한 시범사업의 성공을 바탕으로 꾸리찌바 시는 보다 효율적이고 환경친화적인 대중교통을 개발하기 위해 컨소시엄과 1,500만 달러의 계약을 체결했다.

이들이 도입한 지능형 교통 시스템은 동적 교통류 관리, 버스 우선 신호 시스템, 실시간 버스 안내 정보 제공으로 구성되었다. 이 시스템의 목표는 꾸리찌바의 도시 교통 관리를 간소화하고 도시 전체 대중교통의 효율성을 높이는 것이었다.

꾸리찌바 도시공사의 운영 센터와 비디오 감지기 및 감시 시스템과 같은 기타 데이터 소스를 결합해 교통과 함께 진화하는 동적 교통류 관리계획을 개발했다. 이는 운영 센터에서 온보드 컴퓨터, GPS 모듈 및 센서를 통해 도시 안에서 운행 중인 모든 버스를 실시간으로 모니터링하여 버스 위치, 일정 준수 및 예상 이동 시간을 포함한 정보를 수집해 매분 다시 운영 센터로 보내는 것이 핵심이다. 이 시스템은 또한 혼잡하기 쉬운 지역을 식별하고 예측 알고리즘을 사용해 대체 경로를 제안한다. 모든 경로 변경은 버스에 설치된 메시지 패널을 통해 운전자에게 전달된다.

버스 우선 신호 시스템은 모든 버스의 지리적 위치를 분석해 이동 시간을 최적화했다. 즉 모든 버스의 GPS 모듈 또는 자동 차량 위치추적 시스템을 운영 센터에 연결함으로써 버스가 접근할 때 신호등의 타이밍을 조정하고 신호 우선순위를 부여한 것이다. 시스템은 이러한 우선순위에 적합한 교차로를 식별하고 각 버스의 최적 이동 시간을 계산하고 여러 교차로의 교통 상황까지 고려해 최상의 조치를 취한다. 또한 버스 정류장의 위치, 버스 차선(분리된 혹은 분리되지 않은) 및 버스 점유율과 같은 요소를 종합적으로 고려한 분석을 기반으로 운영 센터는 필요에 따라 녹색 신호등을 켜서 버스에 우선순위를 부여할 수 있다.

지능형 교통 시스템의 마지막은 실시간 버스 안내 정보 제공이다. 운영 센터는 자동 차량 위치추적 시스템을 활용해 버스의 경로 변경, 편차 및 예상 이동 시간과 같은 정보를 '꾸리찌바 156^{Curitiba 156}'이라는 애플리케이션에 게시한다. 또한 버스 도착과 출발을 실시간으로 알려주는 전자 패널을 정류장과 터미널에 설치했다. 온보드 전자 패널은 각 역까지의 예상 이동 시간을 제공해 승객이 목적지까지 가는 데 얼마의 시간이 걸릴지 예상할 수 있도록 했다. 이런 방식으로 시민들에게 실시간 버스 안내 정보를 체계적으로 제공하게 되었다.

BRT 시스템 개선을 위한 또 다른 조치들

꾸리찌바 시의 이러한 노력에도 불구하고 도시의 인구가 계속 증가함에 따라 이동성, 특히 라스트 마일 문제가 여전히 도전 과

제로 남아 있었다. 그래서 시 정부는 BRT 시스템의 기술적 변화와 함께 보다 통합적이고 지속가능한 대중교통 시스템을 구축하기 위해 자전거 이용을 장려하기로 결정했다. 이 도시는 자전거 친화적인 환경을 조성하기 위해 4,000만 달러, 즉 한화 약 552억 원을 투자할 계획을 세웠다.

첫 번째 단계는 기존 자전거 인프라를 개조하고 자전거 전용도로를 200킬로미터 더 연장하는 것이었다. BRT 회랑을 따라 자전거 전용도로가 건설되었고 거의 모든 역에 자전거 거치대가 설치되었다. 그와 더불어 2012년에는 자전거 공유 시스템이 시범사업으로 실행되었고, 2017년에는 꾸리찌바 탄생 324주년 기념 사업으로 43개 역에 480대의 전기자전거 공유화 사업이 실시되었다. 최근에는 브라질뿐 아니라 남아메리카 전역에 있는 도시들을 대상으로 사업 영역을 확장 중인 브라질의 공유 자전거 스타트업 템비시Tembici 시스템이 구축되어 그 규모가 계속 확대되는 중이다.

이러한 간선급행버스 시스템의 현대화 사업 외에도 꾸리찌바에서는 노후버스 교체 사업도 지속적으로 추진해 왔다. 2017년 하파엘 그레카 시장이 취임할 때 내구연한이 지난 노후버스 400대를 교체하겠다고 공약했는데 실제로는 3년 반 만에 목표치의 28%가 넘는 514대의 차량을 교체했다. 또한 코로나바이러스로 인한 감염병 위기가 한창이던 2020년 4월에는 꾸리찌바 시에 이중굴절버스, 굴절버스 등이 총 104대나 새로 들어왔다.

그리고 코로나 위기 상황 속에서 꾸리찌바에는 66대의 특수버

교통약자를 위한 안젤로 앤토니우 다예그라비 전용 버스터미널

스가 새로 도입되었다. 이 특수버스는 34개 특수학교에 다니는 약
2,300명의 학생들이 대면수업을 시작하면 이용하게 될 것이었다.
30개 노선은 집과 특수학교를 연결하는 맞춤형 노선이고, 21개
노선은 안젤로 앤토니우 다예그라비 터미널을 거치게 된다. '특수
교육용 교통 시스템Sistema de Transporte para a Educação Especial'이라
는 이 특수교통통합체계는 정신적, 육체적 장애인에게 교통 편의
를 제공하기 위해 만든 것으로 트랑스 아이작과 우니가르가라는
회사가 위탁 관리를 맡고 있다.

1988년 처음 개장한 안젤로 앤토니우 다예그라비 터미널은 전
체 면적이 2,580제곱미터다. 장애를 가진 약 1,100명의 학생들이
매일 이용하는 이곳을 나는 2012년에 서울시 대표단과 함께 방문

한 적이 있다. 그때 이곳을 둘러보며 동행했던 분이 했던 이야기가 지금도 기억에 또렷이 남아 있다. "우리나라에서는 이런 터미널 건설은 땅값, 집값 떨어진다고 인근 주민들이 강력하게 반발해 말도 꺼내지 못할 겁니다."

생각해 보면 도시에 이런 장애인 전용 터미널 하나 제대로 확보하지 못하면서 포용국가나 포용도시를 만든다고 말하는 것이 얼마나 우스운 일인지 모르겠다. 국민소득이 우리보다 낮아도 이들처럼 장애인의 이동권이 보장되는 차별 없는 공공 공간에서 모든 시민이 함께 어울려 살 수 있으면 좋겠다.

탄소중립형 대중교통 시스템 구축 시작

꾸리찌바는 리처드 세넷Richard Sennett이 그의 역저 《짓기와 거주하기》[28]에서 시민들이 테크놀로지적으로 민주주의를 실천하는 조정적 스마트시티The Coordinative Smart City의 모델로 소개한 도시다. 세넷은 꾸리찌바가 그린 뉴딜을 선진국에서 단순히 개념만 수입해 실행하지 않고 자신들의 실정에 맞게 창조적으로 개조해 추진하고 있다며 그 좋은 예가 대중교통 시스템에서도 발견된다고 했다.

그가 주목한 간선급행버스 시스템의 메카로 여겨지는 꾸리찌바는 여섯 개 간선 교통축을 기본으로 하는 통합교통망을 갖추고 있다. 꾸리찌바에서는 포스트 코로나 시대를 대비해 통합교통망을 대대적으로 혁신하는 '노부 인테르 2 프로젝트'를 추진했다. 이 프로젝트는 간선 교통축을 제외하고 통행 수요가 제일 많은 리제이리뉴 인테르 2Ligeirinho Inter 2 및 인테르바이후스 IIInterbairros II의 수송 용량을 현재의 15만 5,000명에서 18만 1,000명으로 늘리고 운행 속도를 증대시키기 위한 사업이다.

노부 인테르 2 프로젝트의 총 사업비는 5억 3,400만 헤알(1억 3,340만 달러)인데, 그중 4억 2,720만 헤알은 미주개발은행에서 자금을 조달하고, 나머지 1억 680만 헤알은 꾸리찌바에서 투자하는 것으로 계획되었다. 미주개발은행에서 조달하기로 한 자금에 대해서는 연방 정부의 상원과 경제부의 외부금융위원회에서 승인을 받았고, 2020년 12월에 미주개발은행과 대출 계약을 체결하고 공식적인 서명식까지 마쳤다.

화상으로 이루어진 서명식에서 브라질의 미주개발은행 대표인 모갠 도일은 "꾸리찌바는 교통 분야의 세계적 표준입니다. 이런 도시에서 모빌리티 사업에 참여하게 된 것을 아주 자랑스럽게 생각합니다."라고 말했다. 이에 대한 꾸리찌바 하파엘 그레카 시장의 답사도 상당히 인상적이었다. 그는 처음 시장으로 재임할 때 대중교통을 BRT로 대체하는 혁명적인 프로젝트와 시민의 거리 등을 조성하도록 도움을 준 당시 미주개발은행의 회장인 엔리케 이글레시아스와 아주 큰 우정을 나누었던 것이 떠오른다고 말했다. 그리고 그 당시의 미주개발은행 대표였던 샤를 라이트를 언급하며 이번에 추진하는 노부 인테르 2 프로젝트에서 그의 이름을 딴 역을 만들 것이라고 했다. 그들 덕분에 꾸리찌바에 BRT를 통한 교통의 미래가 열렸으며, 이제는 전기 버스(e-모빌리티)로 나아갈 것이라고도 덧붙였다.

새로운 모빌리티 사업인 노부 인테르 2는 꾸리찌바에서 코로나19 팬데믹 이후의 녹색 경제 회복 계획의 일부로 추진되고 있다. 이 노선은 총 38킬로미터가 연장되는 것으로, 꾸리찌바의 75개 지역 중 28개 지역을 통과하게 된다. 이 사업은 2025년까지 꾸리찌바에 일자리 3만 4,800개를 창출할 것으로 기대되며, 사업이 성공적으로 마무리되면 인근에 거주하는 약 58만 명의 주민이 획기적으로 향상된 교통 서비스를 누리게 될 것으로 전망된다.

파라나 에너지공사COPEL와의 협력으로 노부 인테르 2 프로젝트의 역과 터미널에는 지능형 에너지 네트워크(스마트 그리드)가 구축되고, 정류장은 물론 터미널과 인접 지역에 사는 주민들도 재생에너지를 공급받을 수 있게 된다. 이 창의적인 사업은 기본계획에서 설계까지 모든 과정을 꾸리찌바 도시계획연구소에서 담당했다.

노부 인테르 2 프로젝트의 주요 사업은 다음과 같다. 우선 현대식 에어컨이 완비된 생태친화적 정류장 조성이다. 이는 니발두 브라가, 살가두 필루, 싸심 및 타루마, 자르딩 다스 아메리카스 등에 만들어질 것이다. 그리고 새롭게 카팡 다 임부이아 통합 터미널Terminal Capão da Imbuia과 산타 퀴테리아 터미널Terminal Santa Quitéria 및 파니 터미널Terminal Fanny이 건설되고, 캄피나 두 시쿠에이라Campina do Siqueira와 하우어Hauer 두 개 환승 터미널이 재건 및 확장된다. 이 모든 정류장과 터미널의 지붕 위에는 태양열 패널을 설치해 에너지 자립을 도모하고, 통합 터미널에는 전기버스 충전소를 갖춰 탄소 배출 제로화를 적극 추진할 예정이다. 또 30킬로미터의 버스 전용차로와 70킬로미터의 도로를 새로 개통 및 리모델링한다.

또한 꾸리찌바 도시계획연구소에서는 동서 교통축과 노부 인테르 2 노선의 100%를 5년 안에 전기버스 시스템으로 완전히 교체할 계획이다. 현재는 꾸리찌바 공업단지와 피냐이스를 연결하는 동서 교통축에서 사업을 추진하기 위해 신개발은행[29]과 협상 중이다. 신개발은행 7,500만 달러, 시비 1,870만 달러, 총 9,370만 달러가 소요될 것으로 추정된다.

노부 인테르 2 노선에 설치된 섬식 정류장

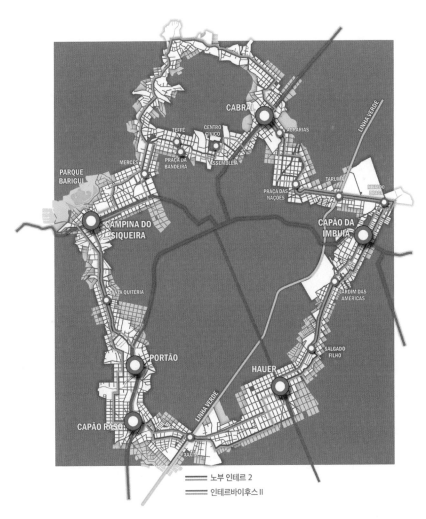

노부 인테르 2와 동서 교통축

현재 노부 인테르 2 노선에서 운행 중인 일반버스와 굴절버스
는 길이 18미터, 정원 150명의 전기 굴절버스 54대로 교체 운행
되고, 동서 교통축에서 운행되는 길이 25미터, 정원 230명의 이중
굴절버스 80대는 길이 23미터, 정원 180명의 전기 굴절버스 60대

로 처음 운행을 시작해 점진적으로 확대해 갈 예정이다. 이 두 개의 교통축이 전기 모빌리티 시스템으로 완전히 개통되면 꾸리찌바 시 전체 면적의 13%에 해당하는 58제곱킬로미터의 면적에 거주하는 사람들이 직접적인 수혜자가 될 것으로 보인다. 그 인구는 약 33만 2,000명으로, 가구 수로 환산하면 꾸리찌바 전체의 약 21%에 해당한다.

2025년 전기 모빌리티 시스템의 개편이 완료되면 국제사회의 인식과 반응은 어떻게 변할까? 내가 보기에는 트램을 중심으로 한 도시철도 사업을 새롭게 추진하려는 지자체의 경우 아주 커다란 논쟁을 불러일으킬 것으로 보인다. 이 프로젝트는 국제사회에서 기후위기 시대를 대비한 도시교통 모델로도 아주 주목할 만한 사업이기 때문이다.

최근 지구촌에서는 버스와 트램의 경계가 아주 모호해지고, 간선급행버스 시스템도 화석연료를 전혀 사용하지 않고 재생에너지를 직접 생산해 쓰는 세계가 서서히 시작되고 있다. 이런 흐름을 선도해 가는 도시 가운데 하나가 바로 BRT의 메카라 불리는 브라질의 꾸리찌바인 것이다. 꾸리찌바 도시계획연구소에서는 노부 인테르 2와 동서 교통축에 새로 구축될 BRT의 새로운 이름을 SRT Super Rapid Transit로 정했다. 현재 이 사업의 성공적인 추진을 위해 꾸리찌바 도시계획연구소가 주축이 되어 꾸리찌바 도시공사, 세계자원연구소 브라질 지부와 도시기후리더십그룹Cities Climate leadership group의 전문가들, 중국 국영기업 중국중차와 신개발은행의 기술자들까지 유기적인 협력체계를 구축하고 있다.

SRT는 지능형 운영 체제를 갖추는 것 외에도 더 많은 수송 용량과 더 빠른 속도를 갖춘 시스템으로 진화해 갈 것이다.

새로운 모빌리티 사업인 노부 인테르 2가 꾸리찌바에서 성공적으로 추진된다면 국제사회에서 트램의 위상이 상당히 흔들릴 가능성을 전혀 배제할 수 없다. 실제로 덴마크에서 4번째로 큰 도시인 올보르에서는 트램웨이 건설을 보류하고 전기 이중굴절버스가 운행되는 BRT 시스템을 도입하기로 했다. 이를 위해 솔라리스 버스Solaris Bus 14대를 최근에 새로 주문한 것으로 전해졌다. 또 호주의 브리즈번에서는 두 개 노선에 브리즈번 메트로 BRT를 구축해 2024년 일부 구간의 운영이 시작되었다. 2032년 올림픽 및 패럴림픽 개최지인 이 도시에서는 세계적인 버스 제조업체 헤스사의 전기 이중굴절버스 60대를 수입해 네 개의 종점지에 플래시 충전시설을 갖추고 운영을 시작한다. 이 플래시 충전시설은 호주 최초로 설치된 6분 이내 충전이 완료되는 시스템이다.

꾸리찌바 공업단지에 있는 볼보 사에서 생산하는 전기 이중굴절버스가 도시에서 운행될 경우 가로경관이 어떻게 바뀔지, 또 탄소중립 도시를 만들어가는 데 얼마나 도움을 줄지 무척 궁금하다. 우리 도시가 꾸리찌바의 탄소중립형 대중교통 시스템인 SRT 사례를 잘 살펴봐야 하는 이유가 바로 여기에 있다.

시민의 거리

하파엘 그레카가 처음 시장이 되어 추진한 가장 중요한 사업은 의심할 여지 없이 지혜의 등대와 시민의 거리다. 이 중 시민의 거리 프로젝트는 꾸리찌바에서 실행한 공공서비스의 분산화를 위한 최초의 시도다. 이 프로젝트의 목적은 교외에 사는 시민들이 행정업무를 보고 은행에 가고 장을 보기 위해 도심으로 모여드는 통행을 제거하는 데 있다. 이를 위해 시에서는 시민들이 개인적인 용무를 2시간 내에 보고 다시 버스에 승차할 경우 추가적인 요금 부담 없이 버스를 다시 이용할 수 있도록 하는 제도를 마련해 운영하고 있다.

1995년 3월 29일 최초로 개장된 보케이랑 시민의 거리Rua da Cidadania Boqueirão는 까르모 터미널Terminal Carmo 옆에 있다. 이 거리는 길이가 220미터, 총면적이 2만 제곱미터, 건축면적이 8,000제곱미터의 대형 구조물이다. 노란 지붕의 이 구조물 안에는 7,000제곱미터의 사무단지가 조성되어 있다. 이곳에 있는 지방행정 사무소는 작은 시청으로 학교, 식품분배센터, 공원 등 공공시설 유지를 책임지고, 또한 지역 주민과 직접 관련이 있는 연방 및 주 정부의 서비스를 제공한다. 또한 은행, 체육관, 문화공간 등도 두루 갖추고 있다.

꾸리찌바 시청에서는 시민의 거리에 있는 지방행정 사무소를 지역적 거점으로 활용한다. 예를 들면 인근 학교 업무를 담당하는

보케이랑 시민의 거리

교육국 사무실이 있고, 저소득가구의 등록과 주택 프로그램 등재
를 담당하는 꾸리찌바 주택공사COHAB 사무실이 있다. 그리고 파
라나 에너지공사, 파라나 상하수도공사SANEPAR 등이 독자적으로
사무소를 운영하고 있다. 시민의 거리에서는 현재 25종의 행정서
비스를 제공하는데, 이 중 17종은 시청 관할 업무고 나머지는 주
정부 소속의 기관이나 공기업 등이 담당하는 업무다.

　또한 빈민들을 대상으로 가족창고가 운영되어 일반상점보다
30% 저렴한 가격으로 식품, 화장지, 청소도구 등을 판매하고 있
다. 이곳에서 운영되는 사업 중에는 특히 눈길을 끄는 두 가지

가 있다. 하나는 시중은행이 아닌 관민 합작의 여성은행Banco da Mulher이다. 이곳에서는 주로 가난한 여성들을 대상으로 소액 신용대출을 하는데 일부는 남성의 경우도 가능하다. 이는 방글라데시에서 무하마드 유누스가 창립한 그라민 은행과 같이 소액 신용대출을 전담하는 은행이다. 일반적으로 가난한 빈민 여성들은 보증인은 물론이고 담보로 제공할 물건이 없어 기존의 은행 시스템에 접근하는 것이 불가능하다. 이런 한계를 극복하는 대안으로 창안된 여성은행의 소액 신용대출은 꾸리찌바 시의 빈민 여성들이 소액의 자본금을 토대로 자영업을 하면서 빈곤의 굴레로부터 서서히 벗어날 수 있도록 돕는다. 다른 하나는 빈민층이 생산한 수공예품 등을 시에서 직접 매입하여 저소득층의 입주 상인에게 위탁해 판매하는 사업이다. 이 역시 빈민 여성들이 빈곤의 굴레를 벗어나는 데 도움이 된다.

저비용으로 건설된 이 복합시설의 긴 회랑은 시민들이 이동하는 주요 통로로 기능할 뿐 아니라 의자에 앉아 쉬거나 대화를 나누는 공간으로 이용된다. 때로는 합창단이나 실내악 연주자들이 가벼운 공연을 하기도 하고, 탁구대회는 물론 공청회나 주민참여 예산 관련 행사 등도 다양하게 개최된다. 또 패션의 날을 기념하는 패션쇼가 시장이 참석한 가운데 성대하게 열리기도 한다. 나는 화려한 패션쇼가 시민들의 일상이 깃든 시민의 거리 회랑에서 열리는 것을 보고 깜짝 놀랐다.

보케이랑 시민의 거리에 있는 이 모든 시설과 까르모 버스 터미널이 꾸리찌바 남부 네 개의 근린지역에 살고 있는 17만 명의

주민들에게 공공서비스를 제공하고 스포츠, 문화 및 상업활동에
이바지하고 있다. 이곳의 운영은 임대료와 상업시설에서 나오는
재정수입, 그리고 일부는 시청의 예산으로 감당한다.

시민의 거리 프로젝트는 도심으로 향하는 사람을 줄였고, 주민
들이 지역사회의 공공서비스를 이용하도록 하는 데 기여했다. 꾸
리찌바 시는 최근까지 모두 열 개의 시민의 거리[30]를 건설했다. 그
가운데 특히 주목을 끄는 곳은 열 개의 버스노선이 지나는 통근
터미널이 입지한 후이 바르보사 광장Praça Rui Barbosa에 건설된 것
이다. 가장 큰 시민의 거리인 마트리스/후이 바르보사 시민의 거
리Rua da Cidadania Matriz/Rui Barbosa는 내가 1997년 5월 꾸리찌바를
방문했을 무렵 개장된 곳이다. 여기에는 시와 주, 연방 정부가 제
공하는 기본적인 서비스에 더해 현재 지역 내에서 무질서하게 영

피녜이리뉴 시민의 거리와 접해 있는 대형 환승 터미널

업행위를 하던 노점상을 수용한 거리 시장도 마련되어 있다. 이 시민의 거리는 약 3,000만 달러의 비용이 소요되어 꾸리찌바 시가 지금까지 추진한 모든 프로젝트 중에서 가장 비용이 많이 들어간 것으로 알려졌다. 이 사업을 완성하기까지 시의 재정이 절대적으로 부족했지만, 꾸리찌바 시는 구체적인 사업구상으로 세계은행의 기술자들을 설득하여 자금을 조달했다.

꾸리찌바에 있는 열 개의 시민의 거리 중 가장 규모가 크고 아름다운 건축물로 만들어진 곳은 카주루 시민의 거리Rua da Cidadania Cajuru 다. 이곳에는 카주루 지역행정청, 스포츠·레저 센터, 꾸리찌바 주택공사 서비스 센터, 파라나 상하수도공사, 꾸리찌바 도시공사 서비스 센터, 카주루 팹 랩(제작 실험실) 등의 공공기관과 시설 등이 자리잡고 있다. 이곳 건물 전면에는 대규모 광장까지 구비되어 있어 연중 내내 수많은 행사가 열린다. 특히 연말 크리스마스 시즌에 개최되는 예수 탄생 축하 행사와 1,000명 이상의 지역 주민들이 참가하는 대규모 합창 공연은 정말 멋진 볼거리로 유명하다.

꾸리찌바 도시계획연구소에서 설계한 시민의 거리 하나가 지금 새롭게 건설되고 있다. 노바 시민의 거리Rua da Cidadania Nova는 청정에너지 생산과 환경친화적인 단지 설계에 중점을 둔 혁신적인 사업으로, 가장 오래된 주택단지인 루스 도스 핀하이스의 빌라 누사 세뇨라에 건설된다. 이곳에서는 지붕에 태양광 패널을 설치해 전기를 직접 생산하고, 저류지를 설치해 빗물을 재사용할 계획이다.

카주루 시민의 거리

    노바 시민의 거리의 전체 면적은 1만 4,500제곱미터인데, 행정 등 서비스를 위한 공간 8,800제곱미터, 주차 및 일반 서비스를 위한 지하 공간 5,700제곱미터로 구성된다. 이 프로젝트는 완공까지 1년이 채 걸리지 않을 것으로 보인다. 한편 노바 시민의 거리 부지 인근에는 꾸리찌바를 상징하는 작은 지역사회 도서관 지혜의 등대가 있다. 시 정부가 이것을 원형 그대로 보존하며 시민의 거리 공사를 이어간다는 점이 상당히 인상적이다.

    하파엘 그레카 시장이 시민 모두에게 균등한 공공서비스 접근 기회를 제공하기 위해 만든 시민의 거리는 시간이 지나 건물이 노후화되었다. 그래서 일부 시민의 거리는 최근 들어 보수 등 리모델링을 진행하고 있다. 시민의 거리는 오늘날까지도 꾸리찌바를 대표하는 시설로서 시민들은 물론 국제사회에도 널리 각인되어 있다.

보행자 전용거리, 꽃의 거리

세계 3대 보행자 전용거리

《차 없는 도시》[31]의 저자인 크로포드Crawford는 오래전《워싱턴 포스트》에 실린 글에서 "자동차의 세기는 실수였다. 이제 다른 세 상으로 옮겨야 할 때다."라고 말했다. 도시에서 다른 세상을 상징 하는 대표적인 공간은 무엇일까? 바로 다름 아닌 보행자 전용거 리다.

지구촌에서 가장 유명한 보행자 전용거리는 네덜란드 로테르 담의 라인반Lijnbaan, 덴마크 코펜하겐의 스트뢰에Strøget, 꾸리찌바 에 있는 꽃의 거리Rua das Flores다. 라인반은 뒤의 두 거리가 탄생 하는 데 결정적인 영향을 끼친 곳이다.

나는 라인반이라 부르는 거리를 미치게 사랑한다네.
태양이 빛나기 시작할 때

그곳의 꽃은 아주 멋져 보인다.

그리고 새장 속의 사랑앵무는 나를 팬으로 만든다네.

나의, 나의, 나의 라인반.

나의, 나의, 나의 라인반.

1968년 네덜란드 로테르담의 코미디언이자 예술가인 톰 맨더스는 라인반을 찬양하는 노래를 불렀다. 1킬로미터가 넘는 이 거리는 전후 복구 과정에서 만들어져 1953년 10월 9일 개장한 세계 최초의 보행자 전용거리다. 현재 네덜란드의 국가 유산으로 지정되어 있으며 보행자 전용거리의 원조로 세계 전역의 많은 도시에 영감을 준 디자인 혁명의 대표적인 사례로 손꼽힌다.

'11월 15일의 거리'라는 본래 이름보다는 '꽃의 거리'라는 별명으로 널리 알려진 꾸리찌바의 보행자 전용거리는 지금은 고인이 된 전설적인 시장 자이메 레르네르가 만들었다. 1972년 5월 19일 금요일, 레르네르 시장의 지시로 황혼이 깃들 무렵에 시청에서 고용한 노동자들이 착암기 등의 장비를 갖추고 트럭에서 내려 도로를 해체하기 시작했다. 브라질은 물론 남아메리카 도시 역사상 처음으로 도로를 사람들만 걸을 수 있는 전용거리로 전환시킨 이 일은 꾸리찌바의 보행자 천국 만들기의 시작이었다. 현재 이 거리는 꾸리찌바의 정체성을 보여주는 아이콘이자 시민들의 삶의 무대가 되었다.

꽃의 거리는 프티-파베petit-pavé라는 장식용 패턴을 가진 보도를 기본으로 조성되었다. 작은 돌로 만드는 보도와 도로는 그 역

꽃의 거리 야간 풍경

사가 로마 제국까지 거슬러 올라간다. 로마 문명의 영향을 받은 포르투갈 사람들이 모자이크 미학을 적용해 자신들만의 방식으로 개조한 보도와 도로를 만들었고, 포르투갈 이민자들이 20세기 초 브라질에 그 기술을 전한 것이다. 사실 브라질의 많은 도시에서는 프티-파베 보도가 보편적으로 적용되고 있다. 이런 방식으로 석재를 활용해 만든 거리를 자세히 들여다보면 꾸리찌바 사람들이 얼마나 예술적 감수성이 빼어나고 자신들의 문화를 사랑하는지 알 수 있다.

프티-파베 보도를 시공하는 작업자는 섬세하고 정교한 손재주가 있어야만 작업을 제대로 마무리할 수 있다. 이런 장인들의 손길과 숨소리가 배어 있는 거리는 꾸리찌바 시내 도처에 산재

프티-파베 보도를 시공하는 장인들

해 있다. 꽃의 거리 외에도 과이라 극장 앞에 있는 파도 모양의 보
도, 후이 바르보사 광장 등에서 바닥이 아름다운 거리를 만날 수
있다.

세바스티앙Sebastião 과 호세 지 소자José de Souza 형제와 같은
장인들이 포르투갈식 모자이크 포장 기법을 적용해 보도와 도로
바닥을 시공한다. 이 작업은 꾸리찌바 도시계획연구소의 프로젝
트 책임자가 디자인하고 설계한 내용을 토대로 이루어진다. 프
티-파베 보도는 디자인에 따라 1제곱미터당 300~350개의 석재
를 사용하는데, 하루 평균 약 6제곱미터를 작업할 수 있다고 한다.

꾸리찌바는 아라우카리아Araucaria 소나무와 그 열매와 같이 지
역 정체성을 상징하는 것들을 활용하는 디자인이 유명한 도시다.

우리나라의 걷고 싶은 거리 또는 문화의 거리라고 하는 곳의 바닥과 이곳의 보도를 비교해 보는 것도 아주 재미 있는 일일 것이다. 공공 디자인 수준의 차이는 도시의 품격을 결정하는 중요한 요소다.

그러나 안타깝게도 요즘은 프티-파베 보도나 도로를 지키는 일이 결코 쉽지 않다. 소수이긴 하지만 일부 지자체장들이 작업 비용도 많이 들고 유지·보수비가 적지 않게 소요된다는 것을 이유로 이 아름다운 보도를 시멘트로 교체하려고 하고 있다. 주앙 두리아는 상파울루 시장으로 재임 중일 때 실제로 그런 일을 하려고 했다. 2017년 11월 중순 그가 시멘트 보도 교체 사업을 추진하겠다는 계획을 발표하자마자 자이메 레르네르를 비롯한 브라질의 유명한 건축가와 도시계획가들이 엄청나게 반대했다. 임기 중에 주지사 출마를 위해 시장직을 그만두어 다행히 그 사업은 이루어지지 않았고, 프티-파베로 시공하는 도시 전통은 여전히 지켜지고 있다.

꽃의 거리를 수놓는 문화 행사들

꽃의 거리의 중심부에는 아베니다 궁전Palácio Avenida이라는 건물이 있는데, 이곳에는 홍콩상하이은행이 입주해 있다. 이 은행 건물이 크리스마스 시즌만 되면 꾸리찌바 시민들은 물론 브라질의 많은 지역에서 몰려온 관광객으로 넘쳐난다. '아베니다 궁전의

아베니다 궁전의 크리스마스 공연

크리스마스Natal do Palácio Avenida'라 불리는 이 행사는 11월 마지막 주와 12월 첫째, 둘째 주 금요일부터 일요일까지 9일 동안 열린다. 홍콩상하이은행의 부설 기관인 HSBC 연대 연구소가 직접 이 행사의 기획, 연습, 공연 등을 담당한다. 공연 준비는 은행 직원과 자원봉사자들이 주로 담당하고, 공연은 일부 뮤지컬 배우와 7~16세 사이의 어린이 및 청소년들 약 130명이 함께 춤도 추고 악기 연주와 합창 등을 한다. 우리가 주목해야 할 것은 여기에 참여하는 어린이와 청소년들 대다수가 보육원이나 길거리의 아이들이라는 사실이다.

고풍스러운 아베니다 궁전 건물 전체를 무대로 사용하는 뮤지컬 공연이 오후 8시 15분부터 9시까지 약 45분 동안 펼쳐지는데 노래는 주로 크리스마스와 관련된 것으로 구성된다. 이 공연은 꾸리찌바 시민들에게 무료로 제공된다. 해가 거듭되면서 전국적으로 입소문이 난 이 공연을 보기 위해 지금은 수천 명의 방문객이 꾸리찌바를 찾고 있다. 이런 색다른 문화 행사가 꽃의 거리를 더 아름답고 풍요롭게 만들고, 나아가 꾸리찌바를 문화 기반형 창조 도시로 만들어가는 것이다.

이밖에도 꽃의 거리에서는 일 년 내내 다양한 행사들이 펼쳐진다. 꾸리찌바 플라워 파워 패션쇼도 그 가운데 하나다. 패션 디자이너이자 제작자인 빅토르 살바로가 중심이 되어 준비하는 이 행사에는 30명의 모델이 꽃 모양이 새겨진 옷들을 입고 꽃의 거리를 활보한다. 꽃 이미지를 통해 시민들에게 봄이 왔음을 알리는 이 행사에 출품된 옷들은 나중에 판매되어 병원 건설 기금으로 기

꾸리찌바 플라워 파워 패션쇼

부된다. 꾸리찌바 시민들이 거실처럼 이용하는 꽃의 거리는 산책이나 정치집회를 하는 공간일 뿐 아니라 지역의 패션산업 활성화와 연대활동에도 크게 이바지하는 공간인 것이다.

2020년 2월에는 꽃의 거리가 시작되는 지점인 오소리우 광장Praça Osório과 후이 바르보사 광장 사이의 340미터 도로가 보행자 우선 거리로 바뀌었다. 이곳은 볼룬타리우스 다 파트리아Voluntários da Pátria 거리로 차도를 축소하고 아스팔트였던 도로를 프티-파베 보도로 새롭게 시공했다. 7개월의 공사 기간을 거쳐 개통된 이 거리의 차도로는 조업 차량과 택시 정도만 진입할 수 있다. 한편 도로와 보도는 단차가 거의 없고 전선은 전부 지하에 매설하고 지상에는 LED 가로등과 벤치, 휴지통 등을 새롭게 설치했다. 또한 배수 문제도 획기적으로 개선했다.

이 사업은 하파엘 그레카 시장이 도시 재생과 도시의 얼굴Rosto da Cidade 프로그램의 일환으로 추진한 것이다. 볼룬타리우스 다 파트리아 거리에는 약 100년의 역사를 가진 파라나 교육원 건물과 랭커스터 호텔 등이 입지하고 있어 거리 자체도 상당히 밝은 편이다. 이 거리가 성공적으로 시공된 후 꽃의 거리는 훨씬 길어지고 면적도 넓어진 것처럼 보이게 되었다.

걷고 싶은 도시는 그냥 만들어지지 않는다. 보도 역시 허투루 만들지 않는다. 그 사실을 나는 꾸리찌바의 꽃의 거리에서 배웠다. 장인들의 섬세한 손길과 정성들이 만든 거리이니 시민들이 어찌 걷지 않을 수가 있을까? 문화유산이란 왕들이 살던 궁전만을 의미하는 것이 아니다. 이렇게 시민들의 숨결이 밴 거리, 삶의 기술로 만들어낸 거리도 소중한 문화유산이란 사실을 우리는 기억해야 한다.

활동친화적인 모빌리티의 활성화

자동차 의존도를 낮추면서 진정한 의미의 생태지향적인 도시공동체를 구축하여 자연과 공존하는 길을 열어가는 것이 우리가 실현해야 할 이 시대의 중요한 과제인 것은 틀림없다. 꾸리찌바는 일찍이 이런 인식을 토대로 버스를 중심으로 한 대중교통과 보행 및 자전거 교통에 정책의 우선순위를 두어온 도시다.

꾸리찌바는 1977년에 시작하여 2000년까지 170킬로미터에 이르는 자전거 도로망을 구축해 왔다. 이 자전거 도로망은 두 개의 범주, 즉 레저용과 통근·통학용으로 나뉜다. 전자는 시 전역에 분포하고 있는 공원을 연결한 것으로 스포츠를 즐기는 시민을 위해 약간 경사진 언덕을 따라 형성된 생태도로에 만들어졌다. 그리고 후자는 직선의 평평한 도로로 집에서 회사나 학교에 갈 때, 그리고 도심으로 이동할 때 이용할 수 있도록 조성된 것이다. 이런 꾸리찌바의 자전거도로는 꾸리찌바 도시계획연구소에서 수행한 연구 결과에 따라 포장, 폭, 경사도, 배수, 안전체계와 조명 등이 잘 설계되어 있을 뿐 아니라 자전거 수리소와 주차장을 자연적인 결절 지역에 두었다.

일방통행로에 조성된 자전거 전용도로

2000년 이후 2010년대 중반까지는 꾸리찌바에서 활동친화적인 모빌리티를 촉진하는 사업들이 거의 이루어지지 않았다. 그러나 최근 들어 기후위기를 극복하기 위한 방편으로 자전거 도로망을 다시 구축해 나가고 있다.

2017년 '꾸리찌바 자전거 계획Curitiba Cycle Plan'이 새로 수립된 이후 이를 기반으로 한 자전거 도로망 확충 사업은 현재까지도 적극적으로 추진되고 있다. 그 결과 자전거 도로망이 2018년 208.5킬로미터에서 2021년 249.2킬로미터로 증가했다. 2019년 11월에 제정된 법령 제1418/19호에 따라 자전거 도로망을 계속 확장·구축해 가고 있는데, 2025년까지 408킬로미터에 도달하는 것을 목표로 하고 있다. 2021년에도 22개 환승 터미널과 연계된

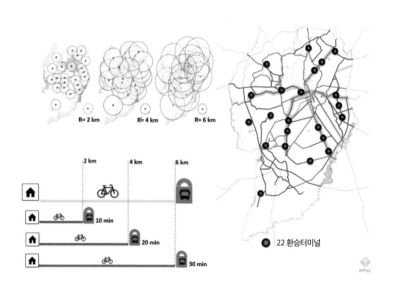

꾸리찌바 자전거도로 계획

템비시 공유 자전거 스테이션

자전거도로를 35킬로미터나 새로 건설했다. 이런 사업들이 모두 마무리되면 대부분의 시민들이 자전거를 타고 20분 내에 환승 터미널에 접근할 수 있게 되어 간선급행버스 시스템도 이전보다 더 효율성이 높아질 것으로 보인다. 꾸리찌바가 기후친화적인 프로젝트를 아주 공격적으로 추진하고 있는 것이다.

또한 템비시라는 기업과 협력해 자전거 공유 서비스를 제공하기 시작했다. 50개 스테이션에 500대의 전기 및 일반 자전거가 도입되어 있고, 이를 계속 확대해 갈 예정이다.

이밖에도 꾸리찌바 시에서는 정기적으로 주·야간 사이클링

활동을 지속적으로 실시하고 있다. 바로 '페달라 꾸리찌바Pedala Curitiba'라는 프로그램이다. 꾸리찌바 시의 스포츠·레저·청소년 국Smelj에서 주관하는 이 프로그램은 월요일부터 금요일까지 매일 두 개 행정 지역, 두 개 코스에서 진행된다. 지역별로 출발시간(19시 15분, 20시, 20시 15분)이 다소 차이가 있다. 참가자들은 신체활동을 하면서 자신들의 건강과 면역력을 키우고, 또 도시에 대해서 알고 재발견할 수 있다. 페달라 꾸리찌바는 평상시 시민들의 자전거 이용 촉진에도 크게 기여했다. 참가자들은 직접 자신의 자전거를 타고 나오는데 자전거가 없는 경우 신분증을 제시하면 대여도 해준다. 참가자의 최소 연령은 15세이고, 이동 거리는 보통 14~18킬로미터다.

페달라 꾸리찌바는 코로나바이러스가 극심했던 시기에 잠시 중단되기도 했지만 이내 재개되어 현재까지 계속 진행 중이다. 코로나19 팬데믹 당시에는 헬멧 사용은 물론 마스크 착용과 손 소독까지 필수였다. 또 스포츠·레저·청소년국의 코디네이터가 출발과 도착 시에 사람들이 밀집되지 않도록 유도하고 계속 거리를 유지하도록 안내했다. 이 프로그램은 코로나19 팬데믹으로 인해 신체활동을 거의 하지 못하던 꾸리찌바 시민들에게 아주 좋은 건강 증진 활동이 되어주었다.

꾸리찌바에서는 주민은 물론 관광객들도 시립관광연구소에서 제공하는 노선도와 지침을 보고 자전거 여행을 할 수 있다. 도시 전역에 펼쳐진 200킬로미터 이상의 자전거도로를 이용해 꾸리찌바의 아름다운 공원, 숲, 정원, 광장은 물론 박물관과 기념관 등 문화 공간을 직접 체험할 수 있다. 이 자전거 여행 코스는 난이도가 다른 네 개의 투어로 구성되어 있으며, 연구소의 웹사이트에서 구체적인 코스와 기본정보를 얻을 수 있다.

'꾸리찌바 사이클링을 즐겨 보세요'에서 소개하는 네 개의 자전거 투어 중 가장 난이도가 낮은 첫 번째 코스는 꾸리찌바 최초의 시립 공원인 파세이우 푸블리쿠에서 출발해 식물원을 갔다 돌아오는 코스로 총 16.5킬로미터다. 두 번째는 바리귀 공원을 가는 코스로 총 13.6킬로미터고, 세 번째는 노스 파크와 산림 루트를 이용하는 코스로 칭기 공원Parque Tingui까지 총 17.5킬로미터를 달릴 수 있다. 마지막으로 가장 난이도가 높은 코스는 파세이우 푸블리쿠에서 이구아수 해상 공원Náutico Parque Iguaçu과 식물원까지 가는 편도 19.8킬로미터의 코스다.

꾸리찌바는 보행자를 위한 보도를 갖추는 데도 진심이다. 하파엘 그레카 시장 취임 첫해인 2017년 시작된 '더 나은 걷기Caminhar Melhor' 사업 도입은 이를 잘 보여준다. 이 프로그램은 꾸리찌바의 중심지와 인접 지역 전체에 새로운 보도를 복구·구현해 보도 인프라를 획기적으로 개선하는 데 역점을 두었다. 이는 시민들이 활동친화적인 모빌리티를 채택하고 자동차 의존도를 줄이도록 장려하기 위한 것이다.

더 나은 걷기 사업은 블레이 조니그, 켈러스, 에두아르두 아폰수 나도니, 다비드 토우스, 마조르 에이토르 기마랑이스, 주앙 파롤린 거리 등을 포함하여 이미 100킬로미터 이상의 보도에서 이루어졌다.

꾸리찌바에서는 활동친화적인 모빌리티의 활성화를 위해 앞서 소개한 다양한 프로그램 외에도 세계 자전거의 날과 환경의 날, 그리고 지구의 날과 같은 특정일에 자전거 대행진이나 걷기 행사와 같은 특별 행사를 실시한다. 특히 세계 자전거의 날에는 꾸리찌바에서 가장 오래된 파세이우 푸불리쿠 공원, 식물원, 오스카르 니에메예르 박물관Museu Oscar Niemeyer, 파노라마 타워, 바리귀 공원, 땅구아 공원, 이탈리아 이주민이 최초로 정착한 산타 펠리시다지와 같은 관광명소를 연결하는 코스를 네 개 정도 만들어 사이클링을 즐길 수 있도록 한다. 코스별로 차이는 있지만 대개 13.6~19.8킬로미터의 거리를 자전거로 달릴 수 있다.

덴마크의 유명한 건축가이자 도시 디자이너인 얀 겔Jan Gehl은 오래 전에 "좋은 도시는 좋은 파티와 같습니다. 사람들은 즐기고 있기 때문에 필요 이상으로 오래 머무릅니다."라고 말했다. 꾸리찌바는 언제나 공공 공간을 이용해 파티를 하는 것 같아 남아메리카의 다른 도시들과는 달리 항상 활력이 넘쳐난다.

꾸리찌바 플러스

꾸리찌바에는 '꾸리찌바 플러스Curitiba+'라는 특이한 선불 교통카드가 있다. 2023년 11월에 출시된 이 카드는 180헤알만 충전하면 평일의 비첨두 시간이나 주말과 공휴일에 버스를 무료로 탈 수 있다.

이렇게 설계한 이유는 아주 간단하다. 꾸리찌바 시민들이 월요일부터 금요일까지 하루에 2번, 3주 동안 카드를 사용하는 경우 30회를 쓰게 되는데, 그 금액이 180헤알(1회 6헤알)이기 때문이다. 이 금액을 선불로 내면 한 달 내내 비첨두 시간인 평일 오전 8시 30분부터 오후 4시 59분, 오후 8시부터 오전 3시 59분까지, 토요일 오전 8시 30분 이후, 일요일과 공휴일에 무료로 버스를 이용할 수 있다. 버스를 많이 이용하면 할수록 꾸리찌바 플러스를 사용하는 것이 이득인 것이다.

꾸리찌바 도시공사의 오제니 페드루 마이아 네투Ogeny Pedro Maia Neto 사장은 "꾸리찌바 플러스의 목표는 더 많은 사람들이 피크 시간대 외에 대중교통을 이용하도록 하여 교통 시스템의 부하를 완화하고 사용자에게 더 많은 편익을 제공하는 것이다."라고 말했다. 꾸리찌바 시에서는 비첨두 시간대에 버스를 이용하는 사람들의 수가 약 60% 수준까지 감소한다. 또한 현재 대중교통을 이용하는 하루 유료 승객 51만 3,000명 중 26만 7,000명이 피크 시간대 외의 시간에 대중교통을 이용한다.

꾸리찌바 플러스 선불카드를 하루에 두 번만 사용해도 시민들은 기존 교통카드에 비해 25%의 비용을 절감할 수 있다. 일반 카드를 사용하면 20일 동안 하루에 두 번 사용할 경우 240헤알이 소요되지만, 꾸리찌바 플러스를 사용하면 그 비용은 180헤알로 줄어든다. 이것은 꾸리찌바 플러스의 대중교통 1회 사용 요금은 6헤알이 아니고 4.5헤알이라는 것을 의미한다. 이 선불카드는 관

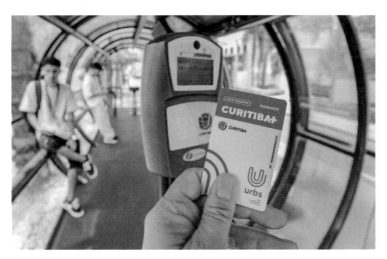
꾸리찌바 플러스 카드

광 노선을 제외한 꾸리찌바의 모든 대중교통에서 유효하다.

꾸리찌바 플러스 사용자는 동일한 개찰구에서 30분 이내에 환승할 수 있고, 한 버스에서 내려 다른 버스를 타거나 시민의 거리에 접해 있는 환승 터미널에서 업무를 보고 버스를 갈아탈 수 있다. 카드에 180헤알을 충전한 날로부터 30일 동안은 버스를 거의 무제한으로 이용할 수 있는 것이다. 현재 월간 선불카드 기능을 가진 꾸리찌바 플러스 카드는 이후 주간 선불카드도 출시될 예정이다. 이는 꾸리찌바를 찾는 관광객을 유치하는 데도 적지 않은 도움을 줄 것으로 판단된다.

꾸리찌바 플러스 선불카드는 무료로 발급된다. 다만 이름, 개인 납세자등록부 번호, 거주지 증명, 사진이 부착된 신분증을 제공하고 카드 규칙에 동의하는 사람에게만 발급된다. 또한 본인만 사용할 수 있고 양도할 수는 없다. 이처럼 독창적으로 설계된 선불카드는 꾸리찌바 시의 교통위원회와의 협력으로 개발되었다고 하는데, 그 계획의 실행을 최초로 발의한 인물은 브루누 페수티Bruno Pessutti 의원이다. 이것을 보면 꾸리찌바 시의 창의 행정은 시의회와의 협치 아래 이루어지는 것으로 생각된다.

3
시민들을 위한 식량권 지키기

브라질의 유기적 식량 보장 전략 배경

심각한 빈곤과 식량 불안정

2022년 7월 제툴리우 바르가스 재단FGV에서 발표한 '새로운 빈곤지도'[32]를 보면 브라질 전체 인구의 29.6%인 6,290만 명의 1인당 월평균 소득이 2021년 현재 497헤알, 약 13만 3,000원이었다. 2019년과 2021년 사이에 960만 명의 사람들이 소득 감소로 가난한 브라질인 그룹에 합류했다. 2021년 빈곤 수준은 2012년 전국가구표본조사가 시작된 이래 가장 높았다.

갤럽의 조사 역시 상황은 비슷했다. 자신이나 가족을 먹여 살릴 돈이 부족한 브라질 인구의 비율은 2014년 17%, 2019년 30%, 2021년 36%로 계속 증가했다. 2021년에는 처음으로 브라질의 식량 불안정이 세계 평균을 넘어서 다른 국가들보다 4.48% 더 높은 것으로 보고되었다. 증가 속도는 브라질이 4배나 더 높았다. 특히 코로나19 팬데믹 기간 동안 브라질에서 가장 가난한 20% 인구의 식량 불안정의 증가는 2019년 53%에서 2021년 75%로 무려 22%나 증가했다. 반면 상위 20%의 부유층은 식량 불안정이 10%에서 7%로 3% 감소했다. 2021년 세계 122개국 평균과 비교했을 때, 브라질의 가장 가난한 20% 인구는 식량 불안정이 27% 더 높은 반면, 가장 부유한 20% 인구는 14% 더 낮았다. 소득에 따른 브라질 식량 불안정의 심각한 불평등은 교육 수준에서도 그대로 발견된다.

제툴리우 바르가스 재단은 브라질에서 남성과 여성 간의 식량 불안정의 비대칭성이 증가하고 있음을 관찰했다. 2019년부터 2021년까지 남성은 27%에서 26%로 1% 감소했고, 여성은 33%에서 47%로 14% 증가했다. 그 결과 2021년 브라질의 식량 불안정 성별 격차는 전 세계 평균보다 6배나 더 큰 것으로 나타났다. 여성, 특히 증가율이 더 컸던 30세에서 49세 사이의 여성들은 아동과 밀접한 관계를 가진 경우가 많기 때문에 이는 아동 영양실조로 이어질 수 있다. 아동 영양실조는 한 인간에게 영구적인 신체적, 정신적 상처를 남기기 때문에 국가의 장래에도 커다란 영향을 미칠 수밖에 없다.

이것이 바로 2023년 퇴임한 자이르 보우소나루Jair Bolsonaro 대통령의 성적표다. 현재 루이스 이나시우 룰라 다 시우바Luiz Inacio Lula da Silva 대통령이 마주한 가장 큰 문제는 무엇일까? 바로 빈곤과 식량 불안정 문제를 해소하는 것이다. 이를 위해 브라질의 연방 정부와 지자체에서는 최근 들어 유기적인 식량 보장 전략을 마련하고 실천하는 데 역점을 기울이고 있다.

안전한 기후 공간을 위협하는 지구온난화

지구온난화가 현재 속도로 계속된다면 강우량과 기온의 급격한 변화는 피할 수 없을 것이다. 이는 식량 문제와 결코 무관할 수 없다. 핀란드 알토 대학교의 연구원들은 현재 작물 생산의 약 95%가 안전한 기후 공간에서 재배된다고 밝혔다. 그들은 금세기 말까지 기온이 섭씨 3.7도 혹은 그 이상 상승한다면 이 안전한 기후 공간은 3분의 1이 줄어들 것이고, 그 지역은 주로 남아시아와 남동부 아시아, 그리고 아프리카의 수단-사헬 지역일 것이라고 했다. 하지만 세계가 온실가스를 줄이기 위한 노력을 기울여 파리 협정의 목표를 달성해 기온 상승을 산업화 이전 수준보다 1.5도 또는 2도 높은 정도까지 제한할 수 있다면 전 세계 식량 생산의 약 5~8%만이 위험에 처할 것이라고도 했다. 이런 내용이 최근 저널《원 어스》에 발표되었다.

알토 대학교 부교수인 마티 쿰무는 "기후 변화로 인해 전 세계 식량 생산량의 3분의 1이 안전한 기후 공간 밖으로 밀려날 위험이 있다."고 말했다. 또 "우리는 안전한 기후 공간이 매우 좁다는 사실에 주목해야 한다. 다행히도 우리가 온실 가스 배출을 줄이기 위해 취할 수 있는 조치가 아직 남아 있다. 우리는 위험지역에 있는 사람들과 사회에 힘을 실어주어 영향을 줄이고 회복력과 적응

능력을 높여야 한다."[33]고 덧붙였다.

위험지역에 살고 있지 않더라도 우리는 식량위기에 철저히 대비해야 한다. 이를 위한 좋은 방법 중 하나가 도시 안에서 먹거리 보장 시스템을 체계적으로 유지하고, 농산물 생산을 적극 추진하는 것이다. 이를 위해 우리는 다양한 방식으로 도시 안에서 농지를 확보해 농사를 지어야 한다. 가장 좋은 방법은 학교와 지역사회 등에 텃밭을 만들고 가꾸어가는 노력을 계속하는 것이다.

시민들의 식량권을 지키기 위해서 우리는 어떤 노력을 해야 할까? 먼저《작은 것이 아름답다》의 저자 에른스트 슈마허가 들려주는 일화를 살펴보자.

한 가족이 레스토랑에 식사하러 갔다. 웨이터가 주문을 받는데, 아이가 먼저 간과 베이컨 요리를 주문했다. 그때 아이 아빠가 불쑥 '스테이크 3인분'이라고 잘라 말했다. 웨이터가 주문지를 적으면서 "간과 베이컨 1인분, 스테이크 2인분 맞지요?"라고 고쳐 말했다. 이때 아이가 아빠와 엄마를 보며 말했다. "저 아저씨만 저를 인간으로 인정해요."

이 일화를 보면 세상이나 도시는 보는 사람의 관점에 따라 현저한 차이가 있다는 사실을 알 수 있다. 모든 시민은 마땅히 인간으로 대접받을 권리가 있다. 인간의 눈으로 도시를 보면 패러다임이 바뀐다. 좋은 도시, 행복한 도시는 얼마나 인간과 자연에 가까운 관점에서 설계하느냐에 달려 있다. 작은 생각이 큰 감동과 변화를 이끌어낼 수 있는 것이다.

요즘 우리나라의 정치인들은 앞의 일화에 나오는 아이 아빠와 같이 생각하는 사람들이 상당히 많다. 웨이터처럼 통합적인 관점과 혜안을 가지고 있어야 살기 좋은 삶터도 만들고 기후위기를 극복할 수 있을 텐데 그런 사람들이 좀처럼 보이지 않는다. 이것은 시민들의 식량권을 지키기 위한 노력에 있어서도 마찬가지다.

먹는 것이 우리가 사는 도시에서 왜 이렇게 중요한지는 영국의 저명한 영화감독 켄 로치의 말을 들어보면 명확히 알 수 있다. 그는 자신의 마지막 작품일지도 모르는 〈나의 올드 오크〉를 설명하는 자리에서 다음과 같이 말했다.

"〈나의 올드 오크〉는 두 공동체에 관한 이야기입니다. 하나는 과거 탄광 산업의 붕괴 후 남겨진 사람들입니다. 그들은 잊혀졌죠. 다른 하나는 전쟁으로부터 도망쳐온 시리아 난민들입니다. 그들 역시 아무것도 가진 게 없습니다. 그저 전쟁의 트라우마와 상실, 잔인함과 참혹함을 겪은 사람들이죠. 〈나의 올드 오크〉가 던지는 질문은 과연 두 공동체가 살아가는 법을 찾을 수 있을까에 관한 것입니다. 우리에게 닥친 위험은 잘못된 정치적 선택으로 사람들이 분열되고 서로 적대감을 품게 된 것입니다. 두 공동체는 절대 연대할 수 없게 되는 거죠. 희망은 다른 게 아니라 각자 처한 상황이 다르지 않다는 것을 깨닫고 서로를 지지할 수 있는 방법을 찾는 것에 있습니다. 그 방법 중 하나가 음식을 나누는 것이죠. 그들은 '함께·먹을 때 더 단단해진다.'라고 말합니다. 그리고 그것은 하나의 연대가 됩니다. 여기서 중요한 건 연대는 자선 활동이 아니라는 것입니다. 모두가 참여하고 또 모두가 도움을 받는 것이죠. 결과와 상관없이 모두 함께 나눠야 하니까요."

이 말을 들으면서 나는 꾸리찌바 시에서 시민들 사이의 연대를 위해 먹는 문제를 얼마나 진지하게 고민하고 있는가를 떠올리게 되었다. 지금부터는 꾸리찌바에서 그동안 해온 빈곤과 식량 불안정 문제를 해결하기 위한 정책들을 하나하나 상세히 살펴보기로 하자.

팹 시티 프로젝트를 선도하다

요즘은 지구촌 전역이 기후위기와 감염병 위기로 홍역을 앓고 있다. 만약 이로 인해 팬데믹이 시작되어 도시가 봉쇄된다면 시민들은 사흘만 지나도 먹거리나 생활용품을 구하지 못해 엄청난 고통을 겪게 될 것이다. 이와 같이 갑자기 밀어닥친 위기에 대응하고 적응하려면 무엇을 어떻게 해야 할까? 우리는 도시를 가능한 한 빨리 지속가능한 자급자족도시로 만들어야 한다. 나는 이렇게 미래를 멀리 내다보며 준비하는 도시들이 어디 있는지 지금까지 꾸준히 모니터링해 왔다.

꾸리찌바 시는 현재 시민을 위한 건강한 식품에 대한 접근성을 높이고, 기아와 음식물 쓰레기에 맞서기 위한 혁신적인 조치를 취하고 있다. 이러한 조치들이 높은 평가를 받아 꾸리찌바는 최근 국제적인 상을 하나 받았다. 스페인 바르셀로나에서 설립되었고, 지금은 에스토니아에 본부를 두고 있는 팹 시티 재단Fab City Foundation이 수여하는 '팹 시티 어워드 2023 Fab City Awards 2023'에서 1위를 차지한 것이다. 바르셀로나(스페인), 보스턴과 디트로이트(미국), 케임브리지(영국), 암스테르담(네덜란드), 파리(프랑스), 산티아고(칠레), 벨루오리존치(브라질), 서울(한국) 등 52개 도시와 지역 간의 네트워크를 대상으로 한 첫 번째 국제대회에서 지속가능하고 재생가능하며 자급자족하는 삶을 장려하기 위해 노력하는 도시, 마을 및 지역의 모범 사례로 선정되어 상을 받게 된 것이다. 꾸리찌바가 52개 팹 시티 중 첫 번째로 상을 받은 것이다.

하파엘 그레카 시장은 수상소감으로 "이 상은 모든 꾸리찌바 주민의 삶의 질을 개선해 우리 도시에서 굶주리는 사람이 없도록 하려는 우리의 약속에 대한 징표입니다. 우리는 꾸리찌바가 음식과 영양을 잘 구축하는 도시의 모범이 되도록 끊임없이 노력할 것입니다."라고 말했다.

팹 시티 어워드 2023의 수상은 식량 및 영양 안보를 위한 꾸리찌바 시 당국의 종합적이고 체계적인 일련의 프로그램 덕분이었다. 지역사회 텃밭Horta Comunitária과 도시농장Fazenda Urbana, 민중식당Restaurante Popular, 연대 테이블Mesa Solidária, 가족창고Armazéns da Família, 가족시장Sacolões da Família, 푸드뱅크Banco de Alimentos 등이 바로 그것이다.

민중식당 구내 모습

팝 시티 재단의 심사위원들은 꾸리찌바의 식품 및 영양 안보 프로그램은 도시 전체의 식품 순환 전략을 통합하고 품질, 접근성 및 지속가능성을 제고하는 데 있어서 다른 도시들보다 더 높은 점수를 받았다고 평가했다. "꾸리찌바의 도시 식량 의제는 상승세를 타고 있으며 우리는 이것이 국제적으로 인정받고 다른 도시의 식량 불안에 대처하는 솔루션에 영감을 줄 수 있다는 것을 알게 되어 매우 기쁘다."라고 식량영양안보국SMSAN 국장 루이스 구시Luiz Gusi가 말했다.

꾸리찌바에는 현재 크고 작은 172개의 지역사회 텃밭과 카주루와 꾸리찌바 공업단지에 있는 두 개의 도시농장이 운영되고 있으며, 이곳에서는 식량 생산과 먹거리 교육은 물론 요리 실습도 하고 있다. 또한 35개의 가족창고 및 11개의 가족시장에서 건강식품을 저렴한 가격에 판매하고, 도시 및 대도시 지역의 생산자에게도 판로를 마련해 혜택을 주고 있다. 그리고 시중의 절반 이하의 가격으로 양질의 영양가 있는 식사를 할 수 있는 민중식당 5개소를 운영하고 있고, 녹색교환Câmbio Verde을 통해 재활용 가능한 쓰레기를 수거하고 식품으로 교환해 준다. 작년 상반기에만도 녹색교환으로 3만 600명의 시민에게 441톤의 유기농 제품을 전달했다. 게다가 푸드뱅크와 같은 프로젝트와 퇴비화에 대한 인센티브를 통해 식품의 완전한 이용, 생물 다양성 보존 및 지속가능한 폐기물 관리에도 크게 기여하고 있다.

이처럼 공공 및 민간 이니셔티브, 학계, 시민사회 등 혁신 생태계의 여러 행위자들의 협력을 통해 꾸리찌바 시는 자급자족 및 포용이라는 목표를 달성해 가고 있다. 그리고 여기서 한 걸음 더 나아가 기후위기와 감염병 위기에도 더 적극적으로 대처할 수 있게 될 것이다. 이런 노력들이 모두 모여 팹 시티 네트워크에 가입되어 있는 52개 도시들의 모범이 된 것으로 생각된다.

지역사회 텃밭과 도시농장

대선이든 총선이든 선거 때마다 수많은 공약이 넘쳐나지만 국민들의 생존과 직결되는 '식량에 대한 권리(식량권)'를 공개적으로 언급하거나, 건강, 교육, 복지 등 시장이 실패한 다른 영역들과 마찬가지로 기아와 영양실조에 대해서도 국가나 지방정부가 적극적으로 개입하고 관여해야 한다고 말하는 후보는 거의 없는 것 같다. 이는 저소득자나 도시 빈민들에게 양질의 먹거리에 접근할 기회가 원천적으로 봉쇄되어 있다는 것을 뜻한다. 이를 해소하기 위해서는 식량권 보장을 위한 종합적이고 세부적인 정책을 마련하고 시행해야 한다. 그중 가장 주목할 만한 정책은 도시농업, 특히 지역사회나 학교 그리고 기관에 공동체 텃밭을 마련하는 일이다.

세계 최초로 식량권을 기본권으로 인정한 브라질의 벨루오리존치Belo Horizonte 시는 제대로 시민들의 먹을거리를 보장하는 도시로 널리 알려져 있다. 이 도시에 못지않게 꾸리찌바도 시민들에게 양질의 먹을거리를 체계적으로 공급하고 있다.

지역사회 텃밭으로 식량권을 보장하다

현재 꾸리찌바 시에는 보케이랑, 카주루 등 여러 지역에 174개 이상의 지역사회 텃밭이 있다. 이 지역은 이전에는 공터로 버려져 있거나 쓰레기로 가득 차 있었고, 일부는 마약 등을 흡입하던 장소였다. 하지만 지금은 야채나 과일 등을 재배하는 곳으로 바뀌었다. 2021년 8월 꾸리찌바 시는 식량영양안보국의 도시농업 프로그램을 통해 지역사회, 학교 및 기관에 있는 15만 7,500제곱미터의 공간에 도시 텃밭 100개의 조성을 지원했다. 직접 농산물 재배에 참여하는 생산자는 5,700명, 식량 혜택을 받는 사람은

비토리아 헤지아 지역사회 텃밭

1만 7,900명이었다. 이 숫자는 점점 확대되어 2024년 6월 말 현재를 기준으로 4만 2,600명 이상의 사람들이 지역사회, 학교, 기관의 174개의 텃밭에서 농산물 재배에 참여하고 있다. 그곳에서는 연간 1,605톤의 신선한 무농약 농산물이 생산된다.

　이런 도시농업은 시민들에게 건강하고 신선한 음식을 보장하는 것은 물론이고 혼자 사는 사람들이나 노인들의 정신적인 치료와 사회화에도 큰 도움이 된다. 또 시민들 스스로 건강하고 저렴한 음식을 생산, 소비하고 폐기물을 최소화하면서 순환경제 시스템을 구축하는 데도 큰 역할을 한다. 그리고 환경 문제의 해소는 물론 경관 개선에도 획기적으로 기여하며 지속가능한 방식으로 기아와 싸우도록 만들어준다.

　꾸리찌바 지역사회 텃밭의 역사는 2000년대 초반으로 거슬러 올라간다. 지역사회 텃밭 중 첫 번째 프로젝트는 꾸리찌바 공업단지에 있는 비토리아 헤지아 지역사회 텃밭Horta Comunitária Vitória

Régia이다. 이곳은 2001년에 만들어진 곳으로 주거지 사이에 선형으로 조성되어 있다. 텃밭 중앙부에 있는 엘리트로술 송전탑 때문에 건축물을 짓기가 어려운 공간이었다. 그래서 시 정부와 주민들은 엘리트로술과 제휴해 세 개 구역으로 나누어 텃밭을 조성했다. 지금은 130명의 생산자들이 양상추, 양배추, 당근, 양파, 브로콜리, 과일 등의 농산물을 유기농법으로 생산해 자신들이 먹거나 꾸리찌바 시민들에게 판매하고, 나아가 경제적으로 어려운 취약계층 약 550명에게 기증하고 있다.

이외에도 바이후 노부 시민의 거리Rua da Cidadania Bairro Novo에서 조금 떨어진 곳에 위치한 바이후 노부 지역사회 텃밭Horta Comunitária Bairro Novo은 꾸리찌바 시내에서 비교적 규모가 크고 주민 참여가 잘 이루어지고 있는 곳이다. 이곳에서 어린이 합창단이 부르는 노래 〈이 프로젝트는 혁명이다〉를 듣고 있으면 가슴이 마구 요동친다. 살기 좋은 도시는 이렇게 생태친화적인 활동이 일상인 도시가 아닌가 하는 생각이 든다.

또 시청과 지역사회가 협력해 파젠디냐Fazendinha 지역에도 새로 공동체 텃밭을 조성했다. 과이라카 공원Parque Guairacá 옆에 있던 빌라 히고니Vila Rigoni는 건축 폐기물 등이 투기되던 곳이었는데, 이곳을 청소하고 토양을 개량해 지역사회 텃밭으로 만든 것이다. 채소농사가 가능한 땅으로 개량한 후 텃밭과 화원 등으로 조성한 이 부지는 현재 15가구의 지역사회 주민들이 경작하고 있다.

145번째 시치우 세르카두Sitio Cercado 지역사회 텃밭은 한때 잔해로 가득 찬 버려진 시청 소유의 땅을 주민들이 야채와 채소, 허

시치우 세르카두 지역사회 텃밭

브 등을 재배할 수 있도록 조성한 곳이다. 빌라 코케이루스Vila Coqueiros 지역사회에 입지한 이 텃밭은 총면적이 888제곱미터이고, 77개의 화단과 꿀벌 정원, 과수원 등이 마련되어 있다. 이 가운데 73개 화단은 45가구가 참여해 관리하고, 나머지 네 개는 인접해 있는 코케이루스 시립유아교육센터에서 교육활동에 사용하고 있다. 이 텃밭이 개장된 후 약 180명의 지역 주민들이 혜택을 누리고 있다.

2023년 9월에는 봉 헤치로Bom Retiro 지역에 150번째 자쿠 지역사회 텃밭Horta Comunitária Jacu을 개장했다. 1362.82제곱미터의 면적을 가진 이 텃밭은 제로웨이스트 개념, 퇴비화, 혼농임업 교육 등으로 유명하고, 야채, 과일, 향신료, 비전통적 식용 식물─일상적으로 소비되지 않는 채소 또는 식물로 식용이 가능한 것들을─의 재배 공간으로도 널리 알려져 있다. 자쿠 지역사회 텃밭은 85명에게 직접적인 혜택을, 그리고 그 지역에 거주하는 약 20가구에 간접적인 혜택을 주고 있다. 주민들은 텃밭의 공용 공간에서 정기적으로 만나 사회적 유대를 강화하고 도시농업에 대한 지식을 교환한다.

자쿠 마을 주민이자 텃밭의 열렬한 애호가인 미용사 마르타 잠프로냐는 "예전에는 나쁜 의도를 가진 사람들이 지나다니는 위험한 곳이었지만 지금은 주민들의 만남의 장소가 되어 건강한 음식과 우정을 나눌 수 있게 되었다."고 말했다. 이 공간의 코디네이터인 이라세마 베르나르데스Iracema Bernardes는 자쿠 지역사회 텃밭에 종사하는 공동체 구성원에 대해 다음과 같이 말한다. "우리는 건강한 식품을 재배하는 사람들이고, 필라르지뉴Pilarzinho 강 주변 생물 다양성의 수호자이며, 지속가능성 개념을 사람들에게 교육하는 데 기여하고자 하는 사람들입니다."

지역사회 텃밭의 다양한 역할들

꾸리찌바 시 식량영양안보국 국장 루이스 구시는 지역사회 텃밭을 색다른 시각으로 바라본다. "지역사회 텃밭은 더 건강하고 지속가능한 꾸리찌바에 대한 우리의 비전을 향한 중요한 발걸음입니다. 지역사회에 신선한 음식을 제공하는 것 외에도 텃밭은 토종 꿀벌의 서식지이기도 하며 생물 다양성을 증진하고 지역 내 수분受粉, 즉 꽃가루받이를 촉진합니다. 여기에서 구현된 퇴비화 시스템은 책임감 있는 방식으로 유기 폐기물 관리에 기여할 것입니다."

꾸리찌바는 식량 안보를 개선하고 사회적 결속력을 강화하는 동시에 상업용 식량 생산이 환경에 미치는 부정적 영향에 대한 인식을 높이기 위해 사용하지 않는 도시의 토지를 지역사회 텃밭으로 지속적으로 바꾸고 있다. 꾸리찌바에서는 많은 토지가 오랫동안 쓰레기 처리장처럼 사용되었다. 바로 그 토지를 지역사회 도시농업을 위한 용도로 변경함으로써 도시는 식량 안보와 식생 피복에 기여함과 동시에 기후변화에 대한 회복력을 강화하는 데도 상당히 커다란 역할을 하고 있다.

한마디로 꾸리찌바의 도시농업 프로그램은 황폐화된 토지를 복구하고 학교, 뒷마당, 개인 및 공공장소의 비어 있는 공간을 활용해 식량을 생산하는 지역사회 프로젝트다. 이로써 꾸리찌바 시는 유기농 식품 생산을 통해 식품 운송으로 인한 온실가스 배출을 완화하고, 증가한 식생으로 더 많은 탄소 격리가 가능해지기를 희망하고 있다. 또한 도시농업 프로젝트는 식량 안보를 강화할 뿐 아니라 참가자들의 소득 창출에도 기여한다. 게다가 어린이, 노인, 약물 중독 및 정신 건강 문제로 고통받는 사람들을 포함한 다양한 참가자 그룹을 위한 치료 활동을 제공함으로써 사회적 통합에도 적지 않게 기여한다.

식량 보장 사업 가운데 가장 기초적인 활동인 지역사회 텃밭은 해당 도시에 다양한 이점을 제공한다. 환경적 이점으로는 농업을 위해 도시의 빈 공간을 사용하면서 빗물 침투를 허용해 홍수 위험을 완화하는 데 도움을 준다. 경제적 이점으로는 야채 및 과일 구매 비용을 절약하거나 잉여품 판매를 통해 참여하는 각 가족에게 월 평균 50달러를 벌거나 절약하게 만든다. 마지막으로 건강상 이점으로 텃밭 가꾸기가 노인과 정신 건강의 문제를 가진 사람들을 위한 신체활동을 촉진시키는 데 크게 이바지한다는 사실이다.

쿠르드족 영화 제작자이자 저널리스트인 피라즈 다그는 지역사회 텃밭을 생태학적 대안이라고 이야기한다. "지역사회 텃밭에 대한 또 다른 생각은 '공동체가 관리하는 열린 공간'이라는 점이다. 이는 다른 주체가 궁극적으로 공간의 목적을 결정하고 유지관리하는 공원이나 공공장소와는 다르다. 지역사회 텃밭은 주민들이 공동체의 공간을 설계, 건축 및 유지 관리할 수 있는 권한을 부여받은 곳이다."

이런 인식 때문인지 하파엘 그레카 시장은 지역사회 텃밭 만들기를 가장 중요한 역점 사업으로 생각한다. 그래서 요즘은 텃밭

가꾸기와 유지와 관리에 참여하고자 하는 10명 이상의 시민이나 주민협회 또는 사회단체를 통해 조직된 시민들이 도시의 빈 공간을 지역사회 텃밭으로 전환하고자 한다면 시청의 식량영양안보국에서 다양한 지원을 제공해 준다. 또한 꾸리찌바 시와 계약을 맺은 학교나 시립유아교육센터에 조성된 학교 텃밭에서는 농산물 재배 및 유지와 관리에 대한 이론과 실습교육은 물론이고 행정과 재정도 지원해 준다.

지금까지 언급한 것처럼 꾸리찌바 시는 크고 작은 지역사회 텃밭을 174개 이상 보유하고 있다. 이는 팹 시티 글로벌 이니셔티브Fab City Global Initiative의 회원 도시로서 2054년까지 도시가 소비하는 모든 것을 도시에서 생산하겠다는 목표를 달성하기 위한 노력을 충실하게 이행하고 있다는 증거다. 그 덕분에 멕시코시티에서 열렸던 도시기후리더십그룹 정상회의에서 꾸리찌바는 지속가능한 공동체 분야에서 도시농업으로 '2016년 도시상2016 C40 Cities Awards'을 수상하는 영예를 누렸다.

새로운 명소 카주루 도시농장

카주루 지역에는 도시농장이 하나 있다. 4,435제곱미터의 면적에서 살충제를 사용하지 않고 유기농으로 생산하는 이 농장은 시청의 식량영양안보국에서 직접 관리한다. 흥미로운 것은 이곳은 휠체어 사용자들도 영농 활동에 참여할 수 있도록 설계되었고, 퇴

식량영양안보국에서 운영하는 카주루 도시농장

비장, 묘목 온실, 작은 규모의 동물 서식 공간, 컨테이너, 풍차 등의 시설이 구비되어 있다는 사실이다. 이밖에 이벤트 및 교육을 위한 공간과 식당도 마련되어 있다.

카주루 도시농장에서는 농사를 짓는 데 필요한 기본적인 기술과 농작물을 생산하는 방법 등을 체계적으로 교육시켜 준다. 농장 내 주요 시설들은 병, 타일, 침목, 콘크리트 블록, PVC 천장 및 팔레트와 같이 재활용이 가능한 재료로 만들었다. 드론으로 상공에서 보면 이 농장이 다른 공동체 텃밭과는 달리 조형미까지 완벽하게 갖추고 있다는 것을 확인할 수 있다. 이것은 세계적인 생태도시로 불리는 꾸리찌바만의 독특한 정체성이다. 나는 이 농장이 머지않은 장래에 꾸리찌바의 새로운 명소가 될 가능성이 매우 높다고 생각한다.

또 꾸리찌바 시에 있는 스웨덴의 전자제품 제조회사 일렉트로룩스는 시청의 공급국과 사회행동재단의 지원을 받아 지속가능한 요리법을 가르쳐주고 있다. 수업은 회사에 있는 주방에서 진행하는데 이 프로젝트를 지원하기 위한 셰프가 도시 전체에 11명이나 있다. 교육받는 사람들이 걸치는 앞치마에 쓰여 있는 문구 "Better Food"가 아주 인상적이다. 건강한 식생활의 기초는 이런 체계적인 식량 및 영양교육에서 시작된다.

생태도시 꾸리찌바는 비싼 땅값에도 불구하고 왜 이런 노력을 지속적으로 기울여왔을까? 지금과 같이 멀리 떨어져 있는 농촌에서 계속 농산물을 공급받으면 결국 도시는 자립성이 떨어지고 기후변화에 아주 취약한 존재가 된다. 우리도 도시의 지속가능성을 높이기 위해서 가장 먼저 학교나 지역사회, 그리고 기관 안에 있는 빈 공간에 가능한 한 많은 텃밭을 만들고 운영해야 할 것이다.

민중식당

대안 노벨상으로 알려진 '바른생활상'을 수상한 프란시스 무어 라페는 자신의 딸 애나 라페와 함께 쓴 저서 《희망의 경계》[34]에서 시민의 식량권을 인정한 대표적인 도시로 벨루오리존치를 들었다. 나 역시 《도시의 로빈후드》에서 이 도시를 구체적으로 소개한 바 있다.

브라질에서는 사회개발부의 공공정책국이 배고픔(기아)을 근절시키기 위해 인구가 10만 명 이상인 도시에 민중식당을 설치, 운영하고 있다. 민중식당에서는 먹거리 부족과 영양 불안정에 시달리는 사람들을 대상으로 시중의 절반 정도의 가격에 영양을 고루 갖춘 건강한 식사를 제공한다. 이곳에서 사용하는 식재료는 주로 지역의 가족농장에서 생산한 것으로 협동조합을 통해 구매한다. 유엔의 '글로벌 콤팩트 도시 프로그램Global Compact Cities Program'이 발표한 한 보고서를 보면 아주 흥미로운 결과가 포함되어 있다.[35]

'파라나 사회행동Ação Social do Paraná'이 민중식당을 이용한 959명과 인터뷰한 결과는 우리에게 많은 것을 알려준다. 민중식당은 이용자들의 31%를 차지하는 노인들에게는 없어서는 안 될 아주 중요한 공간이다. 그리고 민중식당 이용자 중 14.8%가 혼자 사는 여성이고 은퇴자와 실업자들이 21%인 201명이었다. 또한 이용자 중 약 40%인 380명이 최저임금을 받고, 약 60%가 민중식당에서 점심을 먹으며 매월 약 200헤알을 절약하고 있었다. 이 모든 것들을 종합해 보면 민중식당은 이용자들의 영양을 개선하는 1차적 목적을 달성하는 데 그치지 않고, 매월 식사 비용을 줄임으로써 이용자들의 의류와 오락물 구매력을 향상시키는 것은 물론이고, 빈민들을 포함해 경제적 약자들의 재정 상태를 호전시키는 데도 커다란 도움을 주고 있음을 알 수 있다.

꾸리찌바에는 월요일부터 금요일까지 주 5일 점심시간인 오전 11시부터 오후 2시까지 문을 여는 민중식당이 5곳 있다. 그중 후

이 바르보사에 있는 마트리스 민중식당Restaurante Popular Matriz에서는 1,800명, 피네이리뉴Pinheirinho, 시치우 세르카두, CIC/파젠디나Fazendinha 민중식당에서는 각각 800명, 그리고 카파네마 민중식당Restaurante Popular Capanema에서는 500명에게 매일 식사를 제공한다. 메뉴는 매일 바뀌지만 언제나 쌀, 콩, 고기, 채소, 샐러드, 디저트로 구성된 양질의 균형 잡힌 식사가 1인당 3헤알에 제공된다. 이처럼 저렴한 가격에 식사가 제공될 수 있는 것은 연방 정부와 시 정부의 재정지원 덕분이다. 꾸리찌바에 있는 민중식당의 경우 이용객에 대한 제한은 없지만 대체로 퇴직자, 노점상, 일용노동자, 도시 빈민 등 경제적 약자들이 주로 이용하는 것으로 알려져 있다.

다섯 개의 민중식당 가운데 가장 늦게 개장한 곳은 카파네마 민중식당이다. 이곳은 하파엘 그레카 시장이 노숙자들이 노숙하던 버려진 카파네마 고가도로 하부를 재생해 만든 곳으로 꾸리찌바 도시계획연구소와 사회행동재단이 직접 디자인했다.

저비용으로 만든 카파네마 민중식당 건설사업은 노숙자들이나 마약중독자들이 종종 쉼터로 이용하던 공간을 안전하게 재생하고, 동시에 도시 빈민을 비롯한 경제적 약자들의 먹거리 보장을 위해 추진한 것이다. 총면적 385제곱미터에 조성된 이 식당은 하루 1,000명까지 수용 가능하지만 개장 초기에는 약 500명 정도에게 식사를 제공했다. 이곳은 40개의 식탁과 접이식 의자를 구비한 푸드코트, 음식 및 식기를 위생적으로 처리하는 공간, 매표소, 세면대와 욕실, 화장실, 리셉션 공간, 라커룸 및 지원실 등을 두

도시 재생 사업으로 탄생한 카파네마 민중식당

루 갖추었다. 그리고 식당에는 그래피티 아티스트 페르제의 길이
9미터, 폭 2.5미터의 벽화가 그려져 있다. 총사업비는 약 130만 헤
알이었다. 다만 푸드코트의 가구와 기타 장비의 구입 비용 34만
5,000헤알은 주 정부에서 별도로 지원되었다. 다른 4곳의 민중식
당과 카파네마 민중식당이 구분되는 점은 이곳 건물의 특성 때문
에 주방이 없어 피녜이리뉴 민중식당에서 조리한 음식을 공급받
는다는 사실이다.

　그레카 시장이 공식적으로 사업을 지시하고 채 1년이 되지 않
아 공사가 마무리된 이 민중식당의 첫 번째 메뉴는 쌀, 핀토콩, 닭
고기, 옥수수 크림수프, 양상추 샐러드와 당근 요리, 사과 등이었
다. 그레카 시장의 개장식 인사말이 내게 아주 긴 여운을 남겼다.

"아이디어는 식탁 위에 있는 음식입니다. 가난한 사람들에게 길거리에서 음식을 제공하면 인간의 회복 가능성이 파괴됩니다. 음식은 길거리가 아니라 테이블 위에서 제공되어야 합니다." 이런 생각으로 꾸리찌바 시에서는 민중식당 5곳에서 약 4,700명 분의 끼니를 매일 제공하고 있다.

민중식당의 식비는 2019년 5월 초순에 2헤알에서 3헤알로 인상되었다. 2015년 1월 이후 약 4년 반 만에 인상한 것이다. 이런 식비 조정에도 불구하고 꾸리찌바 시에서는 매년 110만 명에게 제공되는 1인당 7헤알의 식사 준비 비용 중 60%에 가까운 4헤알을 보조금으로 지원하고 있다.[36] 식량영양안보국에 소속된 영양사들은 선택한 6가지 식재료를 가지고 매일 다른 메뉴로 식단을 짠다. 민중식당은 시청과 계약을 맺은 두 개 회사가 운영한다. 시민들의 식량권을 지켜주기 위해 추진하는 꾸리찌바의 다양한 먹거리 정책을 보면 참 정교하게 설계했구나 하는 느낌을 가질 수밖에 없다.

코로나19 팬데믹 기간에도 5곳의 민중식당은 운영 방식을 조금 바꾸어 계속 운영되었다. 서비스를 제공하는 시간을 오전 10시부터 오후 2시까지로 연장해 민중식당을 찾는 시민들을 분산시키고, 식탁 간격도 1.5미터로 확대해 코로나바이러스의 감염을 막기 위한 예방 조치에 최선을 다했다. 또한 입구에는 세면기와 손세정제를 비치해 사람들이 음식을 먹기 전에 손을 씻을 수 있도록 했다. 그리고 집이나 직장에 가서 식사를 하려는 사람들을 위해 약 30%에 해당하는 1,410명 분은 도시락으로 제공했다. 덕분에 코로나19 팬데믹으로 어려운 시간을 보내던 경제·사회적 약자들이 정말 필요한 혜택을 누릴 수 있었다.

민중식당은 2024년 1곳 더 건설되어 꾸리찌바 시민들의 먹거리 보장을 더욱 강화하였다. 꾸리찌바 도시계획연구소에서 설계한 타투콰라 민중식당Restaurante Popular Tatuquara이 바로 그곳이다. 하루에 약 500명에게 식사를 제공하는 이 식당은 타투콰라 시민의 거리Rua da Cidadania Tatuquara와 인접한 곳에 입지하고 있다. 2,600제곱미터의 부지에 건설 면적 580제곱미터로 건설된 이 식당은 에너지 자급자족을 위해 태양광 발전을 현지에 직접 설치하고, 작은 텃밭도 마련해 일부 농산물을 직접 공급한다. 이 사업은 UN의 지속가능한 발전목표SDGs를 충족시키기 위한 사업으로 추진된 것이다.

한편 파라나 주에도 마링가Maringá, 론드리나Londrina와 폰타 그로사Ponta Grossa에 각각 한 개씩 총 세 개의 민중식당이 설치, 운영되고 있다.

"시민들은 생존과 직결되는 식량에 대해 권리를 가지며, 건강이나 교육, 복지 등 시장이 실패한 다른 영역들과 마찬가지로 기아와 영양실조에 대해서도 적극적인 개입과 관여를 하는 것이 자치단체의 주요한 의무다."[37] 이런 의무를 준수하며 시정을 운영한 사례는 세계 최초로 시민들의 식량권을 인정한 브라질의 벨루오리존치만이 아니고, 꾸리찌바 역시 마찬가지다. 이들의 노력은 코로나바이러스로 인한 감염병 위기 아래서도 매우 돋보였다.

가족창고

"때 이른 무더위에 숨이 턱 막히고, 장 보러 가면 비싼 물건값에 숨이 또 한 번 막힙니다. 오르고 올라 20여 년 전인 1998년 외환위기 이후 가장 높은 수준입니다. 기름값과 전기요금은 말할 것도 없고, 예전엔 장바구니에 쉽게 담았던 물건들도 요즘은 몇 번씩 망설이게 됩니다.

지난해 초 0%대에 불과하던 소비자물가 상승률이 1년 5개월 만에 6%까지 치솟았습니다. 최근 인상된 전기·가스요금은 아직 반영되지도 않은 수치입니다. 그만큼 물가 상승을 고스란히 견뎌내야 한다는 뜻인데, 소득 수준이 낮을수록 더 큰 영향을 받게 됩니다."

2022년 7월 KBS 뉴스에서 앵커가 전하는 뉴스를 들으면서 앞으로는 식량위기 문제가 아주 심각해질 것 같다고 생각했다. 그렇게 되면 먹거리 보장에 대한 사회적 안전망이 거의 전무한 우리나라 국민들은 타격이 더욱 심각할 것으로 보인다.

이제부터는 우리가 사는 도시에서 먹거리 보장을 위한 다양하고 체계적인 계획의 수립과 실행을 서둘러야 한다. 그 길만이 현재와 같은 다중 위기 시대에 회복력을 키우는 가장 중요한 대책이 아닌가 싶다. 세계 최초로 시민들의 식량권을 인정한 브라질의 벨루오리존치나 꾸리찌바와 같은 사례들을 꼼꼼히 살펴보고 우리 실정에 가장 적합한 모델을 만들어야겠다는 생각이 머릿속을 떠나지 않는다.

꾸리찌바에는 브라질에서 가장 큰 먹거리 보장 사업이자 생활 필수품과 관련된 사회복지 정책이 운영되고 있다. 바로 가족창고라는 매장이다. 지금은 고인이 된 자이메 레르네르 시장이 재임하던 1989년에 처음 자르징 파라나엔시Jardim Paranaense에 만들어진 가족창고는 상품을 계속 확대하며 오늘날까지 운영되고 있다. 시청의 식량영양안보국이 직접 관리하는 가족창고에서는 시가보다 30% 저렴한 가격으로 기본 및 필수 식품, 개인 위생용품, 청소용품과 같은 355종의 다양한 상품들을 살 수 있다.

꾸리찌바 시 전역에는 35개의 가족창고 매장이 있다. 이 가족창고는 꾸리찌바 시민뿐 아니라 인근의 캄푸 라르구Campo Largo, 쿠아트루 바하스Quatro Barras, 파젠다 히우 그란지Fazenda Rio Grande

가족창고

에 거주하는 시민들도 이용할 수 있다. 또 꾸리찌바 대도시권에 있는 아우미란치 테멘데레Almirante Tamandaré, 가족창고 3개, 캄푸 마그루Campo Magro, 콜롬부Colombo, 피냐이스Pinhais, 상 조세 두스 피냐이스São José dos Pinhais 등 13개 도시에 해당 지자체가 직접 관리하는 15개의 가족창고 매장이 파트너십 관계를 맺고 운영 중이다. 이들 가족창고 매장의 운영 시간은 화요일부터 금요일까지는 오전 9시부터 오후 6시까지, 토요일에는 오전 9시부터 오후 2시까지다.

내가《꿈의 도시 꾸리찌바》를 썼던 초창기에는 최저임금 315달러 이하의 소득자들이 이 창고형 할인마트를 이용할 수 있었다. 그러나 최근에는 꾸리찌바 대도시권에 거주하고 있고, 가족창고 네트워크에 등록된 최저임금의 5배 이하인 가구들도 이곳을 이용할 수 있도록 변경되었다. 그리고 정부와 시민사회 대표자들이 모여 운영하는 거버넌스 기구인 사회지원위원회CMAS, 아동 및 청소년 권리를 위한 위원회Comtiba, 노인의 권리를 위한 위원회CMDPI 등에서 인정한 비영리단체 및 법인도 가족창고를 이용할 수 있다. 이들은 사회적 취약계층인 주민들을 위한 건강, 교육 또는 식량 보장 분야에서 활동하는 비영리법인 및 단체들이다.

현재 꾸리찌바와 대도시권 지역에 있는 가족창고와 연계된 가구 수는 약 40만 8,500가구 이상이다. 이를 보면 가족창고 사업이 지역경제 활성화는 물론 일자리 창출에도 상당한 기여를 하고 있음을 알 수 있다. 최근에는 대도시권 지역의 가족농을 지원하기 위해 꾸리찌바 시의 E-콤프라스E-Compras 포털에 회사, 협회 또는 협동조합으로 등록한 후에 제품 샘플을 제출, 검사에 통과하면 자치단체 관보에 게시, 승인해 가족창고 입찰에 참여할 기회를 부여하고 있다.

브라질에서 가장 큰 식량 보장 프로그램인 가족창고 사업은 35개의 매장을 통해 약 100만 명 이상의 저소득층 꾸리찌바 시민들에게 혜택을 주고 있다. 이 사업은 간접적으로는 물가 억제에 이바지하고, 저소득층 주민들이 생활비를 절약해 저축할 기회를 제공한다. 도어맨 찰스 앙리케 다 실바는 "모든 제품이 이곳이 더 저렴해서 여기서 절약한 돈을 물과 전기요금 납부에 사용할 수 있습니다."라고 말했다. 또 실업자인 헤이나우두 호샤도 "가족창고에서 생필품을 구입하고 절감한 돈을 연료, 버스요금에 사용합니다. 이곳에서는 자녀들을 위해 더 나은 품질의 제품을 구입할 수 있습니다. 이 사업은 우리 가족을 너무 많이 돕는 사회보장 프로그램입니다."라고 이 사업이 얼마나 중요한지 이야기했다.

꾸리찌바 시의 가족창고 사업은 2020년 5월 26일 개정된 법률 제15,637호에 따라 조성된 식량 공급 기금으로 이루어진다. 꾸리찌바 대도시권이 포함되어 있는 파라나 주는 주 최저임금이 연방정부의 1,212헤알보다 월등히 높은 수준인 1,467.40~1,696.20헤알이다. 최저임금도 브라질 남부의 다른 네 개 주보다 높은 데다 먹거리 보장 사업도 잘 실행되고 있다. 이를 보면 꾸리찌바가 살기 좋은 포용도시라는 사실을 부인하기 어려울 것이다.

가족시장과 노사 페이라

꾸리찌바에는 식량영양안보국에서 운영하는 창의적인 프로그램이 두 가지 더 있다. 가족시장과 노사 페이라Nossa Feira가 그것인데, 이 두 프로그램의 목표는 동일하다. 야채와 과일을 보다 저렴하게 만들어 주민들이 더 신선하고 건강한 식품, 덜 산업화되고 영양이 풍부한 식품을 소비할 수 있도록 하는 것이다. 그리고 유통망에서 중개인을 제거해 지역의 소규모 가족농에게 더 높은 소득을 보장하는 한편 일반 식료품점과 비교해 높은 경쟁력을 유지할 수 있도록 가격을 낮게 유지해 채소와 과일의 가격 통제에 이바지하는 것이다.

가족시장은 도시 전역의 시 소유 부지에 위치한 11개의 특별 매장으로 구성되어 있고, 다양한 종류의 신선한 야채와 과일을 킬로그램당 3.69헤알의 고정 가격으로 판매한다. 이는 일반 소매업체의 농산물 가격에 비해 40~45% 저렴한 가격이다. 이것은 시청의 식량영양안보국에서 수행한 시장조사와 제품의 계절성을 기준으로 계산한 값이다. 가족시장 매장은 식량영양안보국의 허가를 받은 기업가가 운영하며, 꾸리찌바 대도시권 안에 있는 도매시장이나 가족농장에서 직접 농산물을 조달한다. 품목과 관계없이 동일한 가격으로 판매하기 때문에 소비자는 낭비 없이 더 다양한 상품을 더 적은 수량으로 선택할 수 있는 장점이 있다.

가족시장 매장은 버스 터미널, 가족창고, 시민의 거리와 같이 전략적으로 중요한 지점 인근에 입지하고 있는데, 계절에 따라 봄, 여름에는 최소 30종 이상, 가을, 겨울에는 최소 23종 이상의 농산물을 판매한다. 가족시장은 가족창고와 달리 모든 시민에게 개방되어 있으며 구매를 위해 별도의 등록은 필요하지 않다.

그리고 노사 페이라는 월요일에서 금요일까지 아홉 개의 다른 지역을 순회하며 농산물을 판매하는데, 대도시권 주변 지역의 농부들이 신선한 농산물을 소비자에게 직접 판매하는 이동식 시장이다. 여기서도 모든 농산물을 킬로그램당 고정 가격으로 판매하며 파인애플, 카사바, 바나나, 자색 고구마, 가지, 비트, 양파, 오렌지, 라임, 패션후르츠, 파파야, 수박, 오이, 후추, 토마토, 배 등이 주요 상품이다. 그리고 페이스트리, 콜드 컷, 생선 등과 같은 제품도 판매한다.

이렇게 약 40가지 종류의 고품질 과일과 채소를 판매하는 노사 페이라는 지역 여건에 따라 운영 시간에 다소 차이가 있다. 센트로 지구에 있는 노사 페이라는 오전 10시 30분부터 오후 7시 30분까지 약 9시간 동안 문을 열고, 기타 지역의 경우는 대체로 5시간 정도 영업한다.

고정된 상점인 가족시장과 이동식 장터인 노사 페이라는 모두 과일과 채소를 킬로그램당 고정 가격으로 판매한다. 이곳은 소득에 관계 없이 모든 사람이 이용할 수 있다는 것이 중요한 특징이다. 그로 인해 이 프로그램들은 각계각층의 사람들에게 인기가 있고, 과일과 채소의 가격 안정에도 크게 기여하고 있다. 그리고 꾸리찌바 대도시권 주변 지역의 농장에서 직접 생산한 농산물을 안

가족시장

정적으로 도시 시장에 제공하게 함으로써 로컬푸드를 생산하는 소농들의 생계 보장에도 커다란 도움을 주고 있다.

　노사 페이라와 가족시장이 진가를 발휘하는 때는 바로 농산물 공급망이 완전히 마비되어 식량위기가 가중될 시기일 것이다. 실제로 2018년 5월 브라질 전역에서 트럭 운전사들이 고속도로를 봉쇄하며 파업에 돌입하자 기존의 식품 유통 시스템은 정지되었고 슈퍼마켓에 공급되는 물건이 부족해져 농산물의 가격이 급등했다. 그러나 농산물의 대부분을 현지 농민들로부터 공급받아 생산자와 소매점까지의 거리가 상대적으로 짧았던 노사 페이라와 가족시장은 아무런 문제없이 원활히 운영되었다. 이는 운송업자들이 평소 작은 트럭을 사용하고, 고속도로가 아닌 국도를 통해 도시로 농산물을 배달했기 때문에 가능한 일이었다. 이런 특징 때문에 코로나19 팬데믹 기간에도 노사 페이라와 가족시장은 꾸리찌바의 안전한 먹거리 보장에 크게 이바지할 수 있었다.

연대 테이블과 푸드뱅크

연대 테이블은 정부, 시민사회, 민간 부문 및 지역사회로 구성된 꾸리찌바의 혁신적인 무료급식 모델이다. 이 프로그램이 제안된 이유는 아주 간단하다. 브라질어 메사 솔리다리아, 즉 연대 테이블은 지역사회의 역량에 토대를 두고 자원봉사와 식량 및 영양 안보를 증진시킴으로써 기아와의 싸움에서 이기기 위해 창안된 것이다.

연대 테이블은 꾸리찌바 시청의 식량영양안보국, 보건국, 그리고 사회행동재단 등이 가진 공권력에 기반을 두고 있다. 2019년 12월 하파엘 그레카 시장이 코로나19 팬데믹으로 보건 및 사회적 위기가 발생하기 직전에 구상한 이 프로그램은 사회 각계각층과 협력해 먹거리 보장 생태계를 새롭게 구성한 것이다. 이 생태계의 목적은 단 하나였다. "도시의 취약한 사람들에게 음식을 안정적으로 제공하는 것이 연대 테이블의 목적이다. 여기에서 서비스를 제공받는 사람들 대부분이 노인 등 신체적으로 약한 이들이거나 면역력이 약한 이들이기 때문에 이들의 건강과 영양을 동시에 보장하기 위함이다."

이 프로그램이 시작된 이래로 꾸리찌바 시의 연대 테이블 다섯 개 카페테리아에서 130만 끼의 식사가 제공되었다. 음식은 파트리시아 카시요(식물원 근처에 있는 카파네마 고가도로 아래), 루스 도스 피냐스(도심에 있는 치라덴치스 광장), 돔 보스쿠(캄푸 지 산타나), 빌라 아그리콜라(카주루) 및 플리니우 토리뉴Plínio Torinho 커뮤니티 주방(플리니우 토리뉴 광장에 붙어 있음) 등 다섯 개의 연대 테이블에서 도시 전역에 산재해 있는 1,200명의 자원봉사자 그룹에 의해 준비되고 배급된다.

도심에 입지한 루스 도스 피냐스 연대 테이블Mesa Solidária Luz dos Pinhais에서는 깨끗한 테이블, 나란히 고정된 의자 및 적절한 식기류가 있는 환기가 잘되는 공간에서 도시락이 제공된다. 이곳 이용자들은 이 도시락이 하루의 유일한 식사인 경우도 적지 않다. 평균적으로 200명의 사람들이 월요일부터 금요일까지 이곳에서 점심을 먹는다. 저녁 식사에는 매일 300인분 이상의 식사가 제공된다. 대부분의 이용자들은 경제적, 사회적으로 취약한 상황에 놓여 식량 및 영양 불안정이나 노숙의 상황에 처한 사람들이다.

파트리시아 카시요 연대 테이블Mesa Solidária Patricia Casillo에서는 저녁 식사로 200인분의 식사를 제공한다. 그런데 주말에는 그 숫자가 더 늘어나 간식 300개, 점심 식사 200인분, 저녁 식사 200인분이 배달된다고 한다. 그리고 돔 보스쿠 연대 테이블Mesa

루스 도스 피냐스 연대 테이블 앞에 줄 서 있는 시민들

Solidária Dom Bosco은 화요일에 170인분의 식사를 제공하고, 플리니우 토리뉴 커뮤니티 주방에서는 다른 장소를 위한 식사를 준비하고, 빌라 아그리콜라Vila Agrícola에서는 연말까지 도시락을 제공한다.

현재 58개 사회단체가 연대 테이블에 참여하고 있으며, 이는 기본적으로 기아와의 싸움에서 단결하기로 약속한 사람들로 구성되어 있다. 대부분의 연대 테이블이 야외에서 식사를 준비하고, 일부만이 이용자에게 제공되는 음식을 준비하기 위한 현대적인 대규모 주방 공간을 갖추고 있다. 현재 파트리시아 카시요, 돔 보스쿠, 플리니우 토리뉴 연대 테이블의 경우는 주방에서 모든 식사를 준비할 수 있다.

연대 테이블은 푸드뱅크의 강력한 지원과 함께 작동한다. 푸드뱅크에서는 다양한 사회 집단으로부터 식사 준비를 위한 음식을 기부받거나 수집해 필요한 곳에 제공한다. 그리고 꾸리찌바 시의 기아 퇴치 프로그램에 공감하는 민간 기업, 산업의 기부금을 모금하고 있다. 이것을 보면 꾸리찌바 푸드뱅크가 연대 테이블을 위한 식량 수집 및 분배의 원천이라는 사실을 알 수 있다. 음식이 연대 테이블 카페테리아에 도달하기 위해 사회단체들은 단체 본부의 주방, 공동 주방, 자원봉사자 및 프로젝트 지지자의 집에서도 음식을 준비한다.

연대 테이블 카페테리아에서는 많은 단골손님이 식사 외에 화장실을 이용할 기회를 얻는다. 이곳에서 사회적, 경제적 약자들은 손을 씻기도 하고 위생에 대한 지침을 제공받는다. 또 지방자치단체의 사회 지원 네트워크의 이용자 등록을 접수하기도 한다. 이것은 연대 테이블이 이용자들에게 다양한 지원, 사회적 쉼터 서비스를 안내하는 데도 기여하고 있음을 보여준다.

꾸리찌바 시의 푸드뱅크의 역사는 그렇게 오래되지 않았다. 시청에서 만든 꾸리찌바 푸드뱅크는 코로나19 팬데믹 상황 중이던 2020년 5월 설립한 이래 2023년 10월까지 관내에서 약 1,000톤의 음식을 모았다고 한다. 여기서 말하는 1,000톤의 음식은 500만 끼에 해당하는 양이다.

이들은 시민들이나 사회복지단체, 그리고 병원 등에서 식량을 모으기도 하고, 시청 산하의 스포츠·레저·청소년국에서 개최하는 걷기 행사 등에서 모금한 돈을 기부받기도 했다. 또 민간이 주도하는 이니셔티브 외에도 가족창고, 유기농 장터, 가족시장, 시립시장, 카주루 지역시장, 도시농장과 같은 시립 공공시설에서 기부하는 농산물이나 기부금도 있다. 이렇게 마련한 농산물과 식료품들은 사회적 위험에 처한 사람들에게 무료급식의 재료로 사용된다.

일반적으로 푸드뱅크에서 모은 음식은 요양원, 빈곤 아동 및 마약 중독자 지원시설, 노숙자 등에게 제공되고, 무료 식사를 제공하는 연대 테이블의 파트너 기관 등으로 전달된다. 이를 통해 인간이 먹기에 적합하지만 상업적 가치를 잃은 음식을 필요한 곳에서 사용함으로써 음식물 쓰레기를 줄이고, 기아 감소와 식량 및 영양 안보 증진에 기여하며, 순환경제 시스템의 강화에도 상당한 역할을 한다.

특별한 연대

꾸리찌바 시는 리사이클링의 수도라 불린다. 이 도시에선 수명을 다한 모든 것에 새로운 기능을 부여해 새 생명을 갖도록 해준다. 얼마 전에는 수명이 다한 굴절버스를 새롭게 도색하고 내부를 개조해 멋있는 이동식 식당으로 만들었다. 특별한 연대Expresso Solidariedade라는 뜻의 이 버스는 노숙자들이 인간다운 식사를 할 수 있도록 만든 식당이다. 이는 1990년대 중반에 하파엘 그레카 시장이 시도했던 일반 버스를 개량해 만든 무상급식 식당 리냐 두 소팡Linha do sopão이 진화한 것 같다.

사회행동재단은 1993년 4월 29일 창립된 이래 수많은 취약계층 사람들의 삶의 질을 제고하고 행동 패턴을 변화시키는 데 아주 크게 기여한 사회복지기관이다. 이 기관의 초대 이사장은 꾸리찌바 시의 퍼스트레이디였던 마가리타 산손 여사였다. 이곳은 노숙자들의 사회복지까지 담당했다.

1993년 6월 30일 사회행동재단이 운영을 시작한 첫날, 약 150명의 노숙자가 리냐 두 소팡에서 식사를 했다. 우리나라를 비롯해 대부분의 나라에서는 무료급식이 역전이나 광장 등의 노지에서 이루어진다. 비나 햇빛, 바람은 물론 추위도 피할 수 없는 상태에서 비인간적인 식사를 할 수밖에 없다. 특별한 연대는 노숙자나 부랑자들도 인간적인 대우를 받도록 특별히 설계된 버스 안에서 식사를 제공한다. 이뿐 아니라 사회복지 관련 자료를 비치해

이동식 식당 특별한 연대

정보를 제공하고 재활할 기회도 마련해 준다. 이곳은 노숙자나 부랑자에게 아주 소중한 쉼터인 셈이다. 현재는 시립시장, 후이 바르보사 광장, 치라덴치스 광장, 과달루페 터미널Terminal Guadalupe 등 여섯 개 지역을 순회하며 운영 중이다.

사회행동재단은 또한 후원단체와 자원봉사자들의 지원과 협력 아래 '연대의 만찬Ceia da Solidariedade'이라는 크리스마스 만찬 행사를 매년 개최하고 있다. 통상 금요일 밤 8시에 개최되는 이 행사에는 거리의 노숙자들을 포함해 약 2,000명이 넘는 사람들이 재단 측에서 제공한 밥과 빵, 우동, 구운 닭, 과일, 야채와 음료수 등을 먹으며 저녁 식사를 즐긴다.

이 모든 것들을 가능케 하는 꾸리찌바 시민들의 연대 정신은 어려운 경제 상황을 극복하는 가장 큰 동력이 될 것이다.

클리키 이코노미아

꾸리찌바에서는 시민들이 먹거리를 포함해 생활에 필요한 주요 품목의 가격을 비교해 볼 수 있는 사회적 시스템이 있다. 바로 클리키 이코노미아Clique Economia다. 이 시스템의 전신인 디스케 이코노미아Disque Economia는 시민들이 직접 전화해 가격을 확인할 수 있는 시민들의 식량 안보를 돕는 서비스였다. 클리키 이코노미아는 가족 또는 개인이 지출 계획을 세우는 데 도움이 되는 웹사이트로, 특히 인플레이션이 심한 시기에 기본 식료품, 생필품, 위생 및 청소용품 구매 시 예산 절약에 매우 유용하다.

클리키 이코노미아에서는 도시의 중대형 슈퍼마켓에서 매일 확인한 700개 이상의 품목에 대한 가격 검색과 비교가 가능하다. 시민들은 이 시스템 이용을 위해 시청에 등록할 필요도 없다. 컴퓨터, 태블릿, 휴대폰 등 모든 전자 기기에서 온라인 서비스의 링크를 통해 또는 꾸리찌바 앱에 접속하면 무료로 이용할 수 있다.

가격에 대한 조사는 시청 식량영양안보국을 통해 실시하며, 매대에서 직접 수집한 정보를 매일 오전 12시, 오후 4시에 웹사이트에 업데이트한다. 이렇게 과일 및 채소는 물론 음료, 유제품, 소시지, 육류, 달걀, 특수목적 식품, 위생용품, 청소용품, 그리고 생산자로부터 직접 공급받은 가공품 등의 가격을 제공하는 것이다. 그리고 제철 먹거리는 물론이고 부활절 및 크리스마스 시즌에는 이와 관련된 품목의 가격도 알려준다. 꾸리찌바 시의 이런 시스템

운영은 시민들에게 안정적인 먹거리를 보장해 주고 시장 가격 안정에도 도움이 된다.

기아퇴치협약

지구촌 전체를 놓고 볼 때, 비교적 최근까지 브라질의 식량 안보 및 사회 보호 노력은 모범적이고 부러울 정도였다. 룰라 대통령은 2003년 취임하자마자 브라질의 기아와 극심한 빈곤을 근절하기 위해 기아 제로Fome Zero 운동, 즉 다양한 식량 안보 및 사회보호 프로그램을 시작했다. 여기에는 보우사 파밀리아Bolsa Família라는 조건부 현금 지원 사업과 가족농에 대한 지원, 공식 일자리 창출 및 최저 임금 인상, 학교급식 영양의 질 향상, 건강한 식습관에 대한 체계적인 교육 등이 포함된다. 그리고 민중식당과 같이 시중의 절반 이하 가격으로 양질의 식사를 할 수 있는 레스토랑에 보조금을 지급하는 식량 보장 사업을 꾸준히 추진하고 있다.

그러나 2015년 이후에 브라질의 많은 긍정적인 추세가 반전되기 시작했다. 하락세를 보이던 식량 불안 지표가 다시 상승하기 시작했고, 정부 스스로 발표한 기아 비율도 2014년 4%에서 2022년 15%로 증가했다. 특히 2015/2016년 이후에 경제적, 정치적 위기로 인해 실업률과 불안정 노동이 증가했고 가족농에 대한 정부 지원이 감소했다. 또 사회 보호 및 최저임금이 삭감되었고, 기타 진보적인 정부 정책이 완전히 해체되었다. 이러한 상황은 자이르 보우소나루 정부 때 더욱 심각해졌다. 2020년 이후 코로나19 팬데믹은 불평등을 더욱 심화시켰다. 룰라가 대통령으로 당선된 2022년 무렵에도 수백만 명의 브라질인들이 적절하고 건강한 식사를 섭취하지 못하고 있었다.

2023년 1월 제39대 브라질 대통령으로 루이스 이나시우 룰라 다 시우바가 취임했다. 그는 제35대 대통령으로 재임하던 시절 기아 제로 운동을 성공적으로 실행했던 경험을 바탕으로 5월부터 '기아퇴치협약Pacto Contra Fome'이라는 이름의 전국적인 운동을 시작했다.

브라질의 전체 인구는 2억 1,400만 명이다. 이 중 60%에 해당하는 1억 2,500만 명이 식량 불안을 겪고 있으며, 그중에 약 3,300만 명은 굶주림에 시달리고 있다. 기아퇴치협약의 주요 목표는 기아의 구조적이고 영구적인 근절, 그리고 식품 폐기물 감소를 촉진하는 노력에 사회 전체를 참여시키는 것이다. 이 운동의 목표는 대단히 야심찬 것 같다. 그 목표는 2030년까지 브라질에서 기아를 없애고 2040년까지 브라질의 모든 국민들에게 식량 안보를 보장한다는 것이다.

꾸리찌바는 브라질 내에서 먹거리 보장과 식품 폐기물을 줄이는 운동을 가장 성공적으로 추진하고 있는 도시 가운데 하나다. 그래서인지 벌써 기아퇴치협약의 핵심 관계자들이 꾸리찌바를 방문해 파트너십을 구축했다. 기아퇴치협약은 이를 시작으로 현재 전국적으로 확산되고 있다. 우리나라에서 푸드플랜과 먹거리 보장 운동을 하는 사람이라면 브라질에서 현재 추진 중인 기아퇴치협약의 활동들을 꾸준히 모니터링해야 할 것이다.

기아퇴치협약은 8월 1일 브라질에서 처음으로 연방 정부의 개발과 사회 지원, 가족 및 기아 퇴치부 장관 웰링턴 디아스Wellington Dias가 꾸리찌바 시장과 '기아 없는 브라질 협정Pacto Brasil Sem Fome'을 체결하면서 본격적으로 시작되었다. 이것은 도시에서의 식량과 영양 안보를 위한 국가전략을 수립하는 데 꾸리찌바가 브라질에서 가장 중요한 도시 모델이라는 것을 시사하는 것이다.

하파엘 그레카 시장이 새로 취임한 이래 꾸리찌바에서는 시민들을 위한 식량권을 지키기 위해 부단히 노력해 왔다. 세계 최초로 식량권을 인권의 하나로 선언했던 벨루오리존치보다 어쩌면 꾸리찌바가 먹거리 보장을 훨씬 더 잘해 온 도시인지도 모른다. 그래선지 최근에는 식량과 영양 안보를 지키기 위한 꾸리찌바의 노력을 배우고, 여러 사례를 벤치마킹하려는 지자체들이 국내외에서 계속 나타나고 있다.

최근 꾸리찌바 시장 하파엘 그레카와 상파울루 주에 있는 오자스쿠Osasco 시장 로제리우 린스Rogério Lins가 식량 안보와 기아 극복을 위한 계획에 대한 기술적 정보를 제공하고 지원하는 의정서에 서명했다. 인구가 약 70만 명 정도 되는 오자스쿠는 꾸리찌바에서 이미 확립된 식량 안보 프로그램인 도시농장, 가족창고, 연대 테이블 등을 도입할 계획이다.

로제리우 린스 시장은 도시 간 협력의 중요성을 강조했다. "꾸리찌바에서 영감을 얻게 되어 영광이며, 이 파트너십에 대해 매우 기쁘게 생각합니다. 우리는 함께 지역사회의 식량 안보를 증진하는 구체적인 조치를 개발하고 시행할 수 있을 것입니다." 이에 꾸리찌바 시의 식량영양안보국 국장 루이스 구시는 이렇게 맞장구를 쳤다. "이 파트너십은 우리 도시의 보다 지속가능하고 건강한 미래를 향한 중요한 발걸음을 나타냅니다. 오자스쿠와 힘을 합치면 두 도시의 시민들에게 직접적인 혜택을 줄 수 있는 이니셔티브를 추진할 수 있을 것입니다." 이런 노력이 성과를 거두면 상파울루 주는 물론 브라질 전역에 있는 많은 도시들이 앞으로 꾸리찌바의 경험을 복제해 갈 것이다.

3월에 개최된 스마트시티 엑스포 꾸리찌바 2024 기간 중에 오자스쿠 시장이 방문해 서명한 이 의정서는 건강한 식생활, 도시농업 및 식품 교육에 대한 인식을 제고하는 조치를 촉진하기 위해 상호 협력을 구축하는 것을 목표로 한다. 또 기술자 교환, 공동 행사 개최, 파일럿 프로젝트 개발 및 파트너십으로 인한 조치를 모니터링하고 조정하기 위한 운영 위원회 창설을 포함하는 협력 메커니즘도 구축할 계획이다.

4
행복한 도시 만들기 I
: 주거, 교육, 문화

바이후 노부 두 카심바

카심바의 파벨라

꾸리찌바 18개 지역을 통과하며 흐르던 바리귀 강은 꾸리찌바 최남단에 있는 카심바 지역을 나누는 행정구역의 경계선상에서 이구아수 강을 만난다. 바리귀 강변 도로 옆에 지어진 약 3,000채의 집은 '빌라 29 지 오투브루Vila 29 de Outubro'를 형성하고, 그 아래로는 '빌라 두 아브라앙Vila do Abraão'이 자리잡고 있었다.

오래전 이곳은 폴란드와 이탈리아 이민자의 흔적이 남아 있는, 넓은 대지와 시골 분위기의 소박한 주택이 있던 동네였다. 하지만 인근에 쓰레기 매립지가 생긴 이후로 20년 동안 판잣집과 비포장 도로, 그리고 쓰레기 더미가 쌓이는 마을로 바뀌었다. '쓰레기장' 이라는 별명은 이곳이 소득, 교육 등 모든 면에서 열악하다고 낙인 찍힌 동네라는 사실을 말해 준다. 이곳은 도심에서 27킬로미터나 떨어진 교외에 가난한 사람들이 모여 사는 빈민가, 즉 파벨라로 꾸리찌바의 간선 교통축을 중심으로 하는 선형 성장 시스템의 혜택을 거의 보지 못한 동네다. 또 시 정부 서비스가 제공되는 가장 가까운 타투콰라 시민의 거리까지의 거리도 5킬로미터나 되는 외곽 마을이다.

카심바 지역에서 규모가 가장 큰 파벨라인 빌라 29 지 오투브루에 주민들이 정착한 것은 2009년 10월이다. 이때는 카심바 매립지가 폐쇄된 이후로, 대대적인 강제 철거작업이 진행되었다. 하지만 주민들이 다시 돌아와 불법으로 정착하면서 새로운 파벨라를 만들기 시작했다. 이곳의 주택 대부분이 꾸리찌바 시 법에 어긋난 형태로 지어졌고, 그 결과 주거 및 환경 문제는 나날이 심화

불법 쓰레기장이나 다름없던 바이후 노부 두 카심바 개발 전 풍경

되었다. 홍수로 바리귀 강이 범람하면 일부 주택들이 물에 잠겨 하수와 식수가 섞여 버리는 사고도 빈번하게 일어났다.

비가 오면 바리귀 강의 수위가 쉽게 변하기 때문에 사실 이 지역은 주거지로 부적합하다. 그럼에도 강둑에서 200미터 이내에 1,147가구가 거주하고 있어 안전상의 이유로 서둘러 이주해야 하는 상황이었다. 빌라 29 지 오투브루와 마찬가지로 빌라 두 아브라앙도 대부분이 바리귀 강에 인접한 바로 이 저지대에 형성되어 있다. 사실 이곳은 물을 가두는 작은 자연 호수 역할을 하는 부지였지만 쓰레기 불법 투기로 그 역할을 할 수 없게 되었다. 쓰레기 불법 투기는 토건업자들이 건축 가능한 공간을 늘리기 위해 강둑과 인접해 있는 물 주머니에 건설 폐기물과 흙을 버리고, 주민들도 마을에 있는 작은 연못과 습지에 의료 폐기물, 고무, 유기 쓰레기, 재활용 쓰레기 등을 무단으로 투기하는 식으로 이루어졌다. 이로 인해 환경 문제는 물론 공중 보건 문제도 나날이 커졌다. 카심바 지역에 사는 일부 사람들은 급수차에서 물을 얻거나 빗물을 모아 사용하고, 일부 주민들은 바리귀 강으로 하수를 버리기 위한 맨홀을 직접 설치하기도 한다.

한편 카심바 지역에 사는 사람들은 일자리를 얻기 위해 카심바에 산다는 사실을 숨기기도 했다. 그들은 버스로 4시간이나 걸리는 출퇴근 때문에 일찍 잠자리에 들고 일찍 일어날 수밖에 없었다. 도심에서 꾸리찌바 시 최남단인 카심바까지 가는 버스 노선은 단 두 개뿐이었고, 각 노선의 배차 간격은 40분이나 되었다. 이러한 이동의 어려움은 여가와 문화에 접근할 권리에도 상당히 부정적인 영향을 끼쳤다. 쇼핑을 즐길 수 있는 가장 가까운 곳이 버스로 1시간 20분 이상 떨어진 팔라듐 쇼핑센터뿐이었다. 또한 접근성의 어려움과 통학 비용 때문에 카심바 지역에 사는 학생들은 학교에 다니는 것이 결코 쉽지 않았다.

카심바 프로젝트

카심바 지역의 문제를 풀기 위해 하파엘 그레카 시장은 재선된 다음 해인 2018년에 이곳을 법령 제688호의 적용을 받는 사회공익주택 특별구역으로 만들기로 했다. 그 일환으로 도랑을 청소하여 4만 3,500킬로그램의 쓰레기를 수거했으며, 바리귀 강을 따라 나무를 심고 빌라 두 아브라앙 남쪽에 새로운 놀이터를 건설했다. 한편 꾸리찌바 시청에서는 '바이후 노부 두 카심바 기후 위험 관리 프로젝트Projeto de Gestão de Risco Climático Bairro Novo do Caximba, 이하 '카심바 프로젝트'라 칭한다.'라 명명된 프로젝트의 입찰 공고를 내고, 카심바를 생태 마을로 탈바꿈시키는 사업을 본격적으로 시작했다.

카심바 프로젝트는 이구아수 강과 바리귀 강 유역의 환경보존 지역을 복구하고 카심바의 빌라 29 지 오투브루에 있는 1,693가구에게 적당한 주택을 제공하여 삶의 질을 제고하는 사업이다. 이는 꾸리찌바 역사상 가장 큰 사회적, 환경적 개입으로, 목표는 환경 악화를 저지하고 동시에 위험에 처한 지역에 불규칙적으로 정착

카심바 프로젝트의 1차 입주자로 선정된 파벨라 주민들

한 가구들을 양호한 상태의 주택으로 이전시키는 것이다.

카심바 프로젝트에는 향후 5년 동안 4,760만 유로가 투자될 예정인데, 이 중 3,810만 유로는 프랑스개발청에서, 950만 유로는 꾸리찌바 시청에서 투자한다. 직간접적으로 1만 4,000개의 일자리를 창출할 것으로 예상되는 이 프로젝트는 매우 다양한 사업을 포함하고 있다. 먼저 주상복합형의 태양 에너지 주택을 건설하고, 나아가 빗물을 모아 재사용할 수 있는 시스템 구축은 물론 투수성 포장도 적극 추진할 것이다. 그리고 바리귀 강 옆에 생태통로를 만들고, 그 옆에 3단계의 격리용 연못과 조림지, 제방 등을 건설해 홍수를 방지하고 여가 및 사회적 교류 공간을 갖춘 선형공원을 조성할 예정이다. 이 프로젝트가 모두 완료되면 바리귀 강 인근의 환경적으로 취약한 주택들은 모두 사라지게 되고 지역 주민들 상당수는 보다 안전한 주택에 재정착하게 될 것이다.

카심바 프로젝트 위원회에는 지역사회도 대표를 선임해 참여하고 있다. 주민들이 직접 대표를 선출해 사업 진행 상황을 감독하고, 사회·환경·개발 프로그램 등을 시청과 함께 모니터링하는 것이다. 이 위원회에는 정회원이 21명 있는데, 그중 6명은 빌라 29 지 오투브루 지역사회를 대표하고 5명은 인접한 마을을 대표한다. 그리고 나머지 10명은 흑인과 성소수자 커뮤니티, 그리고 장애인, 노인, 여성, 청소년, 이주민과 재활용 산업의 노동자 등을 대표하는 사람들이다. 2021년 개소한 카심바 지역사무소는 사회·환경 프로젝트를 조율하는 한편 지역 주민들이 재정착할 수 있는 계획을 수립하는 데 있어 아주 큰 역할을 수행하고 있다.

카심바 지역에 파벨라가 만들어진 시기는 대체로 베투 히샤 Beto Richa 시장이 임기 중 주지사에 출마하던 무렵이다. 이후 2명의 시장이 임기 중이던 2016년까지 상황은 더 심각해졌다. 이때는 브라질의 경제위기도 심한 데다 《르 몽드》를 비롯해 일부 언론에서 꾸리찌바의 녹색도시 신화에 금이 가고 있다고 평가하던 기간이었다. 하파엘 그레카 시장은 재선을 위해 선거운동을 하면서 카심바 지역을 방문한 적이 있는데, 이때 이 지역의 파벨라 문제를 반드시 해결하겠다는 의지를 다지게 되었다고 한다.[38]

프란치스코 교황의 '교외의 희년'

비슷한 시기인 2015년 프란치스코 교황은 바티칸에 세계 60여 개 도시 시장들을 초빙해 '현대판 노예제도와 기후변화 : 도시들의 책무'를 주제로 기후변화 콘퍼런스를 개최하고 '기후 선언'을 발표했다. 교황은 2015년 4월에 같은 해 12월 8일부터 시작할 '자비의 특별한 희년'[39]에 대해 발표했다. 그리고 로마 외곽의 변두리에서 미사 집전과 함께 '교외의 희년'을 공식적으로 요구했고, 이에 부응하는 차원에서 로마 시 외곽 가난한 사람들이 사는 마을에 초점을 맞춘 사업들을 계획, 추진했다. 이 38개 사업에는 총 5,000만 유로가 투자되었다. 이 외에 로마 교황청에서는 궁핍한 변두리 지역에 공공사업의 일환으로 교회를 지었다. 그리고 로마의 지속가능한 교통 시스템을 구축하는 데 직간접적으로 기여하고, 재생 가능한 에너지원을 확보하는 노력을 경주하고 있다. 여기서 한 걸음 더 나아가 로마의 빈민과 난민, 그리고 망명 신청자들의 쉼터를 만들면서 사회통합에도 커다란 기여를 하고 있다.

이런 모든 활동에서 알 수 있는 것은 아르헨티나 출신인 프란치스코 교황이 유럽인보다 더 미래지향적인 인물이라는 사실이다. 교황이 꿈꾸는 도시는 우리가 살고 싶어 하는 도시의 원형인지도 모른다. 교황이 아니면 그 누가 버려진 건물을 소년들이 방과 후에 숙제하러 가고 건강한 먹거리를 먹고 빈민들을 위해 샌드위치와 따뜻한 식사를 준비하는 '평화 학교'로 전환할 수 있을까? 그리고 누가 빈 수도원을 난민과 망명 신청자들의 쉼터로 만들 수 있을까?

이제 교황의 리더십과 철학에서 무언가를 배우고, 그것을 직접 실천에 옮겨야 할 때가 아닌가 싶다. 가톨릭 신자가 아닌 내가 보기에도 프란치스코 교황은 이 시대의 가장 위대한 교사임이 분명하다. 이와 같은 생각을 하며 카심바 프로젝트를 지켜보니 하파엘 그레카 시장이 교황으로부터 깊은 영향을 받은 것 아닌가 하는 생각이 들기도 한다.

지혜의 길

꾸리찌바에는 리냐 두 코녜시멘투Linhas do Conhecimento라는 아주 독특한 교육 프로그램이 있다. 우리말로 직역하면 '지식의 선'이지만 나는 '지혜의 길'이라 부르려 한다.

살기 좋은 인본적인 도시를 만들기 위해서는 3대 원칙이 지켜져야 한다. 어린이부터 어른까지 공동체 구성원 모두가 자신이 살고 있는 도시에 대해 잘 알고 사랑하고 또 도시를 돌봐야 한다. 이러한 정신 아래 꾸리찌바에서는 지혜의 길 프로그램을 통해 도시의 역사적 뿌리를 가르침으로써 지역 정체성을 확고히 하려 노력하고 있다. 그러한 노력은 바로 시민들이 살고 있는 공간, 즉 도시와 깊은 관계를 맺는 것에서 시작된다. 꾸리찌바 아이들은 역사는 물론이고 문화, 환경, 도시행정 등의 주요 현장을 직접 방문해 체험 학습을 한다.

지혜의 길 프로그램을 통해 어린이와 학생들은 교실에서 벗어나 공원, 박물관, 식물원, 도서관 등 도시 전역에 있는 장소를 방문한다. 심지어 아이들이 평소에는 접근할 수 없는 시장실에서 현장 학습이 진행되기도 한다. 즉, 어린아이들이 직접 찾아와 시장실 바닥에 앉아 시장 할아버지와 편하게 이야기를 나누기도 하고, 시립 지속가능성 학교와 피라미드 솔라 등을 방문해 기후 적응 노력에 대해 배우기도 한다. 나는 이런 모습에서 꾸리찌바의 희망을 발견할 수 있었다. 이뿐 아니라 시립유아교육센터의 어린이들도 공원, 광장, 박물관, 지혜의 등대, 극장 등 도시의 곳곳에서 현장 수업과 문화 및 레크리에이션 활동에 참여한다. 이 모든 활동

지혜의 길 프로그램에 참가한 아이들

지혜의 길 프로그램의 일환으로 시장실을 방문한 어린이들

의 목표는 참가하는 아이들의 시민 정체성을 강화하는 것이다.

꾸리찌바를 거대한 교실로 탈바꿈시킨 지혜의 길 프로그램은 UN의 지속가능한 발전목표에 대해서도 가르친다. 즉 빈곤, 기아 퇴치, 불평등 감소 등 지구촌의 삶의 질을 개선하기 위해 2015년 UN이 설정한 17가지 목표에 현장 수업과 문화 활동을 연계해 가르치는 것이다.

"지속가능한 발전목표와 관련해 어린이와 학생들은 지역의 태도가 전 세계에 영향을 미친다는 것을 배웁니다. 쓰레기를 올바르게 처리하고, 낭비를 피하고, 평화의 문화를 촉진하는 것은 우리가 일상생활에서 실천할 수 있고 또 실천해야 하는 행동입니다." 라고 지혜의 길 프로그램 관리자인 쉴라 오를로스키는 설명했다.

지혜의 길 프로그램은 2017년 하파엘 그레카 시장이 시작한 이래로 현재까지 32만 8,000명 이상의 학생과 교사가 참여했다. 이 평생교육 프로그램은 어릴 때부터 향토애와 건강한 시민정신을 고양시키는 데 크게 이바지하고 있으며, 꾸리찌바를 국제적인 교육도시로 각인시키는 데도 큰 역할을 하고 있다. 나는 그 결과로 꾸리찌바가 여러 국제기구로부터 지속가능한 개발상을 수상할 수 있었다고 생각한다.

혁신형 지혜의 등대

"시민들에 의해 사회자본이 크게 확보되어 있는 도시에서는 시민들이 책임의식과 성실한 태도를 갖추고 자신의 도시와 다른 구성원들을 대할 가능성이 크다. 노동 및 도시화 연구의 최고 권위자 가운데 하나인 리처드 세넷 교수는 이런 태도를 '시민교양'이라 칭한다. 이는 한 도시에 사는 주민들 간에 형성되어 있는, 의미 있고 평화로운 공존에 초점을 맞춘 기초적인 시민적 합의를 뜻한다. 시민교양은 법과 규칙을 뛰어넘어 공동의 합의 영역을 만들어낸다. 이것은 세넷이 말한 열린 도시, 즉 시민들로 하여금 다양성과 미숙함, 일정 정도의 불명확성을 경험하게 만드는 도시에서 탄생한다."

베를린 플리드너 병원 의학과장 마즈다 아들리는 그의 저서 《도시에 산다는 것에 대하여》에서 시민교양이 도시를 도시답게 만드는 힘이라고 말한다. 우리는 어떻게 시민교양을 우리가 사는 삶터에서 만들고 배양해 나갈 수 있을까? 시민교양을 키우는 배양실은 다름 아닌 지역사회 도서관이다.

꾸리찌바에는 지혜의 등대라는 작은 동네 도서관이 있다. 이 도서관은 통상 3층의 철골 구조물로 건설되어 있는데, 면적이 98제곱미터, 높이가 16미터다. 1층에는 책이 진열된 서고와 책상, 사서가 사용하는 컴퓨터가 비치된 진열대가 있고, 2층에는 독서나 인터넷 서핑(5대의 컴퓨터 비치), 동화 구연 행사 등을 할 수 있는 조용한 방(약 18~20명 수용 가능)이 있으며, 나선형 계단을 올라가면 3층에 망루가 있다. 그리고 소공원이나 광장 등이 있어 비교적 넓은 공간 확보가 가능한 곳에는 1층과 등대만으로 구성된 도서관이 있다.

이집트의 알렉산드리아에 있던 파로스의 등대에서 착안해 만들었다는 이 도서관은 남아메리카에서 많은 작가들이 극찬하는 사업이다. 지혜의 등대는 건설된 지 벌써 30년 가까이 되었다. 그래서 얼마 전에는 '꾸리찌바 시 학교 도서관 네트워크'가 주체가 되어 리모델링 사업을 전개했다. 꾸리찌바 곳곳에서 약 3,000~4,000만 원 정도의 예산을 들여 바닥, 창문, 유리창, 조명시설 등을 교체하고 에어컨을 설치한 후 지역 주민들이 참여한 가운데 도서관 재개장을 기념하는 행사가 연이어 열렸다. 지혜의 등대는 소장 도서가 7,000~8,000권 정도 되는 작은 도서관이지만, 이곳을 거점으로 수많은 프로그램이 운영되고 있어 일종의 커뮤니티 센터로서의 역할도 수행하고 있다.

문화도시 꾸리찌바를 상징하는 지혜의 등대는 1990년대 당시만 해도 브라질 내에서 최초로 지역마다 설립된 도서관 네트워크였고, 지역사회에서 세계적인 정보망에 직접 접속할 수 있는 공용 인터넷을 갖춘 아주 혁신적인 공간이었다. 1994년 처음 건설된 지혜의 등대는 2017년부터 제2기로 접어들었다. 하파엘 그레카 시장이 처음 도입한 지혜의 등대가 리모델링을 끝내고 순차적으로 다시 문을 열고 있는 것이다. 리모델링을 마친 지혜의 등대는 과학적 연구나 기술적 아이디어를 직접 실험·생산할 수 있는 팹

혁신형 지혜의 등대

랩 시스템을 도입함으로써 사회혁신형 도서관으로 재탄생했다.

팹 랩이란 MIT와 풀뿌리 발명 그룹Grassroots Invention Group의 공동 실험 모델로 디지털 장비와 오픈소스 하드웨어 등을 활용해 누구나 간단하게 시제품을 제작할 수 있는 공간이다. 이곳에서는 디지털 기기, 소프트웨어, 3D 프린터와 같은 실험 생산 장비를 구비해 학생과 예비 창업자, 중소기업가가 기술적 아이디어를 실험하고 실제로 구현해 보는 지역사회 차원의 풀뿌리 과학기술 혁신활동이 이뤄진다.

처음에는 세 개의 지혜의 등대에 어린이를 대상으로 한 팹 랩이 시범적으로 설치되었다. 첫 번째 팹 랩이 설치된 곳은 허버트 호세 지 소자 지혜의 등대Faróis do Saber Herbert José de Souza였다. 재개장 행사가 열리는 날, 하파엘 그레카 시장이 지혜의 등대에 들어서자 어린아이들이 비누방울을 만들며 환대했다. 그리고 시장은 현판식을 끝낸 후 아이들과 함께 3D 프린터를 이용해 시제품을 생산하며 즐거워했다. 이제 작은 도서관은 단순히 책만 읽고 빌려 가는 공간이 아니라 사회혁신형 플랫폼으로 점차 진화해 가는 것이다.

작은 도서관과 팹 랩이 결합된 '혁신형 지혜의 등대'는 1단계로 열 개를 조성해 지구별로 하나씩 입지시켰다. 열 번째 혁신형 지혜의 등대는 날토 다 글로리아에 있는 교육혁신연구소Laboratório Pedagógico de Inovação에 개장했다. 이곳은 3D 프린터, 로보틱스 및 프로그래밍 키트, 크롬북(고속 컴퓨터), 가상 현실 안경 등을 갖추고 있다.

현재 꾸리찌바 시에는 혁신형 지혜의 등대가 33개나 있다. 작은 도서관이 진화해 4차 산업혁명 기술까지 직접 학습·체험하는 장소로 바뀐 것이다. 약 20여 년 전에 처음으로 이 지혜의 등대를 방문하고 깜짝 놀랐던 기억이 난다. 어떻게 이 정도의 저비용으로 다양한 기능을 하는 마을 도서관을 만들 수 있었을까 하는 생각에 무척 충격을 받았다.

새로운 형태의 혁신형 지혜의 등대도 벌써 국제사회에 입소문이 제법 난 모양이다. 이 도서관은 미국의 MIT 미디어랩과 레만 재단이 공동으로 선정한 '창의적인 학습 챌린지 프로젝트'로 선정되었다. 그리고 보스턴에 있는 MIT 미디어랩에서는 직접 기술 교환과 경험 공유를 위해 꾸리찌바 시 부시장과 교육국장을 초빙

혁신형 지혜의 등대에서 실습하는 학생들

하기도 했다. 이 연구소는 디지털 테크놀로지를 이용한 표현과 커뮤니케이션의 교육 및 미래를 연구하는 세계적인 기관인데, 어떻게 이 지혜의 등대에 관심을 갖게 되었는지 무척 궁금하다. 또 얼마 전에는 유네스코의 '창조도시 네트워크Creative Cities Network'의 초청을 받아 혁신형 지혜의 등대 사례를 발표하기도 했다.

혁신형 지혜의 등대는 브라질 내에서도 아주 혁신적인 사례로 평가받고 있다. 브라질의 상파울루 시 트랜스아메리카 엑스포 센터에서 2019년 7월 22일부터 24일까지 열린 '스마트시티 비즈니스 엑스포 브라질Smart City Business Expo Brazil'에서 '혁신상Prêmio InovaCidade'을 받은 것이다. 그리고 2023년에는 카주루 팝 랩과 혁신형 지혜의 등대를 통해 메이커 문화를 장려하면서 브라질은 물론 세계적으로도 유명한 평생교육도시로 발전한 것을 높게 평가받아 피라 바르셀로나가 수여하는 월드 스마트시티 어워드를 수상하기도 했다. 이렇게 작지만 창의적인 아이디어가 도시를 혁명적으로 바꾸는 것 아닐까.

메뉴엘 반데이라 혁신형 지혜의 등대Farol do Saber e Inovação Manuel Bandeira를 방문한 브라질 문화부의 파울로 나까무라 국장은 "우리는 지역사회에 눈에 띄는 영향을 끼치는 이니셔티브를 찾고 있는데, 꾸리찌바에서 이런 일이 일어나고 있다."라고 말했다. 공동체 도서관에 팝 랩 기능을 결합한 이 혁신형 지혜의 등대는 최근 들어 브라질에서 가장 좋은 평가를 받는 작은 도서관 모델이다. 왜 우리나라에선 이렇게 창의적이고 개성 있는 동네 도서관이 나타나지 않는 걸까?

우리가 사는 도시에서는 때로 이런 작은 도시침술이 대규모 토목사업보다 더 효과적으로 시민들의 삶의 질을 높여준다. '시민 교양'을 배양하는 도시가 4차 산업혁명 시대에는 더 강력한 도시 경쟁력을 갖추게 된다는 사실을 기억해야 할 것이다.

독서의 집과 독서 열차

꾸리찌바에는 '독서의 집Casa da Leitura'이라 불리는 작은 도서관도 있다. 꾸리찌바 문화재단이 직접 운영·관리 책임을 맡고 있는 독서의 집은 현재 17개소가 있는데, 모두 지역의 유명한 작가, 기자, 작곡가, 예술가, 시인 등의 이름을 가지고 있다. 작가인 마누에우 카를루스 카람과 시인인 힐다 힐스트, 화가인 마리 니콜라스가 독서의 집의 이름이 되었다. 이렇게 한 이유는 위대한 시민이나 걸출한 인물들의 뛰어난 업적, 바람직한 정신 등을 칭찬하고 기억하기 위해서다.

독서의 집 중 몇몇은 근대 문화유산을 지키기 위해 만들어졌다. 1897년에 체코슬로바키아에서 태어난 꾸리찌바의 대표적인 예술가이자 사진작가, 그리고 영화 제작자였던 블라드미르 코작 집에 독서의 집을 개장한 것이 그 좋은 예다. 작은 도서관을 만듦으로써 오래된 근대 건축 문화유산을 지킬 수 있게 된 것이다. 이곳은 지역의 문화센터 역할까지 하고 있다.

독서의 집이 된 블라드미르 코작의 집

　독서의 집 소장 도서의 수는 시설의 크기에 따라 상당히 다양하다. 고전부터 현대까지 문학은 물론 만화, 시각 예술(영화, 연극, 서커스, 음악 및 무용), 철학, 사회학, 인류학, 전기 등 다양한 분야의 책을 독서의 집마다 특화해 보유하고 있다. 이곳의 일부 도서는 시민과 기업들이 기증한 것들이다.

　독서의 집에서는 성인, 노인, 청소년 및 어린이의 독서를 장려하기 위한 다양한 무료 프로그램도 운영한다. 독서 모임을 비롯해 글쓰기 공부와 독서 습관을 진작시킬 수 있는 프로그램이 그것이다. 그리고 구연동화 시연, 창작 및 스토리텔링 워크숍 등 여러 가지 행사도 기획해 추진하고 있다.

또 남아메리카 최대의 보행자 전용거리인 꽃의 거리에는 '독서 열차Bondinho Da Leitura'라는 명물이 있다. 1973년 폐열차를 재활용해 만든 이 공간은 원래 도심지역에 쇼핑이나 기타 목적을 위해 나온 부모들이 아이들을 맡겨 두는 쉼터였다. 이곳에서 어린이들은 종이 놀이도 하고 책도 읽으며 시간을 보냈다. 그러다 1986년부터 3년 동안은 꾸리찌바의 관광 정보 안내소로 사용되었고, 1989년부터는 다시 어린이들을 위한 실용적인 공간으로 사용되기 시작했다.

이곳을 독서 열차라고 명명하고 작은 도서관으로 운영하기 시작한 것은 2010년이다. 이곳에는 어린이부터 어른까지 다양한 연령대의 사람들이 읽을 수 있는 2,500여 권의 책이 구비되어 있고, 조용하게 책을 읽을 수 있는 작은 공간도 마련되어 있다. 많지는 않지만 장애인이 읽을 수 있는 책도 소장되어 있어서 무료로 빌려 갈 수도 있다. 이 독서 열차의 운영 시간은 월요일부터 금요일까지 평일에는 오전 9시부터 오후 6시까지, 토요일에는 오전 10시부터 오후 2시까지다. 독서 열차가 녹슬고 훼손되기 시작하자 시 당국은 약 100일 동안의 보수·복원 공사를 진행했고, 시장이 시립학교 어린이들을 초대해 새로 개장식도 열었다. 이처럼 오랜 역사를 가진 독서 열차는 근대 문화유산이나 다름없다.

꾸리찌바에는 현재 지혜의 등대, 독서의 집, 독서 열차 등 다양한 형태의 작은 도서관이 도시 전역에 분포하고 있다. 이 도시는 경제적으로 아주 풍요한 도시는 아니지만 교양이 있는 '도서관의

꽃의 거리에 있는 독서 열차

도시'라고 말할 수 있을 것 같다.

꾸리찌바 문화재단에서는 꾸리찌바 도시공사, 꾸리찌바 도시계획연구소 등과 협력해 '투보테카스Tubotecas'라 불리는 책장을 운영하고 있다. 이 책장은 대중교통 이용 승객이 많은 열 개의 간선급행버스 정류장에 있는 것으로 모든 시민이 무료로 이용할 수 있다. 이 미니 도서관에서는 책과 잡지, 점자 도서,《하스쿠뉴》(스케치),《칸지두》(라틴 재즈) 등 예술 및 문화 관련 신문 등을 제공한다.

꾸리찌바의 작은 도서관들은 사적 공간인 집, 공적 공간인 학교 및 직장과 구별되는 '제3의 공간'으로서도 아주 중요한 역할을 수행하고 있다. 이곳은 도시 전역에 산재해 사회를 더 포용적이게 만들고, 시민들이 문화를 향유할 수 있는 기회를 제공해 준다.

우리가 사는 팍팍하고 무미건조한 도시에 이런 작은 도서관들을 운영한다면 얼마나 삶이 풍요로워질까? 독서의 집과 같이 근대 건축 문화유산을 보존하고, 지역의 유명인사에 대한 존경과 예우를 갖추는 시도는 어떨까? 이런 작고 소소한 것들이 하나하나 축적될 때 우리가 사는 도시의 품격이 높아지는 것이다.

시립 지속가능성 학교

꾸리찌바의 필라르지뉴의 자니넬리 숲Bosque Zaninelli에는 1991년 개교한 환경개방대학이 있었다. 환경교육센터 역할을 하던 이곳은 석산 개발이 끝난 후에 자연을 복원하고 폐전주를 재활용해 만든 아주 창의적인 자연 건축물을 갖춘 특이한 공간이었다.

그러나 코로나19 팬데믹 동안 이곳을 유지하는 것이 어려워졌고, 급기야 기물과 건물이 훼손되는 일들이 벌어지기 시작했다. 꾸리찌바 시에서는 민간에 위탁해 관리하던 것을 회수하여 약 두 달 동안 보수 공사를 진행했다. 그리고 2022년 6월에 시립 지속가능성 학교Escola Municipal de Sustentabilidade를 개교했다. 이곳에서는 꾸리찌바 시의 환경국과 교육국, 그리고 시립 행정연구소와 파트너십을 맺어 시민들의 환경문제에 대한 학습과 훈련을 진행하고 있다. 주로 교사와 학생, 공무원, 주민협회 위원 등을 대상으로 환

시립 지속가능성 학교

경교육을 실시함으로써 장기적으로는 꾸리찌바를 세계적인 평생 교육도시로 만드는 데 일조할 계획이다.

파라나 연방대학교에서 교수를 지낸 건축가 도밍고스 봉게스타브스가 설계한 시립 지속가능성 학교 건물은 오페라 지 아라메 극장과 함께 꾸리찌바를 상징하는 대표적인 생태건축물 가운데 하나로 널리 알려져 있다. 이곳은 크리스마스 시즌이 되면 아름다운 조명과 함께 문화 공연을 하는 장소로 재탄생한다.

'일렉트로룩스 마법의 숲Floresta Encantada Electrolux'이라 불리는 이 쇼는 스웨덴계 회사인 일렉트로룩스가 직접 후원해 이루어지는 행사다. 꾸리찌바의 크리스마스 프로그램 중 가장 참신한 것이라는 평가를 받기도 하는 이 쇼는 자니넬리 숲에 있는 거대한 암벽에 이미지를 투사하는 동시에 호수 위에 배를 띄우고 배우가 직접 연기를 하는 등 연극과 이미지의 매력적인 융합으로 관객들을 완전히 사로잡는다. 예술 감독 하파 괴데의 지휘 아래 지역 극단이 토리노 가족의 역사를 통해 가족 간의 유대와 지속가능성의 중요성을 생생하게 알려준다.

공연 외에 자니넬리 숲과 시립 지속가능성 학교 일대에 설치된 장식과 조명은 그 자체로도 장관을 연출한다. 진입부에서 생태건축물이 있는 곳까지 가는 길에 건설된 목재 데크는 물론이고 시립 지속가능성 학교 건물에도 수천 개의 조명을 설치해 마치 이곳을 동화 속에 나오는 공간처럼 만들었다. 폐채석장이었던 곳을 생태적으로 복원한 이 숲은 그 자체가 마법에 걸린 것처럼 보인다.

파이오우 극장

꾸리찌바 시에는 아주 유니크한 건축물 파이오우 극장Teatro Paiol
이 있다. 최초의 공연장이기도 한 이곳은 1971년 시청에서 원형극
장으로 전환시키기 전까지는 쓸모없는 화약고이자 탄약창에 지나
지 않았다. 도심지역 바깥에 위치한 파이오우 극장은 꾸리찌바 시
의 문화유산 보존에 상당히 커다란 영향을 미쳐 이 도시에선 문화
혁명의 상징물로 인식되고 있다.

로마 건축 양식을 가진 이 원형 건물은 1874년 브라질 육군에
의해 새로운 화약고이자 탄약창으로 지어졌다. 이후 1910년대까
지는 폭발 위험성 때문에 부지 사용이 금지되었다가 1917년에 꾸
리찌바 시의 시립 문서기록 보관소로 탈바꿈했다. 나중에는 도로
포장을 담당하는 사무국의 본부가 자리 잡기도 했다. 그러다 마침
내 전설적인 자이메 레르네르 시장의 재임기간에 극장으로 개조
하는 프로젝트가 추진되었다. 도시침술을 활용한 도시 재생 사업
이 본격적으로 시작된 것이다.

프로젝트는 이 건물의 원래 특징을 유지하면서 내부를 225명
의 관객을 수용할 수 있는 꾸리찌바 최초의 계단식 극장으로 탈바
꿈시켰다. 이 극장은 레르네르의 친구이자 꾸리찌바 시의 초기 개
발 역사에서 아주 중요한 역할을 담당했던 건축가 아브랑 아사드
가 직접 설계했다.

1년에 걸친 공사를 통해 재생된 파이오우 극장은 50년이 넘

는 세월 동안 여러 차례 보수 공사를 거쳤다. 가장 중요한 보수는 2005년, 2010년, 2018년에 수행된 것이다. 2005년 9월부터 12월까지 개조 작업을 거친 후 2006년 토키뉴의 공연으로 극장을 재개장했다. 또 2010년 7월부터 9월까지는 관객석의 교체와 더불어 지붕의 구조적 복원과 유지 보수 작업을 했다.

그리고 하파엘 그레카 시장의 두 번째 임기 중이었던 2018년에는 문화공간 활성화 및 현대화 프로그램을 통해 다시 한번 재생되었다. 이때는 접근성 개선과 파사드의 경관 조명시설 설치가 주로 수행되었는데, 이 역시 건축가 아브랑 아사드의 기술 자문으로 실행되었다. 이때 파이오우 극장을 이용하는 장애인 배우나 연주자, 그리고 관람객들의 편의 및 접근성을 획기적으로 개선하기 위해 탈의실과 욕실, 화장실 등이 새로 지어졌고, 관람석에도 휠체어 사용자를 위한 네 개의 공간이 별도로 마련되었다. 또 극장의 외관도 새롭게 수리하고 도색했으며 조명시설도 설치했다. 건축물 상부에 있는 기존 프로젝터를 개조하고, 바닥면에는 17개의 조명을 새로 설치해 완벽한 경관조명 시스템을 갖추게 되었다.

파이오우 극장이 탄생할 때부터 지금까지의 역사를 더듬어보면 그 기능과 역할이 기술발전에 따라 적지 않은 변화를 겪었음을 알 수 있다. 처음에 파이오우 극장은 음악과 연극의 무대였을 뿐만 아니라 꾸리찌바의 예술 커뮤니티를 하나로 모아 문화산업이 가는 방향에 대해 토론하고 발전시키는 장이었다. 시간이 지나면서 인구의 증가, 새로운 공공 및 민간 공간의 출현, 문화상품에 대한 수요 증가 및 다양화 등으로 인해 이 극장의 역할이 다소 변화

파이오우 극장의 디지털 쇼

되긴 했지만 꽤 오랫동안 시민들에게 공연 및 전시 공간으로 인식되었다. 극장 안의 원형 복도에서는 사진이나 그림 전시회가 열리고, 공연장으로 개조한 내부에서는 연극이나 음악 공연이 일상적으로 열렸다. 특히 브라질의 대중음악을 아끼고 사랑하는 사람들이 모이는 장소로 꾸리찌바 시민들에게 깊게 각인되었다.

파이오우 극장이 최근에는 새로운 시대에 적응하는 새로운 모습을 보여주고 있다. 꾸리찌바 문화재단의 지원을 받아 꾸리찌바 개발혁신청Agência Curitiba de Desenvolvimento e Inovação이 개발·설치한 디지털 프로그램의 중요 무대로 바뀐 것이다. 파이오우 극장 외부의 벽면과 파사드에는 매일 다양한 디지털 쇼가 열린다. 그리고 종종 스마트시티 엑스포와 같은 국제적 행사가 열릴 때는 많은 사람이 참가하는 포럼이 개최되곤 한다.

파이오우 극장은 코로나19 팬데믹 동안에는 운영을 멈추기도 했다. 2020년 3월부터 봉쇄가 끝날 때까지 모든 문화공간과 마찬가지로 관객과의 대면 접촉을 중단했고, 파이오우 디지털과 같은 프로그램은 가상 미디어로 전환되었다. 다행히도 지금은 공연과 전시는 물론 디지털 쇼도 복구되어 정상 운영되고 있다.

꾸리찌바 문화재단은 꾸리찌바 시의 문화혁명의 상징이기도 한 파이오우 극장을 혁신의 산실로 인식하고 있다. "대면 대화에서 디지털에 이르기까지 파이오우 극장은 계속해서 우리의 정체성과 혁신 능력의 상징이 되고 있다. 대중과의 상호작용 및 연결을 추구하는 음악과 미술을 비롯해 모든 형태의 예술적 표현을 위한 영구적인 무대가 될 것이다." 도시 재생 사업이 최초로 만들어낸 파이오우 극장이 꾸리찌바 시민들에게 얼마나 중요한 장소인지는 굳이 강조하지 않아도 알 수 있는 사실이다.

오스카르 니에메예르 박물관

중국 전기차 업체 비야디BYD가 2024년 상반기 테슬라를 제치고 세계 최대 전기자동차 업체로 이름을 올렸다. 선전에 본사를 두고 있는 이 회사는 2024년 상반기에 전년 동기 대비 300%가 넘는

64만 1,000대를 판매했다. 남아메리카에서 비야디가 차지하는 전기버스나 전기자동차 시장 점유율을 보면 예사롭지 않다. 비야디는 꾸리찌바 시에도 대규모 매장을 개장하고 공격적인 마케팅을 시작했다. 비야디 전기자동차 광고의 배경 화면에는 이 도시를 상징하는 오스카르 니에메예르 박물관이 등장한다. 이는 꾸리찌바에서 파리의 에펠탑과 같은 상징성을 지니고 있는 곳이다.

1988년에 건축 분야의 노벨상인 프리츠커 상을 받은 오스카르 니에메예르가 1967년에 설계한 이 빼어난 건축물은 처음에는 교육기관으로 운영되었다. 이후 창조적인 재생의 과정을 거쳐 2002년 '새로운 박물관Novo Museu'이란 이름으로 문을 열어 운영되었고, 2003년 7월 일부 리모델링을 거치고 새로운 별관을 건설해 현재의 모습으로 완공되었다. 건축물의 독특한 외관 때문에 눈박물관Museu do Olho 또는 니에메예르의 눈Niemeyer's Eye이라고도 불린다.

3만 5,000제곱미터의 면적에 건설된 오스카르 니에메예르 박물관은 미술, 시각 예술, 건축 및 디자인 분야에 중점을 두고 운영된다. 건축물의 웅장함, 아름다움 및 컬렉션의 중요성 때문에 오스카르 니에메예르 박물관은 꾸리찌바 시의 대표적인 문화기관으로 손꼽힌다. 또한 예술적인 건축물의 좋은 예로 국제사회에 많이 소개되고 있다.

이 박물관은 대담한 기하학적 형태를 가지고 있다. 직사각형 볼륨과 대조되는 곡선 볼륨, 보행자를 위한 경사로가 눈길을 끄는 이 건축물의 콘크리트 벽에는 생생한 벽화가 그려져 있다. 또 철

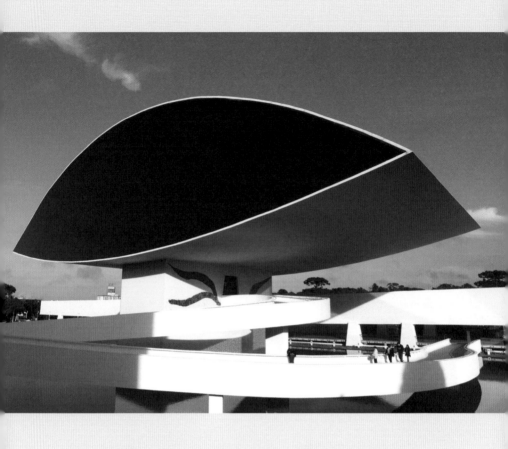

눈 모양을 한 오스카르 니에메예르 박물관

근 콘크리트로 지어진 30미터 높이의 구조물은 물웅덩이 위에 자리 잡고 있다. 박물관의 주요 건물들은 지하 산책로로 모두 연결되어 있으며, 별관으로 오르는 길은 나선형 계단으로 이루어져 있다. 두 개의 다이아몬드 모양의 눈eye 외관은 유리와 강철로 구성되어 전시 공간이 자연 채광으로 가득 찬다. 이 모든 것이 니에메예르 건축물의 상징적인 요소를 그대로 다 보여주고 있다.

오스카르 니에메예르의 건축관을 간단히 요약하면 무엇이라고 할 수 있을까? "인간에 의해서 창조된 딱딱하고 융통성 없는 직각과 직선은 나를 매료시키지 못한다. 나에게 매력적인 것은 자유롭고 감각적인 곡선이다. 내 조국의 산과 굽이치는 강과 사랑스러운 여인의 육체로부터 나는 그것을 찾는다."고 그는 말했다. 건축 비평가들은 이 건물이 현대 건축에 뿌리를 두고 있지만 디자인은 포스트 모던 건축과 공통점이 많으며, 전시하는 예술 작품만큼이나 현대적인 건축물이라고 칭찬한다.

오스카르 니에메예르 박물관의 독특한 외관은 인간의 눈을 연상케 하며, 이 일대의 낮과 밤의 풍경과 분위기를 완전히 바꾸어 준다. 이처럼 도시침술을 통해 박물관에 새로운 정체성을 부여하면서 도시를 창조적으로 재생한 꾸리찌바 시의 노력은 많은 도시가 참고해야 하는 좋은 사례다.

생명 박물관

꾸리찌바 시에는 2014년에 개장한 '생명 박물관Meseu da Vida'도 있다. 이곳은 가톨릭 사목단체인 '어린이를 위한 목회자'가 창립한 박물관이다. 생명 박물관에서는 임산부와 6세 이하의 어린이를 대상으로 하는 상설 전시와 건강, 영양 및 시민권과 관련된 다양한 정보를 제공하는 교육 활동이 이루어진다. 또한 어린이를 위한 목회자를 만든 지우다 아른스 네우망 박사의 사명과 삶을 기억하는 아주 특별한 기념관이기도 하다.

생명 박물관에서는 어린이와 그 가족들이 즐길 수 있는 다양한 기회를 제공한다. 전시는 대화형 요소가 포함되어 세대 간의 대화와 상호작용을 촉진한다. 그리고 놀이가 아동 발달의 필수요소라는 인식 아래 전시공간도 주로 아동의 상상력, 사고, 언어 및 자율성 구축에 기여할 수 있도록 섬세하게 구성되어 있다. 더불어 박물관 바로 옆에는 넓은 녹지공간이 자리 잡고 있어 다양한 체험 활동도 가능하다.

지우다 아른스 네우망은 브라질의 유명한 소아과 의사이자 구호 활동가로 1934년에 태어났다. 산타카타리나 주의 독일 이민자 가정에서 태어난 그녀는 파라나 연방대학교에서 의학을 공부했고, 소아과 전문의 자격을 취득한 후 꾸리찌바 부근에서 가난한 아동들을 돌봤다. 그의 오빠 돔 파울루 에바리스투 아른스는 가톨릭 고위 성직자로 상파울루 대교구장과 추기경을 지내기도 했

생명 박물관

다. 오빠와의 인연으로 브라질 가톨릭 주교회 산하 사회활동기구
인 어린이를 위한 목회자 창설에 기여했고, 전국적으로 아동 보
호 활동을 펼쳤다. 이로 인해 네우망 박사는 브라질의 테레사 수
녀라는 칭송을 들었고 노벨 평화상 후보로도 추천되었다. 그녀는
2010년 1월, 어린이 인권 보호 강연을 위해 아이티를 찾았다가 지
진으로 참변을 당해 사망했다. 유해는 브라질로 운구되었고 장례
식에는 룰라 대통령도 직접 참석해 애도를 표현했다.

도시의 얼굴 프로젝트

이탈로 칼비노Italo Calvino는 그의 유명한 저서《보이지 않는 도시들》에서 다음과 같이 말했다.[40] "도시의 과거는 마치 손에 그어진 손금들처럼 거리 모퉁이에, 창살에, 계단 난간에, 피뢰침 안테나에, 깃대에 쓰여 있으며 긁히고 잘리고 조각나고 소용돌이치는 도시의 모든 단편에 담겨 있습니다."

도시의 손금들은 어디에 가장 선명하게 새겨져 있을까? 아마도 도시가 처음 태어난 장소, 도심부가 아닐까? 요즘은 도시마다 도심부가 반달리즘으로 인해 몸살을 앓고 있는 듯하다. '반달리즘 vandalism'은 문화재나 예술품을 훼손하거나 공공장소에 낙서하는 행위를 말한다. 최근 꾸리찌바에서도 도를 넘은 반달리즘이 큰 사회적 문제를 일으키고 있다. 공원이나 광장, 상가, 공공 예술품이나 시설물, 놀이시설 등 장소를 가리지 않고 이루어지는 이런 반달리즘이 2000년대 초반부터 서서히 보이기 시작하더니 최근에는 완전히 자리 잡은 듯하다. 이런 현상은 국내의 어려운 정치적, 경제적 상황과 전혀 무관치 않은 것으로 생각된다.

미국도 반달리즘으로 인해 한 해 510만 가구가 피해를 보고 있고 체포되는 미국 청소년만도 10만 7,000명이 넘는다. 또 그들이 해놓은 낙서를 지우는 데만 한 해 1억 4,000만 달러, 한화 1,500억 원이 소요된다고 하니 큰 골칫거리가 아닐 수 없다.

꾸리찌바 시에서는 반달리즘 문제를 해소하기 위해 2019년부터 '도시의 얼굴'이라 불리는 문화도시 프로젝트를 추진 중이다. 하파엘 그레카 시장이 고안한 이 프로그램은 도심지역의 도시 회복과 건물 및 기념물 등을 체계적으로 유지 및 보수하고, 가로경관을 획기적으로 개선하기 위해 추진하는 사업이다. 꾸리찌바 도시계획연구소, 꾸리찌바 문화재단과 공공사업국이 공동으로 개발한 이 사업은 도시의 주요 문화유산의 경관 개선과 조명, 그리고 접근성 향상 등을 위해 진행되었다.

꾸리찌바의 역사와 정체성을 되찾기 위한 도시의 얼굴 프로젝트는 크게 6단계로 나뉘어 낙서 청소와 새로운 도색 등이 실행되고 있다. 1단계는 카자 호프만Casa Hoffmann을 비롯해 14개의 역사적 공공건축물의 회복이고, 2단계는 라르구 다 오르젱Largo da Ordem과 상프란시스쿠São Francisco 거리 사이 지역의 재건이다. 3단계는 치라덴치스, 보르헤스 지 마세두Borges de Macedo 및 제네로수 마르케스Generoso Marques 광장 지역, 4단계는 바랑 두 히우 브랑쿠 Barão do Rio Branco와 히아추엘루Riachuelo 거리 사이의 지역, 5단계는 역사지구에서 프라사 두 가우슈Praça do Gaúcho까지의 트라자누 헤이스Trajano Reis 거리를 회복하는 것이다. 마지막으로 6단계는 오소리우 광장에서 후이 바르보사 광장까지의 볼룬타리우스 다 파트리아 거리를 재건하는 데 역점을 두고 있다. 이렇게 꾸리찌바 시가 건축 유산과 거리 복원을 계획한 면적은 약 2제곱킬로미터에 이른다.

도시의 얼굴 프로젝트 가운데 주요한 몇 가지를 살펴보자. 1단계 계획의 대상인 카자 호프만은 무용, 연극, 시각 예술 및 교육

도시의 얼굴 프로젝트 단계별 계획

분야에서 일하는 예술가 및 기타 전문가를 위한 장소로, 운동에 대한 새로운 미학을 탐구하는 연구센터다. 1890년 호프만 가문이 지은 이 집은 19세기 말 브라질로 이주한 오스트리아계 가문의 번영을 상징한다. 1996년 화재로 소실되기 전까지 외벽과 외관만 유지되고 있던 이 문화유산을 완전히 복원한 것이 2003년 3월로 이후 이곳은 운동 연구센터로 사용되고 있다. 도시의 얼굴 프로젝트로 카자 호프만의 외벽에는 낙서를 방지하는 특수 수지를 사용해 페인트 작업을 했고 멋진 그래피티도 그려 넣었다.

다음으로 산타 카자 지 꾸리찌바Santa Casa de Curitiba 자선병원에서도 도시의 얼굴 프로젝트가 진행되었다. 가톨릭 복지기관에서 설립한 이 종합병원은 꾸리찌바에서 가장 오래된 병원 가운데 하나인데, 병원의 총면적은 1만 9,500제곱미터로 224개의 침대와 아홉 개의 수술실이 있고 도서관도 갖추고 있다. 사유재산이지만 도시의 얼굴 프로젝트로 청소와 더불어 낙서를 방지하는 특수 수지를 이용한 도색을 새로 했다. 또한 정원에 새로운 벤치를 설치하는 등 조경 사업도 진행했다.

도시의 얼굴 프로젝트에 의해 새롭게 태어난 공간에는 화재후 2019년에 완전히 재건된 벨베데레 궁전Palácio Belvedere, 꾸리찌바 기념관, 브라질 대중음악원, 아랍 기념관, 신성한 예술 박물관Museu de Arte Sacra 등이 있다. 또 교회 등 16개의 종교시설에서도 도색 작업과 경관조명 등을 실시했다.

그리고 시청에서 새롭게 계획한 '더 나은 걷기' 사업과 연계해 히아추엘루, 상프란시스쿠 등 거리와 알라메다 프루젠치 지 모라이스Alameda Prudente de Moraes 등에서 인프라 개선과 보행 여건의 개선도 추진했다. 이런 노력으로 보도가 더 넓어지고 공공 공간이 더 많아진 덕분에 이는 꾸리찌바 시민들의 만족도가 매우 높은 사업으로 평가되고 있다.

2021년 상로렌수 공원Parque São Lourenço에서 개관한 파라니스타 메모리아우Paranista Memorial는 도시의 얼굴 프로젝트가 제안한 꾸리찌바의 역사와 정체성을 보전하기 위한 노력의 또 다른 예다. 이 공간에는 브라질에서 가장 큰 조각 정원과 예술가 주앙 토리노의 작품 컬렉션이 있다. 또 다른 중요한 건물은 히아추엘루 거리에 있는 카자 레르네르Casa Lerner로, 이 건물에는 게임, 애니메이션 및 디지털 일러스트레이션의 제작 및 보급을 위한 허브인 히아추엘루 스튜디오가 자리하고 있다.

2018년 11월 20일에 시작된 이래 2024년 11월 중순까지 6년 동안 도심지와 상프란시스쿠에 있는 156개 부동산(공공 26개, 개인 130개)이 민간 부문과 협력해 도시의 정체성을 회복하였으며, 다른 지역에서도 보안, 이동성 및 접근성 개선 사업을 완료하였다. 또 개인 건물 및 시설에서도 낙서 청소와 특수 수지를 사용한 도색 작업, 시설 보수와 조경 사업 등이 추진되었고, 광장, 기념관, 기념물 및 거리에서도 경관조명 사업이 체계적으로 진행되었다.

도시의 얼굴 프로젝트에 대해 그레카 시장은 "우리는 꾸리찌바의 역사적, 문화적 유산을 복원하게 된 것을 자랑스럽게 생각합니다. 이 프로젝트는 꾸리찌바의 신성한 얼굴을 존엄한 상태로 되돌려 놓았습니다."라고 했다. 꾸리찌바만이 가진 고유한 정체성을 지키면서 문화유산을 보존, 복원해 가는 이들의 창의적인 노력을 바라보고 있노라면 괜히 부럽다는 생각이 든다. 문화도시 사업을 하는 국내의 도시들이 꾸리찌바 시의 도시의 얼굴 프로젝트에서 상당히 많은 영감을 얻었으면 좋겠다.

삼바축제에서 행복축제까지

브라질의 축제라고 하면 우리는 리우 카니발이라 부르는 삼바축제를 떠올린다. 도시 전체가 열광하는 이 정열적인 축제는 브라질의 상징이자 현재 세계에서 가장 유명하고 규모가 큰 카니발이다. 매년 2월 말부터 3월 초에 브라질의 히우데자네이루에서 열리는 이 축제는 금욕기간인 사순절을 앞두고 즐기는 축제였다. 이 축제에 가면 엄청난 규모의 퍼레이드와 삼바 연주, 열정적인 댄서들의 춤과 거대한 수레 등을 볼 수 있다.

리우 카니발은 유럽에서 개최되었던 가톨릭력을 기준으로 하는 사육제를 그 기원으로 본다. 19세기 무렵 포르투갈 사람들에 의해 브라질에 전해진 이래 원주민의 전통문화와 아프리카의 타악기 리듬과 춤 등을 결합해 점차 브라질만의 고유한 축제로 발전했다. 삼바축제라고도 불리는 이 카니발은 일본의 삿포로 눈 축제, 독일 뮌헨의 옥토버페스트와 함께 세계 3대 축제로 손꼽힌다. 지금은 삼바축제가 히우데자네리우에서만 열리는 것이 아니라 브라질의 주요 도시들에서도 전통축제처럼 열린다.

꾸리찌바 카니발

꾸리찌바 카니발은 시청 산하의 꾸리찌바 문화재단에서 주최하는 문화 행사다. 이 카니발은 꾸리찌바 시에 있는 12개의 삼바 학교와 몇몇 카니발 블록[41]이 벌이는 퍼레이드가 핵심인 축제로, 보통 매년 약 4만 명 정도의 시민들이 참가한다. 꾸리찌바와 대도시권 지역의 삼바 학교 연맹은 퍼레이드를 위해 1990년대에 창설되었지만, 거리 카니발은 2014년에 시작되어 역사가 히우데자네이루나 상파울루에 비해 그렇게 오래된 편은 아니다. 게다가 코로나19 팬데믹 기간을 포함해 최근 몇 년 동안은 삼바 학교 연맹이 행사 조직을 포기할 정도로 어려움을 겪기도 했다.

꾸리찌바 카니발

하지만 꾸리찌바 카니발이 계속 어려움을 겪고 있는 것은 아니다. 카니발에 복음주의 단체인 제주스 봉 아 베샤와 불로쿠 GLS 등이 참여하고 있고, 또한 모시다 지 아줄, 콜로라두 등 일부 삼바 학교는 상파울루 시처럼 축구 클럽과 연계되어 운영되고 있다. 그 덕분에 삼바 학교는 재정적으로 넉넉하지는 않지만 운영 자체가 어렵지는 않은 것으로 보인다.

꾸리찌바 카니발에서 펼쳐지는 삼바 퍼레이드는 경연대회 형식을 띠고 있고, 삼바 학교의 규모와 참가자도 지역축제로 운영하는 데는 큰 무리가 없는 것 같다. 음악과 안무 주제는 브라질 역사, 인물에서 해외 문화에 이르기까지 그 폭이 아주 넓고 다양하다. 대회 의상과 차량을 디자인한 후 퍼레이드 리허설까지 마치면 카니발 퍼레이드 장소인 마르샤우 데오도루Marechal Deodoro 거리에서 최종적으로 시민들에게 퍼레이드를 선보인다.[42]

꾸리찌바 카니발이 열리는 기간에는 락 페스티벌과 좀비 워크 등 다양한 행사도 병행해 열린다. 좀비 워크는 좀비 의상을 입고 화장을 한 사람들이 모이는 공개 모임이다. 참가자들은 보통 열린 공간에서 만나 좀비가 되어 도시를 돌아다닌다. 좀비 워크 이벤트는 2000년대 미국에서 시작되었고 그 이후 전 세계적으로 확산되었다. 꾸리찌바에서는 첫 번째 좀비 워크가 2008년에 있었고, 그 다음 해부터는 카니발 기간 동안에만 운영되고 있다. 참가자 수는 날씨에 따라 달라지는데 보통 8,000명에서 1만 명 정도까지 참여하는 것으로 알려져 있다.

코푸스 크리스티와 페스치바우 다 팔라브라

꾸리찌바에서는 5월 30일에 세계 최대 규모의 코푸스 크리스티Corpus Christi 축제가 열린다. 세계 가톨릭계 일정 중 가장 중요한 날 가운데 하나인 성체성사를 축하하는 날에 수천 명의 사람들이 시민센터에 모여 이 축제를 즐긴다.

이날은 가톨릭 신자들에게 중요한 기념일일 뿐만 아니라 화합, 신앙, 문화를 상징하는 날이기도 하다. 약 4,000명의 자원봉사자가 오전 8시부터 모여 꾸리찌바의 메트로폴리탄 대성당과 노사 세뇨라 지 살레트 광장Praça Nossa Senhora de Salette을 잇는 칸디도 지 아브레우Candido de Abreu 거리를 따라 2킬로미터의 카펫을 만들고 전통적인 방식으로 행진을 펼친다. 이날 미사와 행렬에는 12만 명 이상이 참여한다.

2024년 코푸스 크리스티의 주제는 '성체 안에 계신 예수님'이었다. 주교들과 행사 조정팀이 많은 숙고 끝에 선택한 이 주제는 형제애와 사회적 우정을 촉구하는 '2024 형제애 캠페인'과 일치한다. 이는 식량과 영적 굶주림 때문에 분열과 기아를 조장하는 전쟁이 도처에서 벌어지고 있는 현재 세계에 보내는 메시지다. "수많은 분쟁과 전쟁이 벌어지는 이 시기에 우리는 세상에 평화가 필요하다는 것을 알고 있다. 그리고 가톨릭 신자로서 우리는 예수 그리스도를 통해서만 가능하다는 것을 알고 있습니다. 이러한 이유로 우리는 기도, 즉 일치된 마음으로 전 세계의 평화를 위해 함께 기도하고자 합니다."라고 코푸스 크리스티의 총괄 조정자인 후

성체성사를 기념하는 코푸스 크리스티

아레스 란젤 신부는 말했다.

바티칸 뉴스[43]에도 소개될 만큼 세계적으로 유명한 이 종교 축제에는 특별 성찬식에 참여한 사제가 1,000명이 넘고, 시민도 9,000명 이상이 참여한다. 이날에는 많은 시민이 함께 식사를 나누며 멋진 야외 연회와 종교 공연을 즐긴다.

꾸리찌바에서는 페스치바우 다 팔라브라Festival da Palavra라는 독특한 축제도 열린다. 브라질어 팔라브라는 낱말, 단어 또는 이야기라는 뜻을 지니고 있다. 6월 중순에 6일 동안 열리는 이 문학 축제는 어린이부터 성인까지 다양한 연령층이 참여할 수 있도록 작가와의 대화, 강연회와 토론회, 박람회와 전시회, 도서전, 공연 등을 개최한다.

페스치바우 다 팔라브라에서 노래 부르는 가수

독서 플래시몹

이 축제는 콜롬비아 메데진의 '국제시축제'처럼 세계적인 행사
는 아니지만 시민들이 일주일을 문학을 매개로 즐기는 아주 괜찮
은 축제다. 이벤트 행사 가운데 '독서 플래시몹'은 특히 눈길을 끈
다. 플래시몹은 인터넷과 휴대전화의 문자 메시지 기능이 만든 일
종의 번개모임이다.

플래시몹은 보통 연주를 하거나 노래를 부르거나 춤추는 것이
일반적이다. 그런데 꾸리찌바에서 시나 소설 등을 읽는 새로운 독
서 플래시몹을 만나게 되었다. 시간과 장소를 SNS를 통해 알려주
면 시민들이 의자나 카펫을 가지고 혹은 아무런 준비 없이 와서
편한 대로 책을 읽다가 흩어지는 것이다. 독서 진작을 위해 시청
과 문화재단 등이 협력해 얼마 전부터 진행 중이라고 한다.

행복축제

　꾸리찌바가 축제를 바라보는 시각이 우리와 많은 차이가 있다는 사실을 확인할 수 있는 또 다른 축제는 바로 '행복축제Festival de Felicidade'다. 이 도시에서 행복을 주제로 하는 축제를 하고 있다는 사실은 시사하는 바가 크다. 행복축제는 웰빙, 예술 및 평화를 증진한다는 목적 아래 '국제행복회의'를 개최하고, 이와 병행해 일련의 문화, 예술 및 건강 활동을 무료로 즐길 수 있는 다양한 행사로 이루어진다. 바리귀 공원에 있는 파빌리온과 야외 공간에서 주로 진행되는 이 축제에서는 예술, 음악, 만트라, 명상, 원형 춤, 요가, 연극 등의 공연이 번갈아 무대에 오른다. 그리고 미식 박람회, 행복과 관련된 책과 제품 및 서비스를 제공하는 홀리스틱 박람회, 국제행복회의에 연사로 참여한 저자와의 토크쇼, 사인회 등도 개최된다.

　이외에도 어린이와 부모를 위해 마련된 가족 놀이공간에서는 문화 프레젠테이션, 만다라 아트, 아기와 함께하는 서클 댄스 및 비폭력 의사소통에 대한 워크숍 등이 무료 활동으로 제공되고, 어린이들이 게임, 크래프트 종이에 그림 그리기, 탁구, 트램펄린 등 놀이 활동도 할 수 있다. 또 요가 스페이스에서는 쿤달리니 요가, 하타 요가, 요가 댄스 및 명상춤, 웃음 요가 등을 숙련된 교사의 지도 아래 체험할 수 있다.

　2023년에 개최된 여섯 번째 행복축제는 크리스마스 시즌 전인 11월 중순에 열렸다. 보통 3만 명 이상의 시민들이 토요일과 일요

크리스마스 축제의 야외 공연

일 아침부터 밤까지 다양한 볼거리와 즐길거리를 체험하며 행복한 하루를 보낸다. 흥미로운 것은 이 행사가 진행되는 이틀 동안 아무도 배고프지 않도록 미식 공간에서 동양식과 채식으로 구성된 여러 가지 음식들을 제공한다는 사실이다. 또한 푸드코트를 포함해 축제 구역 전체에 테이블과 의자가 넉넉히 구비된 공간이 마련되어 축제 참가자들에게 편의를 제공한다.

꾸리찌바는 다민족 도시다. 그로 인해 이 도시에서는 다양한 민족으로 구성된 이주민들이 자신들의 전통을 계승, 발전시키기 위해 개최하는 다양한 축제들이 있다. 게다가 크리스마스 시즌에 접어들면 종교와 관련된 야외 공연과 연극, 음악회 등이 한 달 내내 꾸리찌바 시 전역에서 이루어진다. 또 시민의 거리 등에서는

땅구아 공원 전망대를 무대로 열리는 크리스마스 축제 풍경

1,000명 이상의 시민들이 참여하는 '시민 대합창단' 공연도 종종
열린다.

이 모든 것들을 종합하면 꾸리찌바는 축제를 통해 자신들의
정체성을 강화하고 시민들을 통합하는 품격 있는 도시라는 것을
알 수 있다.

유네스코 창의도시 네트워크

꾸리찌바는 다양한 분야에서 국제연대 사업을 추진하고 있다. 기후위기에 맞서기 위해 단결한 세계 대도시 시장들의 글로벌 네트워크인 도시기후리더십그룹을 중심으로 자급자족도시를 목표로 한 팹 시티 글로벌 이니셔티브 등에 회원도시로 참여해 다양한 활동을 하고 있다. 그리고 생태도시, 환경도시, 스마트시티와 관련된 국제기구는 물론이고 최근 들어서는 문화와 교육 분야에서의 연대활동도 상당히 역점을 기울여 추진하고 있다.

구스타부 프루엣Gustavo Fruet 시장이 재임 중이던 2014년 꾸리찌바는 '유네스코 창의도시 네트워크UNESCO Creative Cities Network'에 가입했다. 이 조직은 2004년 10월에 유네스코에서 '문화 다양성을 위한 국제연대 사업'의 일환으로 시작한 네트워크다. 각 도시의 문화적 자산과 창의력에 기초한 문화산업을 육성하고 도시 간의 협력과 발전을 도모함으로써 회원국 도시들의 경제적, 사회적, 문화적 발전을 장려하고 궁극적으로 유네스코가 추구하는 문화 다양성 증진 및 지속가능한 발전을 추구하는 사업이다.

유네스코 창의도시 네트워크에는 공예와 민속예술, 디자인, 문학, 미디어아트, 영화, 음식, 음악의 일곱 개 분야가 있으며, 네트워크에 가입하고자 하는 도시는 문화적 특성과 환경에 따라 이들 분야 중 하나를 선택하고 해당 주체들과 파트너십을 가지고 협력하는 한편, 문화산업 분야의 창작자와 전문가를 위한 기회를 확장하고 인력을 육성하기 위해 노력해야 한다. 2023년 10월 말 현재 전 세계적으로 100개 이상의 국가, 350개 도시가 유네스코 창의도시 네트워크에 가입해 있고, 꾸리찌바는 서울과 같이 디자인 분야의 창의도시 네트워크에 포함되어 있다.

상파울루 주에 있는 항구도시 산토스 시에서는 2022년 유네스코 창의도시 네트워크의 제14회 연례회의와 '브라질 창의도시 엑스포 산토스 2022'가 개최되었다. 약 90개국, 300개 도시 대표들이 참석해 '창의성, 평등의 길'을 주제로 발표와 토론을 했다. 이는 코로나바이러스로 인한 팬데믹 이후에 유네스코에서 주최하는 최초의 대면 국제행사였다. 꾸리찌바 시도 유네스코 콘퍼런스에서 도시의 얼굴, 지혜의 등대, 당신의 아름다운 꾸리찌바 CuritibaSuaLinda 상점 등의 창의적인 활동들을 소개하고, 지속가능한 재사용 목재로 가구를 만드는 회사 불레 등 디자인 분야의 성과들을 국제사회에 선보였다.

당신의 아름다운 꾸리찌바 상점은 꾸리찌바의 기념품을 판매하는 곳으로 꾸리찌바 시민들의 정체성을 보여주는 수제 제품과 다양한 디자인 제품을 판매한다. 의류, 액세서리, 냉장고 자석, 키체인, 보석, 장식, 컵, 우산, 가방, 서적, 그림, 문구 등 약 150개의 기념품을 구비해 놓고 있는데, 그 가격은 2헤알부터 1,100헤알까지 아주 다양하다. 이 매장은 현재 시립시장과 식물원, 파라니스타 기념공원 등에 다섯 개가 성업 중이고, 가리발디 광장 등에 있는 두 개는 코로나19 사태 때문에 임시 휴업했다가 지금은 다시 운영을 시작했다.

이곳에서는 꾸리찌바와 인접 지역에 사는 75명이 넘는 장인, 디자이너 및 예술가들이 직접 제작해 공급하는 예술품을 판매한다. 창조경제의 주역인 이들은 예술품을 통해 꾸리찌바의 정체성과 시청의 활동 등을 알리고, 주요 관광지를 홍보하고 도시 전체에 혁신을 가져오는 생태계 구축에 적지 않은 기여를 하고 있다.

최근에 당신의 아름다운 꾸리찌바 상점에 새로운 기념품이 하나 추가되었다. 컴퓨터 과학 전문가인 호세 로베르토 산투스 다 크루스가 블루투스와 와이파이를 통해 작동하도록 만든 소형 이중굴절버스가 바로 그것이다. 그는 5년 전에 자신의 딸과 조카에게 선물하려고 이중굴절버스와 직통버스 미니어처를 개발했고, 후에 페이스북에 게시하여 주문을 받았다. 그러다 시장이 이를 발견해 당신의 아름다운 꾸리찌바 상점에서 판매하도록 요청한 것이다. 당시 크루스가 시장에게 보여준 모델은 길이가 2.1미터로 그가 디자인한 것 중에는 가장 큰 것이었는데, 이 모델은 실제 이중굴절버스의 90%를 재현한 것으로 개발까지 약 1년이 걸렸다고 한다. 앞으로 매장에서 팔게 될 미니어처의 가격은 크기에 따라 다양한데, 250헤알부터 1만 5,000헤알 사이로 책정되었다.

크루스의 이중굴절버스는 꾸리찌바 시의 대중교통을 상징하는 대표적인 기념품이 될 것이다. 이는 꾸리찌바가 간선급행버스 시스템의 메카로 국제사회에 널리 알려져 이것을 보고 배우려는 방문객들이 많기 때문이다. 아마도 그들 중 대부분이 이 기념품을 하나씩 사게 될 것 같다. 내가 가지고 있는 간선급행버스 기념품은 꾸리찌바 도시공사에서 준 종이 미니어처뿐이다.

국제교육도시연합

최근 들어 꾸리찌바는 1994년 볼로냐에서 지방정부 간의 합의로 창설된 국제교육도시연합IAEC의 회원도시로도 적극 활동하고 있다. 바르셀로나에 본부를 두고 있는 이 국제조직은 현재 36개국에 500개의 회원도시를 가지고 있다. 이 조직의 목적은 교육을 인간 생활의 근원으로 보고 시의 정책이 시민들의 삶에 스며드는 전 과정을 교육의 일환으로 인지하면서 교육도시 헌장을 준수하는 데 있다. 또 정부의 교육정책 입안 과정에 방향을 제시하고, 학교 정규교육은 물론 평생학습과 관련된 우수 사례를 회원도시들 간에 공유하는 것 또한 주요 목적이다.

꾸리찌바 시는 교육과 문화에 깊은 관심을 가진 하파엘 그레카 시장의 의지에 따라 2019년 10월부터 국제교육도시연합에 가입해 본격적으로 활동하기 시작했다. 2024년 5월에는 바리귀 공원에 있는 포지치부 이벤트 센터Centro de Eventos Positivo에서 세계 전역에서 온 136개 도시 대표단, 약 1만 7,000명이 참석한 가운데 제17회 세계총회를 개최하기도 했다. 이번 총회의 주제는 '교육도시의 지속가능성, 혁신 및 포용 : 현재를 변화시키다'였다.

과이라 극장에서 열린 개막식에서는 멕시코 환경사회학자 엔리케 레프Enrique Leff가 '표류하는 세상에서 살기 위한 교육'이라는 제목으로 기조강연을 했다. 이 자리에서 그는 "인류는 우리가 도달한 임계점, 즉 기후 변화와 전염병으로 인한 지구상의 재앙을 깨닫지 못하고 있습니다. 이것은 생태학적 위기가 아니라 문명적 위기입니다."라고 말했다. 이로써 이번 총회에서는 기후위기와 전염병 위기 등을 포함한 다중 위기를 극복하기 위해서 교육도시들이 어떻게 대응하는 것이 바람직한지를 주로 논하게 될 것임을 짐작할 수 있었다. 꾸리찌바 시의 이미지를 생각할 때 국제교육도시연합 총회의 주최도시로서 하나도 손색이 없었다고 생각한다.

꾸리찌바 시에서는 행사 내내 외국 대표단에게 이 도시가 얼마나 지능적이고 교육적이며 회복력이 강한지를 보여주려고 애썼다. 발표 자료와 자신들의 도시정책을 소개할 때마다 어린이부터 어른까지 공동체 구성원 모두가 자신이 사는 꾸리찌바에 대해 잘 알고 사랑하고 있다는 사실을, 그리고 도시를 돌볼 수 있도록 설계된 지혜의 길을 계속 언급했다. 그리고 시립 지속가능성 학교, 나뭇잎 가족, 혁신형 지혜의 등대, 도시의 얼굴, 도시농장과 공동체 텃밭, 꿀벌 정원, 디지털 파이오우 극장, 피라미드 솔라 등 꾸리찌바 시의 지속가능성 사례를 소개하면서 학습 투어 때도 이 현장을 중심으로 안내했다.

5
행복한 도시 만들기 II
: 자원순환(폐기물), 도시경관, 공원

녹색교환

쓰레기를 먹거리로 만드는 요술 방망이를 가진 도시가 있다. 바로 꾸리찌바다. 이곳에서는 쓰레기 분리와 재활용품 수거를 촉진시키면서 서민들, 특히 빈민들의 먹거리 질을 향상시키기 위해 '캄비우 베르지Câmbio Verde'라 불리는 아주 창의적인 프로그램을 운영한다. 우리말로 옮기면 '녹색교환'이라는 뜻이다. 재활용이 가능한 쓰레기 4킬로그램을 가져오면 1킬로그램의 신선한 과일과 채소로 교환할 수 있다. 그리고 폐식용유와 동물성오일도 정해진 날에 가지고 오면 오일 4리터당 1킬로그램의 제철 과일과 채소로 교환 가능하다. 이 프로그램 덕분에 꾸리찌바 시는 오늘날 세계에서 가장 재활용률이 높은 도시 가운데 하나로 자리매김했다.

1989년 자이메 레르네르 전 시장의 제안으로 시작된 이 사업은 전염병이 자주 발생하고 자동차의 접근성이 매우 떨어지는 빈민가에 환경교육 팀을 보낸 것에서 시작되었다. 그들은 빈민가에서 쓰레기를 수거하는 근린조직을 만들어 8~10킬로그램의 재활

재활용 쓰레기를 농산물로 바꾸어주는 녹색교환

용품을 가져오면 버스 토큰이나 학용품으로 교환해 주었다. 그러다 나중에는 농수산물 시장에서 경매가 끝나고 남은 잉여 농수산물을 구입해 재활용품과 교환해 주었고, 최근에는 꾸리찌바 시 교외와 대도시권 안에서 영농 활동을 하는 가족농과 계약해 그들이 재배한 건강한 유기농산물을 구매, 교환해 주고 있다.

현재 녹색교환과 관련된 일자리에 종사하는 사람은 약 600명 정도다. 그래서일까? 녹색교환은 유엔환경계획기구UNEP에서는 쓰레기 문제를 창조적으로 해결한 대표적인 사례로, 또 국제연합의 식량농업기구FAO에서는 성공적인 먹거리 보장 정책의 하나로 소개되고 있다.

먼저 녹색교환이 어떻게 이루어지는지 그 메커니즘에 대해 알아보자. 시민들이 녹색교환이 가능한 시내 103개 지점으로 재활용품을 가져오면 4킬로그램당 1킬로그램의 농산물로 계산한 전표를 나누어준다. 그리고 이 전표를 녹색교환이 이루어지는 다음 서비스 날짜에 가지고 오면 채소나 과일로 교환해 갈 수 있다. 녹색교환이 이루어지는 지정된 장소에는 늘 재활용품을 수거해 가는 차량과 농산물을 가지고 온 차량이 동시에 머물고 있다. 이곳에서는 날짜와 무게가 적힌 전표를 지역화폐처럼 사용한다.

매년 초에 시에서는 녹색교환 스케줄이 담긴 달력을 발행한다. 보통 지점마다 한 달에 두 번의 서비스 날이 있다. 그날에는 짧게는 40분에서 길게는 2시간 동안 녹색교환이 이루어진다. 녹색교환은 일반적으로 공휴일을 제외하고 화요일부터 금요일까지 사이에 진행된다. 녹색교환은 쓰레기 배출을 최소화하면서 재활용 산업을 육성하고, 동시에 양질의 먹거리를 제공하는 일석삼조의 효과를 거두고 있다. 녹색교환 사업은 밀라노 도시 먹거리 정책 협약에서 가장 우수한 실천 사례 가운데 하나로 꼽히기도 했다.

코로나바이러스로 인한 위기 상황에서도 매달 약 290톤의 농산물이 6,000명에게 배달되어 2020년 3월부터 2021년 5월까지 1,187톤의 채소와 과일이 도시 빈민에게 분배되었다. 녹색교환은 재활용품을 수거하면서 동시에 시민들의 식량과 건강을 보장하기 위한 사업인데, 코로나19 위기 상황에서는 도시 빈민들에게 아주 중요한 사회적 안전망 역할을 수행해 냈다. 일자리를 얻지 못한 가난한 사람들은 녹색교환을 통해 얻은 채소와 과일로 생활을 영위해 나가고, 연금을 받거나 소득이 있는 사람들은 농산물을 이웃과 나누며 연대의식을 표출할 수 있었다.

또한 녹색교환은 뎅기열을 전염시키는 모기의 개체 수 증가를 억제하고 동네 쓰레기를 올바로 처리하는 데도 아주 커다란 역할을 하고 있다. "쓰레기를 분리하고 집에 쌓아두지 않는 것이 추가적인 동기 부여가 되며, 이는 뎅기열 증가를 예방하는 데도 매우 중요하다."고 시민들은 이야기한다.

2023년에는 6만 1,800명이 녹색교환을 통해 서비스를 받았고, 그 결과 890톤의 농산물이 전달된 것으로 보고됐다. 그리고 2,850톤의 재활용품과 1만 5,000리터의 폐식용유가 수거되었다. 이런 괄목할 만한 실적을 보이고 있는 녹색교환에 대해 시민 마리아 호세 브랑쿠 멜루는 이렇게 말했다. "우리는 음식을 살 필요가 없다. 여기에 훌륭한 품질의 과일과 채소가 있기 때문이다. 녹색교환은 우리에게는 매우 좋은 프로젝트다." 이 말은 시민들이 녹색교환을 어떻게 생각하는지를 잘 보여준다.

지금은 꾸리찌바 시의 녹색교환이 다른 나라에서도 실행되고 있다. 멕시코 중부 미초아깐 주의 주도인 인구 약 80만 명의 모렐리아 시에서 이뤄지고 있는 투루에끼 베르데Trueque Verde라 불리는 프로젝트가 바로 그것이다. 이 도시에서도 재활용품 4킬로그램을 쌀, 콩, 달걀, 신선한 과일과 채소 등 건강한 먹거리 1킬로그램으로 교환해 준다.

이를 보면 도시정책의 세계화가 아주 어려운 일이 아니라는 생각이 든다. 우리나라에서도 녹색교환과 같은 사업을 한번 해보는 것은 어떨까?

나뭇잎 가족

꾸리찌바는 1990년대 초반부터 쓰레기를 분리해 재활용하는 오랜 전통을 가지고 있는 도시다. 이 도시에서는 "쓰레기 아닌 쓰레기/ 쓰레기로 가지 않는 쓰레기/ Se-Pa-Re"라는 가사를 가진 아주 흥겨운 노래를 어렵지 않게 들을 수 있다. 이 노래를 부르며 꾸리찌바 시민들의 상상력을 자극하고 생태 수도로 변화시킨 주역들이 바로 '나뭇잎 가족Família Folhas'이다. 나뭇잎 가족은 처음에는 4명으로 구성되어 가정 쓰레기의 적절한 처리의 중요성에 대해 꾸리찌바 시민들을 가르쳤다.

나뭇잎 가족의 시작은 나뭇잎 모양의 의상을 차려입은 배우들이 텔레비전에 나와 캠페인을 벌인 것이었다. 이 캠페인은 나뭇잎 가족이 학교를 방문하여 공연하는 것으로 바뀌더니 이내 시장과 유관기관의 기관장은 물론이고 지역 주민들 모두가 참가하는 대규모 나뭇잎 가족 캠페인 행사로 정례화되었다. 캠페인이 진행되는 동안에는 소규모 악단의 연주 속에서 재활용품을 교환해 주고,

묘목을 나누어주는 등의 이벤트 행사도 곁들여졌다.

나뭇잎 가족의 활동은 한동안 중단되었다가 이를 창안했던 하파엘 그레카가 시장으로 재취임한 후 2세대 캐릭터로 바뀌면서 다시 꾸리찌바에 등장했다. 이 캐릭터의 창시자는 브라질은 물론 세계적으로도 널리 알려진 만화가이자 작가인 지랄두Ziraldo Alves Pinto다. 그는 젊은 시절에 군사 독재에 저항해 민주화 운동을 했던 전설적인 만화가다.[44]

지랄두는 1993년 나뭇잎 가족이라는 캐릭터를 처음 창안했고, 2022년에는 약 30년의 세월을 반영해 새롭게 나뭇잎 가족을 재탄생시켰다. 그는 "그레카 시장이 교육과 문화, 사람을 소중히 여기고, 무엇보다도 꾸리찌바가 교육과 자연 존중의 모범이 될 수 있도록 계속 노력한다는 사실에 기쁨을 느낀다."고 말했다.

지랄두는 그레카 시장의 요청을 받아들여 나뭇잎 가족을 재미있는 캐릭터로 업데이트했다. 그는 가족을 확장하고 새로운 시대에 잘 어울리는 지구의 지속가능성에 대한 새로운 도전을 담은 창의적인 캐릭터를 만들었다. 꾸리찌바에서 나뭇잎 가족은 시민들의 생태적 의무를 되살리고, 아이들을 대상으로 하는 올바른 환경 교육의 중요성을 심어주고 있다.

지랄두가 기후위기를 포함해 21세기의 도전에 부응하기 위해 새롭게 확대 구성한 나뭇잎 가족은 꾸리찌바 시 탄생 329주년을 맞아 2022년 3월 말부터 본격적인 활동을 다시 시작했다.

나뭇잎 가족은 여섯 명의 사람과 한 마리 반려동물로 이뤄져 있다. 가장인 세우 폴라Seu Folha는 가족 중 가장 경험이 많고 항상

피푸
(Fifo)

도나 포푸
(Dona Fofô)

세우 폴라
(Seu Folha)

포피스
(Fófis)

페푸
(Fefo)

폴에쿠
(Folheco)

플로라
(Flora)

나뭇잎 가족 구성원

지속가능성에 대해 가르칠 준비가 되어 있는 사람이다. 그리고 어머니인 도나 포푸Dona Fofô는 1990년대부터 쓰레기 분리수거와 지속가능성에 대해 가르쳐왔다. 또 1990년대에 10대였던 포피스Fófis는 꾸리찌바와 함께 성장해 온 인물로 자신이 살아온 도시에 자긍심을 가진 여자이고, 피푸Fifo는 꾸리찌바 시의 지속가능성에 대해 자부심을 가진 남자로 기업과 조직을 가르치는 데 일조해 온 사람이다. 나뭇잎 가족의 새로운 구성원인 플로라Flora는 호기심이 많고 시민들과 의사소통이 가능한 재주를 가진 아이로 인간과 환경에 대해 다양한 주제를 가르치고 있고, 페푸Fefo는 대단한 상상력을 가진 아이로 지능적이고 꾸리찌바의 미래에 대해 진정으로 걱정하는 사람이다. 마지막으로 폴에쿠Folheco는 모든 가족 구성원에게 사랑을 받는 반려동물이다. 그리고 나뭇잎 가족을 이끄는 리더이자 팀장인 사람이 하나 더 있다. 이 사람은 언제나 가슴에 하트 모양을 새긴 노란색 티셔츠와 녹색 바지를 입고 머리도 녹색으로 염색한 채 나뭇잎 가족과 함께 다닌다.

현재 나뭇잎 가족은 재활용 가능한 쓰레기의 분리수거와 꾸리찌바 시청에서 기후위기 대응을 위해 추진하고 있는 다양한 사업들을 홍보하고 교육하는 일에 앞장서고 있다. 꾸리찌바는 매달 5만 2,000톤의 가정 생활쓰레기와 도시 청소로 발생하는 부산물을 파젠다 히우 그란지 매립지로 보내는데, 이 매립지는 고형 폐기물 관리를 위한 지방자치단체 간 컨소시엄에 속해 있는 23개의 지자체에서 폐기물을 보내는 곳이다. 이곳에 매립되는 쓰레기의 총량을 줄여 매립 기간을 연장하기 위해 꾸리찌바 시에서는 시민들의 재활용 교육에 역점을 기울이고 있다.

나뭇잎 가족은 학교는 물론이고 식물원, 바리귀 공원, 땅구아 공원, 라인하르트 마아크 숲Bosque Reinhard Maack, 시립 지속가능성 학교, 생명 박물관, 도시농장, 꽃의 거리 등 여러 지역을 순회하면서 노래와 춤으로 구성된 공연을 하고 다양한 이벤트 행사도 개최한다. 이밖에 기후, 환경교육에도 참여하고 있다. 미래 세대인 어린이들이 특히 나뭇잎 가족과 함께하는 것을 매우 좋아하는데, 학교와 기관들은 시청의 환경교육국에 연락하면 언제나 나뭇잎 가족의 도움을 받을 수 있다.

최근에는 한 걸음 더 나아가 나무 심기와 태양광 발전소인 '피라미드 솔라'를 포함해 에너지와 관련된 다양한 사업들에 대해 홍

보하고 교육하는 일도 병행하고 있다. 환경의 달에는 시립 지속가
능성 학교에서 집중적으로 다양한 교육 프로그램을 진행한다.

나뭇잎 가족의 이런 다양한 노력들은 꾸리찌바 시를 세계적인
생태 수도로 만들어가는 데 일조하고 있다.

에쿠폰투와 시립 퇴비화 프로그램

"도시 생태학자 헤르베르트 지라르데Herbert Girardet는 '자원순환
Circular Metabolism'을 지향하는 도시, 즉 효율을 높임으로써 소비를
줄이고 자원 재활용이 극대화한 도시를 강조한다.[45] 우리는 자원
을 재활용해야 하고, 쓰레기를 줄여야 하며, 재생 불가능한 에너지
를 절약해야 하고, 재생 가능한 에너지를 사용해야 한다. 오염을
발생시키는 오늘날의 상품 '생산 – 소비'의 선형체계는 '사용 – 재
사용'으로 구성된 순환체계로 전환되어야 한다. 이를 통해 도시의
전반적인 효율은 향상되고, 환경에 대한 영향을 줄일 수 있다. 우
리는 도시에서 자원 이용의 관리계획을 수립해야 하며, 새로운 형
태의 전반적인·포괄적인 도시계획을 개발해야 할 것이다."

이 글은 프리츠커 상을 받은 영국의 유명한 건축가 리처드 조
지 로저스Richard George Rogers의 저서 《도시 르네상스》의 한 부분이
다.[46]

자원 효율적인 도시를 만들기 위해서는 도시의 물질대사Urban

Metabolism에 대한 기초 연구가 아주 중요하다. 유엔환경계획기구와 지속가능성연구소Sustainability Institute가 공동으로 수행한 한 연구에 의하면, 도시의 물질대사에 대한 대부분의 연구는 자금 및 연구 역량이 집중되어 있는 북반구 도시에서 수행되었다. 반면에 남반구에 있는 꾸리찌바에서는 연구보다는 창의적인 자원순환도시 전략을 개발하고 실행하려는 노력이 부단히 이어졌다.

재활용품 자율 수집센터

우리나라의 경우 아파트 단지에서는 이제 재활용품 분리수거가 어느 정도 정착한 것으로 보인다. 아파트 입주자 대표회의와 부녀회, 노인회 등이 잘 조직되어 있는 데다 경비원들이 지원 업무를 담당하고 있어 큰 무리 없이 재활용품 수거가 이루어진다. 그러나 단독주택지구나 상업지역 등에서는 아직도 재활용품 수거가 제대로 이루어지지 않고 있다. 이 문제를 해결할 창의적인 아이디어는 진정 없는 것일까? 자치단체가 통합성에 토대를 둔 도시행정을 저비용으로 실현하고자 하면 전혀 방법이 없는 것도 아니다.

나는 사람과 장소를 바꾸는 통합의 예술이 도시침술 가운데 가장 중요한 것이라고 굳게 믿는다. 이런 믿음을 토대로 저비용으로 소규모 쌈지공원, 놀이 및 운동시설, 벤치 및 조경시설 등을 하나로 묶어 개발하고, 동시에 재활용품도 수거할 수 있는 다목적공간을 만들면 어떨까 생각해 보았다. 일명 '재활용품 자율 수집센터'다.

우선 컨테이너를 12개 정도의 구역으로 분할해 병, 플라스틱, 알루미늄 캔, 금속, 무색유리, 컬러유리, 백지, 컬러용지, 판지, 수명이 긴 포장재 등의 재활용품 투입구를 만들고, 컨테이너 외부에 플라스틱과 캔 등을 압축할 수 있는 장치를 설치한다. 그리고 컨테이너 투입구 쪽으로는 비를 피할 수 있는 차양을 설치하고, 지붕에는 태양광 발전 시스템을 구축해 에너지 자립기반을 확보한다. 컨테이너 안에는 품목별로 재활용품을 모을 수 있는 수거용기를 비치하고 약간의 작업공간도 마련해 둔다. 또 컨테이너 외부에는 철망을 둘러 재활용품을 임시 보관하거나 적재해 둘 수 있는 소규모 공간을 확보한다. 이외에도 재활용품 자율 수집센터란 사실을 알리는 표지판에 분리된 재활용품을 처리하는 순서와 요령 등을 간단히 소개한다.

이때 중요한 것은 재활용품을 모으는 컨테이너가 혐오시설이란 인식을 갖지 않도록 하는 일이다. 이를 위해 컨테이너는 가능한 한 원색으로 도색하여 시민들이 가벼운 마음으로 찾아올 수 있도록 하고, 주변 경관을 개선하는 일에 신경을 써야 한다. 재활용품 자율 수집센터 주변에 여유 공간이 어느 정도 있느냐에 따라 규모가 달라질 수는 있겠지만, 가능한 범위 안에서 소규모 화단과 벤치 등을 설치해 작은 쌈지공원을 만드는 것도 좋다. 이때 지역사회 주민 구성에 따라 어린이가 많은 경우 시소나 미끄럼틀 등을 갖춘 자연친화적인 어린이 놀이터를 조성하고, 성인이 많은 경우에는 운동시설을 구비한다.

쌈지공원형 재활용품 자율 수집센터의 개발과 정착에 성공한 다면 지역사회의 거점으로 지역 주민들이 재활용품을 모으고 사회적 교류를 하는 아주 중요한 장소가 될 수 있다. 이런 방식의 도시침술은 훼손된 공동체를 복원하고 쇠락해가는 지역사회를 재생시키는 데 아주 주요한 도구로 이용될 수 있을 것이다.

지속가능성 스테이션이 에쿠폰투로 변신

2014년 11월부터 2016년 2월까지 꾸리찌바 시에서 이와 유사한 시설이 개발, 운영된 적이 있다. 구스타부 프루엣 시장 재임 중에 설치된 이 시설의 이름은 '지속가능성 스테이션Estaçoes de Sustentabilidade'이다. 보아 비스타 지역의 플비우 다예그라비Flvio Dallegrave 지속가능성 스테이션을 시작으로 꾸리찌바 공업단지 지속가능성 스테이션까지 모두 일곱 개가 설치·운영되었다.

꾸리찌바 75개 지역에 각각 한 개 이상의 지속가능성 스테이션을 구현하려던 이 프로젝트는 안타깝게도 실패하고 말았다. 그 이유는 스탠포드 대학의 저명한 심리학자 필립 짐바르도 교수의 실험에서 시작된 '깨진 유리창 이론'으로 설명할 수 있다.

1969년 미국 브롱크스에서 짐바르도는 아주 흥미로운 실험을 했다. 두 대의 자동차를 한 대는 깨끗한 상태로, 다른 한 대는 유리창을 약간 깨 놓은 상태로 자동차 보닛을 열어 놓은 채 주차장

지속가능성 스테이션

에 주차해 두었다. 그 결과는 놀라웠다. 유리창이 깨진 차는 10분 만에 라디에이터와 배터리를 도난당했고, 24시간 안에 가치가 있는 모든 것을 도난당했다. 그리고 일주일 후에는 완전 폐차 상태가 되었다. 반면에 옆에 있던 깨끗한 상태로 보닛이 열려 있던 차는 처음 상태 그대로 유지되었다. 이 실험은 일단 주변 환경이 악화되기 시작하면 부정적인 변화에 가속도가 붙어서 짧은 기간 내에 한 지역이 황폐화될 수 있음을 보여준다.

지속가능성 스테이션은 좋은 구상임에도 왜 1년 6개월 만에 실패했을까? 그 이유는 각 스테이션의 관리를 다른 폐기물 협동조합에 위임했는데, 이들이 제때 재활용품을 수거하지 못했기 때문이다. 이로 인해 꾸리찌바에 설치된 일곱 개의 스테이션 중 4곳에 일반 쓰레기, 즉 재활용할 수 없는 쓰레기가 버려지기 시작했고 쓰레기 때문에 악취가 나자 쥐는 물론이고 다른 야생 동물들이 들끓게 되었다. 이는 인근 주민들의 불편을 초래했다. 또 어린이 놀이터를 끼고 있는 일부 스테이션에 마약 중독자들이 나타나자 주민들의 불안이 높아졌다. 특히 산타 칸디다 지역에 설치된 지속가능성 스테이션은 화재로 인해 구조물의 일부가 파괴되었지만 그대로 방치되다 결국 철거로 이어졌다.

도시의 한 지역에서 문제가 발견되고 낙서가 시작되고 창문이 깨지기 시작하면 문제를 빨리 해결하는 것이 무엇보다 중요하다. 범죄 심리학자들은 도시의 무질서, 반달리즘, 범죄와 반사회적 행동 등은 초동 대처가 매우 중요하다고 말한다. 지속가능성 스테이션의 실패는 꾸리찌바 시청에서 초기에 능동적으로 적극 대응하지 못한 결과가 아닌가 하는 생각이 든다. 초기 대응만 잘했다면 지속가능성 스테이션이 쓰레기장이 되어 악취를 풍기고 쥐의 서식지가 되는 것을 방지할 수 있었을 것이다. 또한 시장이 임기 말인 데다 시민들에게 적극 지지를 받을 만큼 인기가 없었다는 사실도 실패의 원인 중 하나일 수 있다.

이후 지속가능성 스테이션은 하파엘 그레카 시장이 취임한 후 시청에서 직접 관리하는 방식으로 바뀌었고, 명칭도 '에쿠폰투 Ecoponto'로 변경되었다. 재활용형 에쿠폰투에서는 재활용 가능한 재료, 식용유 및 소비(섭취) 후 남은 비계를 받고, 혼합형 에쿠폰투에서는 재활용 쓰레기는 물론 건축 폐기물, 목재, 나무 가지치기 및 정원 청소 잔여물 등을 받는다. 그리고 월요일부터 토요일까지 오전 8시에서 12시, 오후 1시부터 5시까지 운영하고 현장에 직원이 상주한다. 게다가 과일, 채소, 커피 찌꺼기 등 가정에서 발생된 유기 폐기물을 수용할 수 있도록 최근에 본격적으로 추진되고 있는 시립 퇴비화 프로그램과 연계된 활동도 새롭게 시작했다.

꾸리찌바에는 현재 13개의 에쿠폰투가 운영 중이다. 1인당 하루에 최대 1제곱미터의 건설 폐기물, 목재 또는 가지치기 부산물을 에쿠폰투로 가져갈 수 있다. 오래된 가구와 사용할 수 없는 대형 가정용품, 재활용 가능한 자재, 전기 및 전자 제품, 폐식용유 등도 수거하여 시 산하 환경국에서 각 종류의 자재를 선별해 트럭에 실어 다양한 목적지로 보내고 있다.

환경국장인 마릴자 올리베이라 디아스Marilza Oliveira Dias는 에쿠폰투가 4,300톤 이상의 폐기물이 쓰레기 매립지로 가는 것을 막았다고 말한다. 꾸리찌바 시에서는 강바닥과 제방에 부적절하게 버려진 쓰레기(소파, 냉장고, 밥솥, 타이어, 나무 등)를 월평균 256톤, 거리, 광장, 계곡에 버려진 쓰레기를 월평균 4,500톤씩 수거하는 것으로 보고되었다. 에쿠폰투가 제대로 운영된 이후 이들 중 상당수가 에쿠폰투를 통해 수거·처리되어 매립지 사용과 온실가스 배출 감소의 성과를 거두고 있다. 이는 궁극적으로는 꾸리찌바가 자원순환도시로 가는 길에서도 커다란 역할을 하고 있는 셈이다.

콤포스치 꾸리찌바

꾸리찌바에서는 최근 들어 '콤포스치 꾸리찌바COM·POS·TE Curitiba'라 불리는 시립 퇴비화 프로그램을 적극 추진하고 있다. 이것은 하파엘 그레카 시장이 2022년 10월 아르헨티나의 수도인 부에노스아이레스에서 열린 도시기후리더십그룹 세계도시 시장 정상회의에 참석해 '쓰레기 제로를 향한 길'에 서명한 후, 유기성 폐기물을 줄이고 메탄 배출량을 감소시킴으로써 지구온난화 잠재력을 획기적으로 감축하기 위해 추진하는 사업이다. 이는 오염된 물과 공기를 줄이고, 공중 보건을 강화해 질병 확산을 막고, 토양 건강의 회복은 물론 식량위기에 대응하는 데도 상당히 기여할 것으로 생각된다.

2023년 10월 시작한 시립 퇴비화 프로그램은 시민들이 하는 가정 퇴비화, 에쿠폰투에서 하는 퇴비화, 그리고 길거리 시장과 공공시장 등에서 나오는 쓰레기를 활용한 시립 퇴비화 야드 등 3가지 부분으로 나뉘어 추진되었다.

그중 우리가 가장 관심을 갖고 지켜봐야 하는 것은 가정 퇴비화 사업이라고 생각한다. 꾸리찌바 시 환경국의 공공청소 부서가 담당하는 이 프로그램은 시민들과 그들이 발생시키는 유기 폐기물과의 관계를 근본적으로 바꿀 수 있도록 가정용 퇴비통을 보급하는 데 역점을 두고 있다. 지렁이가 포함된 가정용 퇴비화 키트 1,000개를 시민들에게 무료로 제공하고, 퇴비화를 직접 실행할 수 있도록 에쿠폰투를 비롯한 20개소에 퇴비장을 마련했다.

시립 퇴비화 프로그램에 사용되는 가정용 퇴비화 키트

시립 퇴비화 프로그램에 참가하기 원하는 시민들은 꾸리찌바 시청의 플랫폼인 '기아 꾸리찌바Guia Curitiba'에 등록한 후 가정용 퇴비화 키트를 받으면 된다. 퇴비화 과정과 절차는 웹사이트에 접촉해 매뉴얼을 통해 학습할 수 있다. 그리고 시립 지속가능성 학교에서 하는 환경교육과 나뭇잎 가족이 하는 공연을 통해 혹은 도시농장의 정규 교육과정을 통해 퇴비화에 대해서 배울 수 있다.

이렇게 퇴비화에 대해 자세히 배운 참가자들은 부엌에서 유기 쓰레기를 분류한 후, 그것을 발코니, 주방, 세탁실, 차고 등 햇빛과 비를 피할 수 있고 환기가 잘 되는 장소에 비치해 둔 퇴비통에 넣는다. 그리고 톱밥 등을 혼합해 퇴비를 만드는 것이다. 이를 위해서는 가로, 세로, 높이 각각 45, 60, 90센티미터의 작은 공간만 있으면 된다. 그리고 퇴비화 활동을 중지하기 원하는 사람은 퇴비통을 다른 참가자가 사용할 수 있도록 반드시 관계부서에 반납해야 한다.

이처럼 꾸리찌바 시에서는 시민들의 가정 퇴비화를 장려하여 매립지로 보내지는 유기 폐기물의 양을 줄임으로써 온실가스 감축에 이바지하고 있다. 자원순환도시는 에쿠폰투, 시립 퇴비화 프로그램과 같은 다양한 프로그램이 정착되지 않는다면 구현하기 어려운 일이다.

생물 다양성 도시

세계에서 가장 생물 다양성이 풍부한 도시는 어디일까? 나도 방문한 적 있는 남아프리카공화국의 케이프타운이다. 이 도시는 기후가 안정적으로 유지되고 있어 약 3,000종의 식물, 361종의 조류와 83종의 포유류가 서식하고 있다. 그러나 케이프타운의 생물 다양성은 인구 증가로 인해 위협받고 있다. 현재 318종의 식물, 22종의 조류 및 24종의 포유류가 멸종 위험에 처해 있다. 케이프타운 시 정부에서는 지금도 세계 최고 수준의 생물 다양성을 유지하기 위한 다양한 조치를 취하고 있다.

케이프타운의 경쟁자 중 규모가 큰 대도시로는 상파울루와 멕시코시티, 그리고 싱가포르가 있다. 뒤이어 콜롬비아의 메데진, 페루의 이키토스, 브루나이, 중국의 쿤밍과 인도의 뭄바이도 상위권의 생물 다양성 도시로 자리 잡고 있다.

이밖에 생물 다양성을 정책 수단이자 도시 복지의 필수적인 요소로 인식하고 개발하는 데 있어 주도적인 역할을 하는 도시들이 있다. 《가디언》은 그 대표적인 도시로 싱가포르와 바르셀로나, 멜버른, 꾸리찌바 등을 꼽았다.[47]

브라질에는 소르본대학교 대학원에서 농업경제학 박사 학위를 받은 세바스치앙 살가두Sebastião Salgado라는 사람이 있다. 현존하는 최고의 다큐멘터리 사진작가이자 환경운동가인 그는 국제사회에서도 인지도가 아주 높다. 그가 TED에서 한 '사진으로 보는 고요한 드라마'라는 강연을 보면서 세바스치앙 살가두란 인물을 좀 더 깊이 탐구하고, 그의 행적과 성과들을 공부해야겠다고 생각하게 되었다. 그만큼 강연의 감동이 컸던 것이다. 세계 3대 영화제를 석권한 거장 빔 벤더스와 그의 아들 훌리아노 리베이로 살가두가 공동으로 감독한 세바스치앙 살가두의 삶과 사진을 다룬 다큐멘터리 영화 〈제네시스 : 세상의 소금〉을 보고 받았던 충격이 지금까지도 생생하다.[48]

세바스치앙 살가두는 10년이 조금 넘는 짧은 기간 동안 자신이 살던 고향에 200여 종의 향토수종을 중심으로 250만 그루의 나무를 심어 '마타 아틀란티카(대서양림)'라 불리는 열대우림을 복원했다. 그가 세운 대지연구소Instituto Terra는 브라질의 미나스제라이스 주의 아이모레스에 있다. 복원하기 전인 2001년의 황폐한 땅과 복원 후인 2013년의 마타 아틀란티카의 모습을 담은 사진을 비교해 보면 자연 복원과 생물 다양성 증진이 얼마나 중요한지를 깨달을 수 있다. 6제곱킬로미터의 이 땅은 역사적 현장이다.

브라질 생물 다양성의 보고는 비단 아마존만이 아니다. 꾸리찌바 시는 최근에 인접한 두 개 지자체인 아라우카리아Araucária와 파젠다 히우 그란지와 공동으로 부지우Bugio 보호지역을 본격적으로 관리하기 시작했다. 약 800만제곱미터의 광대한 면적을 자랑하는 이 보호지역은 야생생물 피난처로 여러 종의 원숭이와 조류 112종, 수달 등 포유류 20종이 서식하고, 삼나무와 소나무 등이 군집을 형성하고 있는 생태적으로 중요한 지역이다. 이 지역이 체계적으로 관리되면 생물 다양성 보존은 물론이고 바리귀 강과 이구아수 강의 수질 개선, 홍수 영향 최소화 등의 효과가 나타날 것으로 기대된다.

2007년 3월에 유엔의 생물 다양성 협약과 관련된 국제회의를 개최한 후 꾸리찌바 시에서는 생물 다양성과 관련된 문제들을 고려한 체계적이고 선도적인 도시계획 사업, 바이오시티 프로그램 BioCity Programme을 추진했다. 여기에는 선형공원 조성과 향토수종 나무 심기가 포함된 '그린 라인 프로젝트', 적극적인 시민참여로 이루어지는 자연보호지구의 설정과 관리, 그리고 '바리귀 강 유역의 복원을 위한 전략계획'을 통한 수자원 보존 등이 있다.

생물 다양성을 위한 꾸리찌바의 노력

꾸리찌바에서는 우리나라 도시에서는 상상할 수도 없는 일을 종종 벌인다. 예를 들어 쿠치아Cutia 복원과 같은 일이다. 쿠치아는 브라질에 살고 있는 기니피그와 비슷한 설치동물이다. 2000년대 초 내가 방문했을 때 식물원 온실 인근의 숲에서 멸종위기종인 쿠치아를 복원하고 있었다. 이 프로젝트는 우리나라에도 KBS 〈환경스페셜〉을 통해 소개된 적이 있다. 당시에 몇몇 기초자치단체장은 내게 이것이 정말 사실이냐고 묻기도 했다.

이밖에도 꾸리찌바에서는 생물 다양성을 증진시키기 위해 다양한 노력을 하고 있다. 그 좋은 예가 바로 '꿀벌 정원 프로젝트 Projeto Jardins de Mel'다. 이 프로젝트는 브라질 식물 90%의 수분을

멸종위기종 쿠치아 복원을 위한 테스트베드 안내판

담당하는 토착 꿀벌의 개체 수를 늘리는 것이 목표다. 꿀벌 정원에서 가장 많이 사용되는 토착 꿀벌의 종은 5가지로, 구아라이푸, 만두리, 만다카이아, 자따이, 미링이다. 이곳에서는 꿀벌을 다른 곤충으로부터 보호하기 위해 코팅된 번식 상자에 머물도록 한다. 이 꿀벌 정원 프로젝트는 식물 수분은 물론 환경교육에 기여할 수 있는 공공장소 60여 곳에 조성되었다. 바로 자연사박물관, 동물원 및 식물원, 바리귀 공원, 파세이우 푸블리쿠 공원, 라인하르트 마아크 숲, 지역사회 텃밭, 학교 등이다. 이를 통해 꾸리찌바에서는 개체 수가 줄고 있는 꿀벌을 증식시킬 수 있게 되었다. 최근에는 도쿄TV에서 꿀벌의 생태를 소개하는 다큐멘터리 방송을 위해 꾸리찌바 시의 꿀벌 정원을 촬영하기도 했다.

2017년부터 하파엘 그레카 시장이 환경과 생물 다양성, 식량

꿀벌 정원

안보 그리고 생태교육의 토대를 마련하기 위해 시작한 꿀벌 정원 프로젝트는 식량영양안보국에서 추진했다. 도시농장과 자연사박물관, 식물원 등 몇몇 곳에서는 꿀벌의 생태부터 유지·관리하는 방법까지 다양한 내용의 교육 과정도 운영하고 있다. 또한 이와 연계하여 학생들은 지혜의 길 프로그램을 통해 꿀벌의 생태와 수분 과정 등을 직접 보고 체험할 수 있다.

식물원에는 어린이들의 환경교육을 위한 장소와 더불어 멸종위기종을 복원하는 테스트베드가 있고, 자연사박물관의 담장에는 파라나 주에 서식하는 다양한 동식물들을 그려 하나의 자연생태계를 완성한 그래피티가 있다. 이는 유명한 그래피티 아티스트인 클라우디나이 실베스트레 페레이라의 작품이다. 이것은 코로나바이러스 때문에 자연사박물관의 내부 전시를 구경할 수 없었던 사람들의 갈증을 풀어주는 데 적지 않은 도움이 되었다.

세계적인 생태도시 꾸리찌바를 상징하는 거리 가운데 '아베니다 프레지젠치 제툴리우 바르가스Avenida Presidente Getúlio Vargas'가 있다. 두 차례나 대통령을 지낸 제툴리우 바르가스의 이름을 딴 거리로 아주 잘 조성된 녹색 회랑이다. 하늘에서 보면 이 회랑에는 도로가 숨어 있다. 우리도 코로나 이후를 위한 녹색회복을 준비하며 이런 거리를 한번 만들어보는 것이 어떨까? 이런 작은 노력들이 도시 안에 축적되어야 세계가 주목하는 '바이오필릭 시티 Biophilic Cities'[49], 즉 자연과 인간이 공존하는 지속가능한 도시를 만들 수 있을 것이다.

"인간과 다른 동물들은 대칭을 생물학적 적합성의 척도로 사용한다. 대칭이라는 것은 누군가 또는 어떤 것의 유전자가 적절하게 구성되었다는 것을 보여준다. 대칭은 자연에서 분명히 중요하다. 오늘날 약 99%의 동물이 이런 종류의 대칭을 가지고 있다."[50] 공공 디자인을 할 때 이런 대칭을 많이 사용하는 생태도시가 바로 꾸리찌바다. 식물원과 땅구아 공원을 비롯해 도시 전역에서 바이오필릭 디자인을 쉽게 볼 수 있다.

다민족 사회의 도시공원

여행 플랫폼 트립어드바이저에서 남아메리카를 대표하는 도시공원 열 개를 선정했다. 그 가운데 두 개가 브라질 꾸리찌바 시에 있는데, 하나는 시민공원이라 불리는 바리귀 공원이고 다른 하나는 땅구아 공원이다.

원래 채탄장이었던 땅구아 공원은 소유주가 버려진 땅을 공원으로 복원할 것을 시에 제안해 조성하게 된 곳이다. 자연지형을 그대로 살린 채 설계, 복원된 이 공원은 꾸리찌바 공원 역사에서 아주 중요한 자리를 차지한다.

땅구아 공원은 해가 뜰 때나 해가 질 때, 그리고 비가 온 다음 운무가 걸쳐 있을 때 정말 아름답다. 또 전망대를 무대로 혹은 배경으로 펼쳐지는 수많은 공연과 음악회는 꾸리찌바 시민들에게는 없어서는 안 되는 소중한 행사다. 예를 들어 베토벤 탄생 250주년에는 연초부터 땅구아 공원에서 성대한 야외 음악회를 계속 열었다. 이러한 공공 공간이 사회적 인프라로서 제 기능을 다하니 꾸리찌바 시민들은 참으로 행복할 것 같다.

다민족 사회인 꾸리찌바에는 민족적 특성을 반영한 도시공원이 상당히 많다. 그 대표적인 예가 독일 공원이다. 이 공원은 원래 있던 숲의 원형을 그대로 살리면서 독일인 특유의 문화적 색채를 가미해 가꾸어 놓았다. 독일 공원의 주제는 '헨젤과 그레텔'이다. 숲 입구에 있는 나무 계단을 내려가면 작고 예쁜 기념관이 있

땅구아 공원의 야경

독일 공원에 있는 헨젤과 그레텔 숲속 그림책

는데, 여기에는 동화 헨젤과 그레텔을 구연하는 소박한 무대와 관
련 도서가 비치되어 있다. 또한 숲의 오솔길을 따라가다 보면 집
모양의 예쁜 나무 조형물에 헨젤과 그레텔의 이야기가 적혀 있다.
독일 공원은 무분별하게 인공성을 가미하지 않고 그들만의 역사
와 문화적 색채를 작지만 아름답게 담아냄으로써 숲속의 그림책
으로 다시 태어났다.

　독일 공원에서는 동화 속에 나오는 마녀 복장을 차려입은 자
원봉사자들이 아이들을 안내하기도 하고 구연동화를 보여주기도
한다. 이 공원에서 아이들과 마녀들이 마주하고 있는 모습을 보면
스토리텔링의 진수를 느끼게 된다.

　독일 공원 이상으로 민족적 특성이 잘 반영된 도시공원은 이

른바 교황의 숲이라 불리는 '요한 바오로 2세 숲Bosque Joao Paulo II'
이다. 폴란드 출신의 교황이 꾸리찌바를 방문한 1980년에 양초
공장이었던 부지에 만들어진 숲과 폴란드 이민자 기념관은 꾸리
찌바 시에서 가장 독특한 야외 명소 중 하나다. 유명한 남양삼나
무를 중심으로 한 무성한 숲속에서 방문객들은 폴란드 이민자들
의 역사와 문화에 대해 많은 것을 배울 수 있다. 숲에는 마차, 주
방 도구, 사진 등 역사적 유물이 담긴 일곱 개의 전통 통나무집이
배치되어 있다. 그리고 지동설을 주장해 근대 자연과학의 획기적
전환을 이끌었던 폴란드 천문학자 니콜라우스 코페르니쿠스에 대
한 헌사도 공원 한쪽에 자리하고 있다.

현재 가톨릭 신자들이 많이 찾는 명소인 이 공원은 교황 요한
바오로 2세의 방문을 기념하는 장소여서 그의 동상이 녹지 가운데
자리 잡고 있다. 교황 방문 후에 재건축된 검은 성모 마리아 예배
당은 기도 장소로 유명한 곳이다. 평상시에는 평화롭고 고요한 공
간이지만 인근에 오스카르 나에메예르 박물관이 있어 꾸리찌바 시
민들이 문화축제를 기획할 때 즐겨 찾는 매력적인 자연공원이다.

꾸리찌바에는 우크라이나 전통 양식으로 지어진 건축물이 있
는 아름다운 '우크라이나 기념공원'도 있다. 이곳에서는 2023년에
꾸리찌바 시장과 우크라이나 이민자, 그리고 많은 시민들이 참석
해 러시아의 침공을 규탄하고, 전쟁 종식과 평화 체제로의 전환을
기원하는 대규모 집회가 열리기도 했다.

외교가 정상이나 외교부 사이에서만 이루어지는 것이 아니라
는 사실을 꾸리찌바에 가보면 쉽게 확인할 수 있다. 꾸리찌바는

도시 외교도 상당히 열심히 하고 있다. 꾸리찌바 시에는 일본 광장이 있는데, 이곳 중심에 일본인 이민 기념관이 있다. 하파엘 그레카 시장의 역저《꾸리찌바 : 소나무의 빛》을 보다가 이곳에 관한 아주 흥미로운 사실을 발견했다.

그레카 시장이 초선 시장 시절에 지었다는 이 기념관은 교토에 있는 긴카쿠지銀閣寺의 관음전 은각을 모사한 것이다. 이 광장을 조성할 때 천황이 꾸리찌바 시 300주년을 기념해 300그루의 벚꽃 묘목을 기증했다. 벚꽃 묘목은 나중에 식물원과 꽃의 거리 등에도 이식되었다. 꾸리찌바와 일본의 도시 외교는 이뿐이 아니다. 일본은 꾸리찌바 시에 행운의 상징인 황금 황새 쓰루를 선물로 주기도 했고, 일본계 브라질 사람인 까시오 다니구찌 시장이 재임 중이던 1998년에는 아키히토 천황과 미치코 황후가 꾸리찌바를 직접 방문해 일본 광장을 둘러보며 고마움을 표시했고 지혜의 등대를 살펴보며 극찬을 아끼지 않았다.

최근 꾸리찌바에서는 폴란드계 유대인인 자이메 레르네르 전 시장을 기리기 위한 사업을 본격적으로 추진하고 있다. 꾸리찌바 시의 아이콘인 오페라 하우스와 파울루 레민스키 채석장, 그리고 도시의 등대 등을 통합해 '자이메 레르네르 공원Parque Jaime Lerner' 이라 명명한 것이다. 저비용으로 건설한 오페라 하우스는 국내외 관광객들이 필수적으로 방문하는 명소이고, 파울루 레민스키 채석장은 세계 3대 테너 공연도 하고 2014년 브라질 월드컵 때는 야외 응원전을 펼쳤던 옥외 공연장으로 꾸리찌바 시민들이 사랑하는 대표적인 오픈 스페이스 가운데 하나다. 또 2012년에 내가 직

자이메 레르네르 공원의 오페라 하우스

접 방문한 적이 있는 도시의 등대는 세계적인 건축가이자 도시계획가였던 자이메 레르네르의 아이디어와 작품 등을 소개·전시하는 기념관으로 꾸며질 예정이다. 이 자이메 레르네르 기념관 개발 계획은 꾸리찌바 도시계획연구소의 건축가들과 시청의 환경부가 공동으로 수립하고 있다.

현 시장인 그레카는 "꾸리찌바는 자이메 레르네르의 이름을 영원히 존중할 것이고, 그는 우리의 가장 깊은 존경을 받을 자격이 있다."라고 말한다. 레르네르는 생전에 꾸리찌바는 시민들을 존경하는 세계적인 '존경의 수도'라고 말했다. 사후에 후배 정치인들과 시민들로부터 이렇게 따뜻하게 존경받는 모습을 지켜보자니 우리의 현실과 너무나 달라 그저 놀랍기만 하다.

가을의 거리 / 아라우카리아 나무 보존

꾸리찌바 중서부에 위치한 모순구에 지역에는 제푸타두 에이토르 알렝카르 푸르타두Deputado Heitor Alencar Furtado 거리가 있다. 이곳은 건물을 짓기에 적합한 넓은 부지를 가진 지역이었다. 당시 시장이었던 자이메 레르네르는 이곳의 지도를 보고 지역 특성을 확인한 후 최소한의 면적만 토지 수용을 하여 도로를 굴곡진 방식으로 설계하도록 지시했다. 자연환경을 최대한 보존하기 위해 공간의 디자인과 점유 방식을 달리한 것이다. 그리고 이 거리를 조경 계획과 통합해 가로수가 녹색터널을 이루도록 만들었다.

2000년대 초반 이 거리에는 853그루의 묘목이 심어졌다. 시간이 흐르면서 이곳은 꾸리찌바에서 가장 아름다운 녹색 교통 회랑으로 바뀌었다. '가을의 거리Rua Do Outono'라 불리는 이곳은 4월 말부터 5월 말까지 진풍경을 이룬다. 단풍잎과 비슷한 오각별 모양의 잎을 가진 미국풍나무가 아주 붉게 물드는 것이다. 미국과 멕시코에서 많이 자라는 이 나무는 높이가 30미터 이상까지 자라기도 하는 교목이다.

미국풍나무가 붉게 물드는 계절이 오면 꾸리찌바 시민들은 가을의 거리에 나와 산책을 즐기거나 자전거를 탄다. 이곳에서 가을 단풍을 즐기는 시민들은 사진을 찍어 인스타그램과 페이스북에 올리는 것이 일상이다. 이 일대는 유명한 관광지가 아님에도 불구하고 가을만 되면 인산인해를 이룬다.

가을의 거리라 불리는 모순구에 지역의 중앙버스전용차로

가을의 거리에는 간선급행버스 시스템의 중앙버스전용차로가 자리하고 있는데 시민들이 사진 촬영을 위해 무모한 행동을 하는 일이 종종 벌어진다. 그래서 꾸리찌바 도시공사에서는 시민들의 안전을 위해 매년 대대적인 교통안전 캠페인을 벌인다. 세계에서 가장 아름답고 생태적으로도 건강한 BRT 도로에서 벌어지는 역설이 아닌가 싶다. 우리나라의 중앙버스전용차로에도 이런 아름다운 거리가 하나쯤 있었으면 좋겠다. 닭발처럼 강전정强剪定을 한 가로수만 보다가 이런 풍경을 보면 정말 가슴이 뛴다.

꾸리찌바의 가을의 거리를 비롯해 가로수들이 늘어선 많은 거리의 경관을 책임지고 있는 사람은 산림과 조경 기술자 호베르투 사우게이루Roberto Salgueiro다. 그를 중심으로 시청 직원들이 가로수 묘목을 심고 돌보는 일에 전념하고 있다. "우리의 목표는 회색의 아스팔트에 더 많은 색을 입히는 것입니다."라고 사우게이루는 말한다. 그는 또 제푸타두 에이토르 알렝카르 푸르타두 거리를 조성할 때 "첫 번째 목표는 파드리 앙시에타Padre Anchieta 거리처럼 BRT 버스가 통과하는 녹색터널을 만드는 것이었다."고 말했다. 그의 노력이 결실을 맺어 지금은 미국풍나무가 일 년 중 한 달 이상 나뭇잎이 붉게 물들어 시민들이 걷고 싶고 버스를 타고 방문하고 싶은 거리가 되었다.

사우게이루에 따르면 꾸리찌바에서는 현재 많은 거리에 녹색터널을 조성하는 사업을 진행 중이다. 그중 하나는 주앙 구알베르투João Gualberto와 파라나 거리의 약 7킬로미터를 흰색, 보라색, 노란색의 이페 나무로 물들이는 것이다. 현재는 목표한 약 2,000그루의 이페 나무 중 절반이 심어진 상태다.

녹색터널 조성 사업은 처음에 묘목을 바헤이리냐Barreirinha 시립정원에 심고, 약 4년 후 높이가 1.8미터에 이르면 가로수 터널을 만드는 거리에 이식하는 방식으로 이루어진다. "우리는 나무의 모양뿐만 아니라, 아스팔트나 보도를 손상시키지 않도록 식물의 뿌리 특성도 아주 진지하게 고려한다."고 사이게이루와 그의 동료들은 말한다. 우리나라와 달리 꾸리찌바에서는 간선급행버스 시스템을 도입하며 도로 폭원을 확보하기 위해 가로수를 훼손하거나 중앙부의 녹도를 없애는 것과 같은 시행착오가 거의 없다.

꾸리찌바에는 BRT를 위한 가로수 터널 이외에도 세계적으로 널리 알려진 녹색 회랑이 있다. '아베니다 프레지젠치 제툴리우 바르가스'란 녹색 회랑이 바로 그곳이다. 그리고 이곳보다 국제사회에서 더 높은 평가를 받고 있는 아름다운 거리는 참여예산제의 발상지인 포르투알레그리에 있는 '곤살루 지 카르발류Gonçalo de Carvalho 거리'다. 이곳은 브라질에서 가장 아름다운 거리 여섯 개 가운데 1위를 차지하고 있고, 꾸리찌바에 있는 녹색 회랑이 바로 그 뒤를 잇고 있다.

꾸리찌바에서는 왜 나무를 마음대로 베지 못하는 것일까? 이 도시에서는 수령이 오래된 가로수나 고목에만 경외심을 보이는 것이 아니다. 건축물을 지을 때 특정한 수종의 나무를 베지 않고 보존할 경우 인센티브까지 준다. 한 건축주가 제젬바르가도르 무타Desembargador Motta 거리에서 향토 수종인 아라우카리아라는 수령이 40년 된 파라나 소나무를 베지 않고 주거용 건물 '솔라 907'

파드리 앙시에타 거리에 조성된 중앙버스전용차로

세계적인 녹색 회랑 아베니다 프레지젠치 제툴리우 바르가스

을 건설했다. 이 소식을 들은 그레카 시장은 조례 제정을 지시했고 '법령 제1035호'가 제정되었다. 이 법에 의해 건축주들은 파라나주의 상징적인 나무 아라우카리아를 보존할 경우 나무의 크기나 수령, 지형 등에 따라 인센티브를 받게 되었다.

하파엘 그레카 시장이 솔라 907 앞에서 조례에 서명하는 행사를 진행하는 중에 한 말이 참으로 인상적이다. "이 건물은 친숙한 건축 솔루션과 아라우카리아에 대한 존경심의 한 예입니다. 덕분에 나는 토지소유주 및 건축업자가 이 땅에서 우리의 아름다운 아라우카리아를 유지·보존하는 일에 인센티브를 주는 법을 만들었습니다. 이런 영감을 제공해 준 분들에게 정말 감사의 인사를 드리고 싶습니다." 살기 좋은 도시는 이렇게 깨어 있는 시민과 자치단체가 서로 손뼉을 마주칠 때 만들어지는 것이다.

피냐우 지 산타나 공원과
라인하르트 마아크 숲 조성

세계적인 생태도시 꾸리찌바는 1인당 녹지면적이 0.5제곱미터에서 64.5제곱미터로 확대된 도시다. 이것은 세계보건기구에서 권장하는 기준의 약 5배 규모다. 그런데 꾸리찌바 시는 최근 45번째 공원을 새롭게 개장했다. 캄푸 지 산타나Campo de Santana 지역에 있는 피냐우 지 산타나 공원Parque Pinhal de Santana은 향토 숲 면적이 25만 제곱미터다. 버려진 소나무 숲을 새로운 도시공원으로, 나아가 꾸리찌바 시의 정체성을 상징하는 공간으로 다시 탄생시켰다.

피냐우 지 산타나 공원은 시립 경비대와 관리사무실, 어린이 놀이터, 그리고 산책로를 갖추고 있으며 빗물을 담아둘 수 있는 유수지와 연석으로 만든 배수 시스템도 잘 설치되어 있다. 또 꿀벌 정원과 다양한 스포츠 코트, 휴식과 여가 및 묵상을 할 수 있는 넓은 녹지 공간을 보유하고 있다. 특히 눈길을 끄는 것은 파라나 지역에 거주하는 인디언 예술가가 만든 파라나 소나무의 솔방울과 열매 모양의 조형물이다. 이 조형물들은 꾸리찌바 시민과 어린이들이 도시를 상징하는 예술 작품으로 인식하면서 동시에 편리하게 앉아 쉴 수 있는 의자로도 사용할 수 있게 디자인되었다.

녹지 확장과 나무 심기는 기후 변화에 대처하고 이산화탄소를 감축하기 위한 전략 중 중요한 요소다. 또 감염병 위기 아래서는 공원만큼 시민들에게 필요한 사회적 인프라가 없다. 꾸리찌바의 녹지 확장은 공원에 무조건 모노레일, 집라인, 대관람차, 케이블카 등을 설치하려 하는 우리나라의 현실과 매우 대조적이다.

꾸리찌바의 녹지 확장은 여기에서 그치지 않는다. 2024년에는 콜리나 두 아브란체스Colina do Abranches, 상프란시스쿠 지 아시시 São Francisco de Asssis 공원이 개장했고, 마나카Manacá 공원도 조만간 개장될 예정이다.

꾸리찌바 시는 위대한 시민이나 뛰어난 업적, 바람직한 정신 등을 칭찬하고 기억하는 노력을 참 잘하는 곳이다. 이 도시에서는

인디언 예술가가 설치한 솔방울 모양의 조형물이 있는 피냐우 지 산타나 공원

꾸리찌바를 살기 좋은 곳으로 만든 걸출한 인물들을 기리는 방식으로 공원이나 독서의 집 등 공공 공간에 그들의 이름을 붙이곤 한다. 그 좋은 예가 라인하르트 마아크 숲이다.

라인하르트 마아크는 대부분의 삶을 브라질, 특히 꾸리찌바에서 살았던 독일인 지질학자이자 탐험가의 이름이다. 그는 파라나주에서 가장 높은 1,877미터의 피쿠 두 파라나Pico do Paraná의 높이를 측정한 것으로 유명한 학자다. 파라나 연방대학교 교수로 재직하기도 했던 그의 이름이 숲의 이름이 된 것이다.

하우어 동네에 위치한 라인하르트 마아크 숲은 생태적으로 아주 건강한 녹지와 어린이 놀이터를 갖추고 있다. 7만 8,000제곱미터의 면적으로 이루어진 이 숲은 브라질 소나무 아라우카리아를 비롯해 여러 종의 향토 수종으로 이루어져 있다. 약 900미터의 트레일에는 나무와 기타 소박한 재료로 만든 16개의 생태친화적인 장난감과 놀이시설이 있다. 이 숲속에 있는 장난감들은 5세에서 12세 사이의 어린이들에게 적합한 것으로, 여기에서는 어린이들이 집라인과 미끄럼틀 타기, 암벽 등반 및 트램펄린 놀이 등의 활동을 할 수 있다. 하우어 가문 소유의 땅을 넘겨받아 라인하르트 마아크 숲을 처음 조성한 것은 1989년이다.

이 숲을 주로 이용하는 사람들은 어린이들이다. 화요일에서 금요일까지 평일에는 시립 및 사립학교의 어린이들이 꾸리찌바 시청의 환경국으로부터 방문 허가를 받고 오전 8시 30분부터 오후 4시 30분 사이에 이용한다. 그리고 일반인들은 평일에는 이용할 수 없고 토요일, 일요일 및 공휴일에만 오전 8시부터 오후 5시까

라인하르트 마아크 숲

지 이용할 수 있다. 또 월요일에는 유지·보수를 위해 숲을 개방하지 않고, 때로는 비가 오는 날이나 그다음 날 안전상의 이유로 숲을 개방하지 않는 경우도 있다.

라인하르트 마아크 숲에서 어린이들은 초목 사이로 나 있는 산책로를 따라 걷고 통나무 다리를 건너고 나무와 밧줄, 타이어 등 여러 재료로 만든 다양한 장난감을 가지고 놀면서 자연을 존중하고 보살피는 법을 배운다. 이렇게 어린이들이 어릴 때부터 자연 친화적인 환경교육을 받으면서 성장하니 이 도시의 미래는 밝을 수밖에 없다. 그래선지 주말과 공휴일에만 숲을 이용할 수 있는 성인들도 이 숲을 보존하는 데 적극 앞장 서고 있다.

2024년 10월에는 꾸리찌바의 바리귀 공원과 연결된 새로운 선형공원이 완공되었다. 하늘에서 바라보면 바리귀 공원을 그와 인접한 대형쇼핑몰인 파크쇼핑 바리귀까지 확장한 것처럼 보이는 '비바 바리귀 공원Parque Viva Barigui'이 바로 그곳이다. 600미터 길이의 이 새로운 녹지 공간에는 자전거도로, 자전거 거치대, 공용 공간, 어린이 놀이터, 반려동물 공원, 멀티 스포츠 코트 등이 잘 구비되어 있다.

비바 바리귀 공원은 입지적 특성 때문인지 꾸리찌바 시청과 파크쇼핑 바리귀, 그리고 쇼핑몰을 개발·소유·관리하는 회사인 멀티플랜이 공동으로 협력해 조성하였다. 4만 5,000제곱미터의 이 선형공원에는 1,750제곱미터의 새로운 광장도 있고 추가로 식재한 450여 그루의 향토 수종 묘목도 있다. 이 공원의 개장식 날에는 지혜의 길 프로그램의 일환으로 타투콰라에 있는 도나 폼필리아 시립학교Escola Municipal Dona Pompília 어린이들이 참석해 야외에서 지속가능성 수업을 진행했다. 앞으로도 이 공원은 꾸리찌바 시 학생들이 생태·환경교육을 받는 주요한 장소로도 활용될 것이다.

새롭게 조성된 비바 바리귀 공원으로 인해 쇼핑몰 일대의 환경이 개선되고 유동 인구가 증가하여 지역경제도 활성화될 것으로 예상된다.

민간 자연유산 보호구역

우리나라 국민들의 관심이 땅값이나 집값에 쏠려 있어서인지 정치인들은 선거철만 되면 부동산 개발 공약을 끊임없이 쏟아낸다. 심지어 평생을 환경운동에 몸 바쳤다는 사람들도 정치판에 들어서기만 하면 그린벨트를 해제하고 개발하겠다는 공약을 내세운다. 상황이 이러니 우리나라의 도시에서는 동식물뿐 아니라 생물다양성을 보존할 수 있는 자연유산을 지키기가 상당히 어렵다. 그러나 다행히도 지구촌 안에 있는 모든 도시 사정이 우리와 같은 것은 아니다.

꾸리찌바에는 개인이나 민간기관의 사유지에 설정된 민간 자연유산 보호구역이 있다. '브라질 민간 자연유산 보호구역 연맹 CNRPPN'에 따르면 꾸리찌바 시는 이 나라에서 가장 넓은 자연유산을 보유한 도시다. 현재 60개의 '시립 민간 자연유산 보호구역 Reservas Particulares de Patrimônio Natural Municipal'을 보유하고 있는데, 전체 면적이 79만 2,431제곱미터에 이른다. 그 중에 하파엘 그레카 시장이 재임을 시작한 2017년부터 현재까지 확보된 것이 무려 43개로 총 63만 2,472.61제곱미터의 면적이 조성되었다.

첫 번째 시립 민간 자연유산 보호구역은 2007년 3월 27일 법령 제234호에 의해 지정된 곳으로, 카스카티냐Cascatinha 강 인근에 자리해 있는 카스카티냐 시립 민간 자연유산 보호구역이다. 그 후에 2008년 법령 제1358호에 의해 에코빌Ecoville이 지정되었고 이어서 바리귀, 바카쉐리Bacacheri, 코루자 숲Bosque Coruja 등이 지정되었다. 최근에는 2023년 환경의 날에 법령 제933호에 의거해 산타 펠리시다데Santa Felicidade 지역에 있는 7,027제곱미터 면적의 지아르디니 플로레스Giardini Flores 시립 민간 자연유산 보호구역을 지정·운영하기 시작했다.

꾸리찌바의 환경국장인 마릴자 디아스는 민간 자연유산 보호구역의 중요성을 설명하는 자리에서 다음과 같이 말했다. "저는 민간 자연유산 보호구역의 중요성을 강조하고 싶습니다. 이는 소유주들의 자발적인 행동으로, 이 지역이 영원히 보존될 것을 의미합니다. 꾸리찌바는 브라질에서 가장 많은 시립 민간 자연유산 보호구역을 보유한 도시이자 세계에서 가장 친환경적인 도시 중 하나입니다. 이는 우리가 꾸리찌바에 대해 갖고 있는 큰 자부심의 원천입니다. 그리고 동식물뿐만 아니라 도시의 생물 다양성을 보존하는 데도 민간 자연유산 보호구역은 큰 도움이 됩니다."

시립 민간 자연유산 보호구역은 토지 소유주가 사유지의 생물 다양성을 보존하기 위해 만든 보호구역이다. 이러한 보호구역에서 이루어지는 자연유산의 보존과 보전은 생물 다양성 유지, 탄소 격리, 미기후 조절, 수자원 보호에 큰 영향을 미친다. 특정 지역을 시립 민간 자연유산 보호구역으로 전환하는 일은 현재와 미래 세대를 위한 녹지 보존을 위해 토지소유자와 그 가족이 자발적으로 하는 행위다.

시립 민간 자연유산 보호구역의 보호는 꾸리찌바 시청이 기후변화 완화 및 적응을 위한 기후행동계획PlanClima에 따라 취한 조치다. 일반 시민들과 기관에서 복잡한 서류를 만들어가며 스스로 자연유산 보호구역을 신청하고 시청에서 만들어 놓은 가이드라인에 따라 관리·보존계획을 수립하고 실행에 옮긴다는 사실이 그저 놀랍기만 하다. 1월 31일은 2017년 의회에서 제정한 '시립 민간 자연유산 보호구역의 날'이다. 꾸리찌바 시민들의 생명 사랑 정신과 이에 토대를 둔 '바이오필릭 라이프Biophilic Life'[51]가 그저 부럽기만 하다. 우리 도시에서는 언제쯤 이런 일이 가능할까?

6
기후위기에 대한 대응 전략

꾸리찌바 기후행동계획

"냄비의 물에 개구리를 넣고 끓여보라. 수온이 상승하면 개구리는 체온을 조절한다. 물이 끓는 점에 도달할수록 몸의 온도 조절이 힘들어진다. 이 시점에 이르러 개구리는 탈출하기로 결심하지만, 힘을 다 써버린 탓에 탈출하지 못하고 결국 죽게 된다. 무엇이 개구리를 죽였을까? 끓는 물이 죽였지만, 이 개구리를 죽인 것은 점프할 타이밍을 놓친 개구리 자신이다." 이것은 올리비에 클레르크가 처음 제시한 '삶은 개구리 증후군'에 대한 설명이다.

기후위기 속에서 삶은 개구리 증후군에 빠진 사람이 얼마나 많은지 주변을 한번 살펴보자. 차츰 끓어오르는 물속에서 서서히 죽어가면서도 자신이 죽는지 모르는 사람들이 참으로 많은 것 같다. 개구리처럼 점프할 타이밍을 놓치지 않고 살아남으려면 우리는 2030년까지 이산화탄소 배출량을 절반으로 줄이고, 늦어도 2050년까지는 탄소중립 사회를 만들어야 한다. 정말 시간이 얼마 남지 않았다. 하지만 대부분의 도시는 형식적인 계획만 수립할 뿐, 실천에 적극적으로 나서지 않고 있다.

이런 현실을 지켜보노라면 호세 무히카 전 우루과이 대통령의 발언이 생각난다. "지금 세계에 환경위기는 없습니다. 지금의 위기는 통치(정치)의 위기입니다." 그는 기후변화나 환경위기는 기술적 대응이나 환경운동을 통해서 해결될 수 있는 게 아니라 공공의 정신에 충실한 정치 질서가 확보될 때 비로소 해결 가능성이 열릴 수 있다는 사실을 이렇게 표현했다.[52]

좋은 사회를 인간 자신의 힘으로 만들 수 있다는 신념은 원래 고대 아테네의 시인이자 개혁정치가였던 솔론이 인류 사회에 남겨준 위대한 정신적 유산이다. 그러나 이러한 유산을 모든 도시가 다 물려받은 것은 아니다. 소수의 개혁적인 정신을 가진 정치 지도자들이 있는 도시에서만 현재의 위기 상황을 냉철하게 진단하고 그에 대응하고 있다. 솔론의 유산을 가장 명확하게 확인할 수 있는 영역이 바로 기후행동 분야다.

꾸리찌바 시는 시청과 꾸리찌바 도시계획연구소에서 작성한 기후행동계획을 실행하고 있다. 2050년까지 탄소중립 도시를 만들기 위해 마련한 이 계획을 가지고 기후변화 완화 및 적응 노력을 2020년 말부터 본격적으로 시작했다.[53] 이 계획의 성격에 대해 하파엘 그레카 시장은 다음과 같이 말했다. "우리는 기후변화로 인한 극심한 강우나 가뭄이라는 시나리오를 단결해 역전시켜야 합니다. 꾸리찌바는 지구온난화를 제한하기 위한 솔루션을 채택하기 위해 최선을 다하고 있습니다. 꾸리찌바 기후변화 적응 및 완화 계획은 기후정책을 통합하려는 시의 약속을 반영한 것입니다."

솔라 패널이 설치된 꾸리찌바 시청사

　　그중 대표적인 것이 '꾸리찌바 더 많은 에너지Curitiba Mais Energia 사업'이다. 이 사업은 도시의 청정에너지 생산과 사용을 대중화하는 것을 목표로 한다. 현재까지는 시청사, 식물원의 사계절 갤러리, 바리귀 공원 내에 있는 사도행전의 전당에 태양광 발전시설을 건설했다. 그리고 바리귀 공원의 호소수 배출구역에 니콜라우 클뤼펠 소수력 발전소CGH Nicolau Klüppel를 건설했고, 매립이 끝난 카심바 매립지에는 '피라미드 솔라'라는 대규모 태양광 발전단지를 건설했다. 또한 산타 칸지다 터미널Terminal Santa Cândida, 보케이랑 터미널Terminal Boqueirão, 피네이리뉴 터미널Terminal Pinheirinho 지붕에 태양광 발전시설을 건설했다.

⇧ 사계절 갤러리에 태양광 패널이 설치된 식물원
⇩ 태양광 발전시설이 건설된 보케이랑 터미널

또한 가까운 시일 내에 꾸리찌바 공업단지의 시민의 거리에도 태양광 패널을 설치할 예정이고, 꾸리찌바 시의 버스정류장에도 태양광 발전 시스템을 갖출 계획이다. 이 사업들이 모두 완료되면 꾸리찌바 시청에서 필요한 전체 에너지 가운데 약 60%를 청정에너지로 충당할 수 있게 된다. 이 프로그램은 여기서 그치지 않는다. 꾸리찌바 주택공사에서 추진하는 공공주택과 시립학교 등에도 태양광 발전시설을 설치해 재생 에너지 생산 기반을 계속 확충해 갈 계획이다.

또한 고형 폐기물을 시멘트 공장의 에너지로 전환하는 노력도 추진하고 있다. 꾸리찌바와 도시 고형 폐기물 관리를 위한 지방자치단체 간 컨소시엄을 구성하는 수도권 도시들은 꾸리찌바 광역도시권에 새로운 폐기물 처리 시스템을 구현하기 위한 프로젝트의 마지막 단계에 있다. 2023년 5월에는 브라질 포틀랜드 시멘트협회와 현지 시멘트업체에서 도시폐기물유래연료CDRU를 시멘트 제조용 연료로 사용할 수 있도록 하는 기술협력 및 협약을 체결했다. 이 프로젝트에는 히우브랑쿠두술 시에 있는 시멘트 제조사 보토란칭, 바우사노바의 이땀베 시멘트공장, 아드리아노폴리스 시의 건축자재 회사 마르젱이 참여한다. 도시폐기물유래연료는 시멘트 제조용 연료로 사용되는 석유 코크스의 에너지 대체품이다. 도시의 고형 폐기물을 매립하지 않고 석유 코크스를 도시폐기물유래연료로 대체할 경우 시멘트 공장에서 처리되는 도시폐기물유래연료 1톤당 이산화탄소 배출이 1.2톤 감소하는 것으로 알려져 있다.

또한 꾸리찌바 주택공사를 통해 시민들에게 양질의 주택을 공급하고 보존지역을 복구하는 동시에 환경을 돌보는 사업을 추진하고 있다. 예를 들어 2017년에서 2023년 사이에 강둑, 계곡 바닥, 산비탈과 같은 부적절한 장소에 살던 685가구가 안전한 지역의 새로운 주택에 정착할 수 있도록 도왔다. 이로 인해 지난 7년 동안 약 6만 2,000제곱미터의 보존지역이 복구되었다.

여기서 한 걸음 더 나아가 '강의 친구들Amigo dos Rios'과 같은 지역사회 단체의 참여로 하천 환경 개선을 촉진하고 향토 식물을 복원하는 프로그램도 적극 추진하고 있다. 그리고 2019년 봄에 그레카 시장의 제안으로 시작된 '10만 그루 나무 심기 챌린지'는 코로나19 팬데믹 아래서도 10만 8,000그루의 묘목을 심는 성과를 거두었고, 2024년에는 6월까지 기업, 군대, 학교 등의 능동적인 참여로 50만 그루의 나무를 추가로 식재하였다.

발리 두 피냥 교육단지와 탄소중립 마을

'기후 스마트시티 챌린지Climate Smart City Challenge'는 유엔 해비타트를 중심으로 실행 가능한 도시 및 기타 파트너가 주도하는 도시에 기반을 둔 개방형 혁신 대회다. 이는 기술자, 기업 및 투자자를 초청해 온실가스 배출을 줄이기 위한 최첨단 솔루션을 개발, 테스트 및 확장하는 대회로 국제사회에 널리 알려져 있다.

2020년 4월 유엔 해비타트에서 기후 스마트시티 챌린지 사업에 함께할 네 개 도시를 선정, 발표했다. 바로 영국의 브리스톨, 우간다의 마킨디에 사바가보Makindye Ssabagabo, 콜롬비아 보고타, 브라질의 꾸리찌바였다. 이 도시들에서는 스웨덴과 영국에 있는 파트너들과 협력해 온실가스 감축을 위한 최첨단 솔루션을 개발하고 테스트하고 확대할 계획이다. 최근까지 각 도시들은 자신들의 계획 특성에 맞춰 파트너를 확정하고 향후 추진 계획을 개략적으로 마련했다.

　　꾸리찌바 시에서는 탄소 제로 마을zero-carbon neighborhoods을 만들기 위한 새로운 솔루션 개발을 진행 중이다. 현재 두 개 마을을 대상 지역으로 계획하고 있는데, 하나는 4차 산업 혁명기술의 거점이자 첨단산업지구로 진화하고 있는 '발리 두 피냥'이고, 다른 하나는 비공식 정착지로 시작해 나날이 발전하고 있는 '빌라 토리스Vila Torres'다. 이 두 지역이 2030년까지 탄소 제로 마을로 완전히 조성된다면 꾸리찌바는 브라질은 물론 남아메리카를 대표하는 탄소중립 도시로 발돋움할 것이다.

　　이곳의 구체적인 구상 중 하나는 교육단지 조성계획으로 이것은 꾸리찌바 도시계획연구소의 건축가들에 의해 수립되었고, 그레카 시장이 최종 승인했다. 발리 두 피냥 교육단지에는 재생 가능한 에너지를 직접 생산·공급하는 학교와 혁신형 지혜의 등대, 그리고 시립유아교육센터가 함께 건설될 예정이다. 또한 학교 텃밭과 놀이터, 운동장, 강당, 스포츠센터 등도 구비될 예정이다.

　　이 교육단지의 지붕은 태양광 발전소 역할을 하고, 빗물도 재

발리 두 피냥의 허브 건물

사용하도록 설계되었다. 학교와 시립유아교육센터 사이에는 넓은 녹지 공간을 배치해 녹색 환경에서 아이들이 마음껏 뛰어놀고 체험활동을 하도록 배려할 것이다. 건물 내부와 외부를 유기적으로 통합하고, 녹지와 햇빛 모두를 감안해 지속가능한 건축물을 건설할 예정이다. 그리고 교육단지 안에 있는 녹지나 강당 및 스포츠센터와 같은 시설은 주말에는 지역 주민들도 사용할 수 있도록 할 것이다. 이처럼 매우 개방적이고 유연한 건축물을 가진 교육단지를 발리 두 피냥에 조성해 탄소 제로 마을을 만들어갈 생각인 것이다. 본 사업이 계획대로 완성되면 최소 1,000명의 어린이들과 지역 주민들이 직접적인 수혜를 받을 것으로 전망된다.

한편 발리 두 피냥과는 대조적인 지역 특성을 가진 빌라 토리스에서는 다른 형태의 온실가스 감축을 위한 최첨단 솔루션을 개발하고 테스트하여 확대할 계획이다. 현재까지는 구체적인 계획이 공개되지 않아서 앞으로 어떻게 진행될지는 정확히 알 수가 없다. 다만 이곳이 파벨라나 다름없는 저소득층 가구들이 모여 사는 지역이어서 폐기물과 관련된 온실가스 감축 솔루션을 개발, 실행하는 탄소중립 마을로 변화될 것이라는 사실만은 분명한 것 같다.

우리나라 지방자치단체나 교육청이 이런 탄소 제로형 교육단지 조성이나 폐기물과 연계된 탄소중립 마을에 관심을 두고 벤치마킹하면 매우 좋을 것이다.

기후변화와 전기버스화

브라질의 꾸리찌바는 메트로 없이 간선급행버스 시스템만 가지고 대부분의 도시교통을 처리한다. 도시 전체 차량 보유 대수 가운데 1%를 차지하는 버스가 45%의 꾸리찌바 시민들을 수송하는 것이다. 당연히 꾸리찌바에서 탄소중립 계획을 수립할 때 간선급행버스는 아주 중요한 요소가 된다.

파리기후협약에 부응하기 위해 입안한 꾸리찌바의 기후행동 계획에 따르면 꾸리찌바의 버스는 2030년까지 33%가, 2050년까지는 100%가 배출가스 제로로 운행되어야 한다. 이 목표를 위해 꾸리찌바에서는 2030년까지 전체 버스의 33%를, 2050년까지

100%를 전기버스로 교체할 계획이다. 여기에는 굴절버스나 이중 굴절버스와 같이 수송능력이 큰 버스도 모두 포함된다. 여기서 우리나라 도시들과 확연히 구분되는 차이점은 꾸리찌바에서는 에너지 효율성과 경제성이 낮은 수소버스를 중심에 두고 에너지 전환을 추진하지 않는다는 점이다.

꾸리찌바 시에서는 2025년부터 본격적으로 탄소중립형 대중교통 시스템을 구축할 계획이다. 앞서 2장에서 소개한 바와 같이 이 도시에서는 하루 37만 명을 수송하는 노부 인테르 2, 인테르 바이후스 II 및 동서 교통축 노선에서 먼저 전기 굴절버스를 운행할 계획이다. 이를 위해 중국의 비야디[54] 외에 엘레트라, 볼보, 메르세데스, 하이거, 마르코폴로 등 여섯 개 버스업체의 차량을 대상으로 2023년 11월까지 노선별로 테스트를 진행했다. 그 결과는 2024년 꾸리찌바 도시공사가 전기버스와 전기 굴절버스의 구매 입찰을 실시할 때 기초자료로 활용되었다. 2025년에는 1차로 저상형 전기 굴절버스 28대를 포함해 70대의 전기버스를 도입할 계획이다.

비야디는 세계 최대 전기버스 제조업체 가운데 하나로 기술 수준은 물론 가격 경쟁력 면에서도 결코 선진국 제조업체에 뒤지지 않는다. 비야디의 D11B 모델은 저상형 전기 굴절버스로 170명의 승객을 태울 수 있고, 주행거리는 250킬로미터이고 배터리는 4시간 만에 충전할 수 있다. 테스트 기간 동안 총 12명의 운전자(이 중 2명은 여성)가 비야디 버스를 운전할 수 있도록 교육을 받았다. 하지만 꾸리찌바는 오래 전부터 볼보나 메르세데스, 마르코폴로

↑ 꾸리찌바 공업단지에서 생산하는 볼보 사 전기 이중굴절버스
⇩ 비야디 전기 굴절버스

등이 생산한 버스가 운행 중인 도시라 최종적으로 어떤 전기 굴절 버스가 입찰 과정에서 승리할지는 좀 더 지켜봐야 할 것이다.

또한 꾸리찌바에서는 일부 버스 터미널 지붕에 태양광 발전 시설의 설치가 이미 끝났거나 현재 진행 중이다. 산타 칸지다 태양광 터미널에서는 재생 가능한 에너지를 생산해 환경에 이바지하고 생산된 전기를 비축하기 시작했다. 이곳에서 연간 생산되는 에너지의 양은 62만 5,000킬로와트시로 추정되는데 연간 41만 1,000헤알의 예산을 절약하는 셈이다. 2023년 10월 파라나 에너지공사가 발표한 자료에 따르면 파라나 주 가구의 평균 소비량이 168.6킬로와트시라고 하니 한 달 동안 3,864가구에게 공급할 수 있는 전기를 생산하는 것이다.

태양광 패널을 통해 생산된 에너지는 파라나 에너지공사의 배

환승터미널인 산타 칸지다 태양광 터미널

전망에 투입되고, 꾸리찌바 시의 에너지 사용료에서 공제되도록 설계되어 있다. 꾸리찌바 도시공사에 따르면 산타 칸지다 태양광 터미널에는 현재 11개의 버스노선이 운행 중이고, 매일 약 3만 명의 시민이 이곳을 이용한다. 탄소중립형 간선급행버스 시스템이 2025년 완공되면 터미널에서 생산된 전기로 충전한 전기 굴절버스가 본격적으로 운행을 시작할 것이다.

꾸리찌바에서는 버스교통 자체를 완전한 탄소중립형으로 만드는 것이 최종 목표다. 태양광 발전을 통해 생산한 전기를 동력으로 모든 간선급행버스 시스템을 운영할 생각인 것이다. 바꾸어 말하면 꾸리찌바는 자가용의 전기차 교체보다 버스교통의 에너지 전환을 더 적극적으로 추진하고 있는 셈이다. 이것이 대한민국 도시들의 정책 기조와 완전히 다른 부분이다.

쓰레기 매립지를 태양광 발전소로

카심바 매립지는 내가 약 25년 전 KBS 〈생명시대〉 제작팀의 일원으로 다큐멘터리 촬영차 방문했을 때 처음 찾아갔던 곳이다. 그 후에도 10여 년 동안 위생매립을 계속해 오다가 2010년에 사업을 종료한 후 토양 안정화 작업과 생태 복원을 지속적으로 추진해 왔다. 이 부지에 '피라미드 솔라 두 카심바Pirâmide Solar do Caximba'라 불리는 태양광 발전소가 건설되었다.

피라미드 솔라 두 카심바는 매립지 위에 건설된 라틴아메리카 최초의 대규모 태양광 발전소다. 20년 동안 가정용 쓰레기를 버렸던 매립지를 재생가능 에너지를 생산하는 발전소로 전환한 것이다. 우리나라에서 산지나 농지를 훼손해 가며 개발하는 방식과는 완전히 다른 친환경적인 개발이다.

'피라미드 솔라'는 기후 변화에 대응하고 완화하기 위한 도시 전략 중 하나인 꾸리찌바 더 많은 에너지 사업의 일부다. 이 사업에는 도시기후리더십그룹과 독일 국제협력협회GIZ가 공동으로 기술 지원을 하고, 독일 연방경제협력개발부BMZ, 영국 비즈니스·에너지·산업전략부BEIS, 미국 국제개발처USAID 등이 자금을 지원했다.

특히 피라미드 솔라는 '도시기후리더십그룹 금융시설CFF'에서 재정을 지원했다. 도시기후리더십그룹 금융시설은 금융 간의 격차를 해소하면서 도시의 기후 변화 완화 및 복원력 프로젝트를 위한 자금 조달을 촉진하기 위해 도시기후리더십그룹에서 창안한 것이다. 이는 프로젝트 준비 및 역량 개발을 제공하고, 지식을 널리 공유하며, 도시와 금융기관 및 기타 조직 간에 파트너십을 구축하는 것을 목표로 한다.

카심바 쓰레기 매립지는 1989년 11월 20일 매립을 시작해 2010년 10월 31일에 사업이 종료된 곳이다. 총면적이 101만 5,000제곱미터인 이 매립지에서 폐기물이 차지하는 면적은 43만 9,540제곱미터고, 그곳에서 처리된 폐기물의 총량은 1,213만 3,794.8톤이나 된다. 꾸리찌바 시는 이 쓰레기 동산에 기초공사를

노을에 물든 피라미드 솔라 두 카심바 태양광 발전소

시작으로 금속구조물 설치 공사까지 마무리하고 거기에 8,600개의 태양광 패널을 설치해 대규모 태양광 발전소를 건설했다. '꾸리찌바 태양광발전 공원'이라고도 부르는 이곳은 2023년 2월 중에 건설 공사를 마무리하고, 3월부터 4.55메가와트피크의 설비 용량을 갖추고 전기를 본격적으로 생산하기 시작했다. 이런 상전벽해桑田碧海가 지구촌 어디에 또 있을까? 왜 이 도시를 리사이클링의 수도라 부르는지 그 이유를 이제야 알 것만 같다.

2023년 3월 29일은 꾸리찌바 시 탄생 330주년이 되는 날이다. 이날을 기념해 현지에서는 '스마트시티 엑스포'를 비롯해 다양한 행사가 열렸다. 그중 가장 주목할 만한 행사는 '피라미드 솔라 두 카심바' 태양광 발전소의 개소식이었다.

꾸리찌바 사람들은 한번 생명이 다한 곳에 새로운 생명을 부여해 재활용하는 탁월한 재주를 가지고 있다. 쓰레기 매립지를 태양광 발전소 피라미드 솔라로 변신시켜 8,600여 개의 태양광 패널을 통해 전기를 생산한 것도 그 재주가 발휘된 일이다. 덕분에 꾸리찌바 시는 연간 265만 헤알을 절약할 수 있게 되었다. 이 정도의 재정 수입이라면 시립유아교육센터를 짓고, 약 660미터의 자갈길을 양질의 포장과 완벽한 배수 시스템을 갖춘 도로로 바꾸거나, 취약한 상황에 처한 사람들을 위한 연대 테이블에서 1년 반 동안 하루 천 끼의 식사를 충분히 제공할 수 있는 규모다.

피라미드 솔라는 꾸리찌바 시청의 공공재정의 확충뿐 아니라 재생가능한 에너지 생산을 통해 기후변화에 대처하고 완화하는 데도 아주 크게 기여할 것이다. 이로써 꾸리찌바는 남아메리카는 물론 세계적으로도 아주 중요한 기념비적인 환경자산을 새롭게 갖게 되었다. 꾸리찌바를 방문하는 사람들은 앞으로 반드시 가봐야 하는 필수 답사지 중 하나로 피라미드 솔라를 꼽게 될 것이다.

이에 대비해 꾸리찌바 시청에서는 2023년 6월부터 시민들이 예약하고 방문하면 전문가가 직접 안내하는 가이드 투어를 시작했다. 첫 번째 가이드 투어에는 17명의 시민들이 참석했다. 이후 그 수요는 계속 증가해 6월에는 애초의 계획보다 2번 늘려 6번의 투어를 진행했으며, 7월부터는 방문객 추이를 봐가며 일정을 탄력적으로 운영하고 있다.

꾸리찌바 태양광발전 공원은 현재 관광 분야에서 상당한 관심

피라미드 솔라 두 카심바 태양광 발전소에 대해 설명하는 안내원

을 불러일으키고 있다. 관광업에 종사하는 전문가는 많은 여행자가 꾸리찌바의 지속가능성 이니셔티브에 대해 배우기 위해 이 도시를 직접 방문한다고 전한다. 이들은 게이트하우스에서 안전지침에 대한 간단한 교육을 받고, 매립지와 태양광발전 공원의 일부를 직접 볼 수 있는 전망대까지는 차로 이동한다. 시간이 지날수록 피라미드 솔라는 꾸리찌바가 스마트하고 지속가능한 관광지로 자리매김하는 데 상당히 커다란 역할을 할 것으로 보인다. 기후위기 시대에는 지속가능성 자체가 관광의 주제가 될 수 있을 것이다. 해가 뜰 때나 해가 질 때의 태양광발전 공원 풍경은 정말 장관이다. 내가 25년 전 방문한 냄새나는 매립지라고는 도저히 믿을 수가 없다.

6월 5일 세계 환경의 날은 1972년 6월 스웨덴 스톡홀름에서 열린 '유엔인간환경회의'에서 국제사회가 지구환경보전을 위한 공동노력을 다짐하며 제정한 날이다. 그래서인지 6월이 되면 세계적으로 유명한 언론이나 기관들이 앞다투어 가장 친환경적인 도시 10곳, 10대 녹색도시, 생태친화적인 도시 21곳 등을 발표한다. 2024년도 예외는 아니었다. 재미있는 것은 남아메리카 변방에 있는 브라질의 꾸리찌바는 어떤 발표에서도 빠지지 않고 등장한다는 사실이다.

2023년에는 세계 대도시 시장들 96명이 모여 있는 도시기후리더십그룹에서도 카심바 쓰레기 매립지를 기후친화적으로 재생한 태양광 발전소 피라미드 솔라에 대해 아주 깊은 관심을 보였다. "꾸리찌바 : 매립지에서 태양광 혁명까지"라는 인사이트를 통해 이 소식을 상세히 전한 것이다. 지금은 고인이 된 꾸리찌바 시장이자 도시침술사인 자이메 레르네르는 "창조성이란 아주 전염력이 강하다."고 말했다. 이를 입증이라도 하려는 듯 벌써 브라질은 물론 국제사회에서도 이 재생 사업을 복제하려는 움직임이 들불처럼 번지고 있다.

꾸리찌바보다 인구가 3배 이상이나 많은 히우데자이네루에서도 도시기후리더십그룹 금융시설의 기술 지원으로 개발된 공공-민간 파트너십 모델을 사용해 '카리오카 솔라이움Carioca Solaium 프로젝트'를 시작했다. 이 프로젝트는 도시 서쪽에 있는 산타 크루스Santa Cruz 매립지에 태양광 시설을 조성하는 것으로 부지 면적은 2만 8,593제곱미터에 이른다. 이 시설이 완성되면 연간 9,180메가와트시의 전력을 공급할 수 있는데, 이는 약 5,000가구에게 1년간 공급할 수 있는 양이다.

도시기후리더십그룹 금융시설은 또한 꾸리찌바의 경험을 바탕으로 태양광 프로젝트를 실행하기 위해 벨루오리존치, 폰타 그로사, 파라나 주의 여러 도시 컨소시엄인 파라나 시다데스^{Paraná} Cidades 등 브라질의 다른 도시에도 기술 지원과 조언을 제공했다. 이를 통해 브라질의 총 18개 도시(도시기후리더십그룹 회원 도시 세 개와 비회원 도시 15개)가 피라미드 솔라 프로젝트에서 창출된 기술과 지식을 공유했다. 그리고 각 도시는 프로젝트를 발전시키기 위해 꾸리찌바의 모델을 적용할 수 있는 방법을 파악하는 일련의 컨퍼런스와 세미나에도 참석했다.

이밖에도 다카, 자카르타, 쿠알라룸푸르 등 많은 다른 도시들도 이미 꾸리찌바의 선례를 따르기 시작하고 있다. 매립지를 태양광 발전소로 전환하는 노력을 통해 많은 저개발국과 개발도상국의 도시들도 도시 에너지 그리드를 탈탄소화하고 모두에게 더 깨끗하고 지속가능한 미래를 제공할 수 있도록 하는 대장정에 나선 것이다.

스펀지 도시

기후 변화로 인해 홍수와 도시 폭우 현상이 일상화되고 있다. 이에 대응하기 위해 많은 도시들은 지속가능하고 적응력이 있는 수자원 관리 시스템을 구축하고, 자연기반형 솔루션을 이용해 회복력을 높이는 데 역점을 기울이고 있다. 이런 노력을 경주하는 도시들을 전문가들은 '스펀지 도시Cidade-esponja'라고 부른다.[55]

스펀지 도시는 도시를 계획하고 설계할 때, 자연환경을 보호하고 지속가능한 방식으로 만든다는 원칙을 철저하게 준수한다. 그리고 가장 큰 특징은 스펀지처럼 수분을 흡수하여 주변의 물을 정화하고 필요한 때에 방출하는 인공적인 인프라를 갖추고 있다는 것이다. 이러한 인프라를 통해 스펀지 도시는 지속가능하고 환경친화적인 도시를 만들어가는 것이다. 그 좋은 예가 바로 꾸리찌바시다.

꾸리찌바는 집중호우 발생 시 홍수 가능성을 줄이기 위해 공공사업국에서 파사우나Passaúna, 벨렝Belém, 바리귀, 아투바Atuba, 이구아수, 히베이랑 두스 파딜라Ribeirão dos Padilha 등 여섯 개 강 유역에서 기본적인 준설 작업을 시행하고 우수관 청소를 일상적으로 수행한다. 이러한 기초적인 홍수 예방 활동 외에 꾸리찌바에는 이 도시만이 가진 독특한 특징이 있다.

바리귀 강과 벨렝 강이 흐르는 곳에는 바리귀 공원 외에도 상로렌수, 바카쉐리, 칭기 공원이 있고, 아투바 강이 통과하는 곳에는 아투바 공원이 있다. 이들 공원에 있는 호수들은 장마, 호우 등으로 늘어난 우수 유출량을 임시로 저장할 수 있는 유수지遊水池 역할도 하고 꾸리찌바 시의 미기후를 관리하는 데도 아주 중요한 기능을 한다.

이 밖에도 꾸리찌바 시에서는 2003년부터 도시의 주요 강 옆에 네 개의 선형공원을 더 만들었다. 카주루, 마이리Mairi, 마네 가

스펀지 도시 꾸리찌바에서 스펀지 역할을 하는 바리귀 공원

힌샤Mané Garrincha 및 이베레Yberê 공원 등이 바로 그곳이다. 이 선형공원은 하천 배수로를 보존하고 홍수를 예방할 수 있는 범람원과 저류지 등을 갖추고 있다.

또한 2024년 초부터 녹지 공간을 갖추고 빗물을 저장해 두었다 배수할 수 있는 침수 가능한 공원을 다섯 개 지역에 조성하고 있다. 바리귀 강 옆 바이후 노부 두 카심바 지역에 선형공원을 조성하고 있고, 움바라Umbará 지역에 있는 헤제르바 이드리카 두 푸투루Reserva Hídrica do Futuro에서도 공사를 이미 시작했다. 이 새로운 공원은 과도한 빗물이 넘치도록 특별히 설계된 공간으로, 그 아이디어는 호수, 나무, 관목, 토양 및 빗물 배수구의 자연적 능력을 활용해 주거지역에 큰 피해를 주지 않는 곳으로 빗물이 흐르도록 하는 것이다. 따라서 빗물이 범람할 때는 시민들의 공원 이용

스펀지 도시를 만들기 위한 이베레 선형공원

이 일시적으로 차단된다.

또한 콜리나스 두 아브랜치스 공원Parque Colinas do Abranches
에도 홍수 방지 유역을 갖추고 배수 개선에 도움이 되는 사업들
을 준비 중이고, 트보앙의 상프란시스쿠 지 아시시 공원Parque São
Francisco de Assis과 바헤이리냐의 마나카 공원Parque Manacā에도 빗
물을 더 잘 흡수할 수 있도록 투수성을 높이는 사업을 진행 중이
다. 꾸리찌바는 이러한 침수 가능한 공원을 지역별로 확대해 도시
전체의 회복력을 높이고 있는 것이다.

꾸리찌바의 스펀지 도시 만들기는 선진 대도시들이 일반적으
로 도심지역의 수해를 막기 위해 하는 고비용의 대도심 빗물 터
널 조성과는 아주 대조적이다. 꾸리찌바의 공원들은 폭풍우가 내
릴 때마다 주요 강의 수위가 높아지면 물을 가두었다 배수하고 주

거지역에 도달하지 않도록 하는 기능을 현재까지 잘 수행하고 있다. 덕분에 아주 가난한 사람들이 거주하는 파벨라를 제외한 도시의 모든 지역에서 집중호우 피해를 거의 입지 않을 뿐더러 회복력도 상대적으로 높은 편이다. 그럼에도 불구하고 해가 가면 갈수록 기후변화로 인한 집중호우의 강도는 물론 빈도가 더 높아지고 있어 꾸리찌바의 고민도 깊어지고 있다. 특히 2024년 5월 히우그란지두술 주의 대홍수를 지켜본 후에는 기후위기에 대응하는 노력을 더욱 강화하기로 했다.

이와 동시에 꾸리찌바에서는 기후 위험 적응 프로젝트의 하나로 벨렝 생태지구Belém Ecodistrito 조성 사업을 추진하고 있다. 약 6.3킬로미터 길이의 선형공원을 갖추고 있는 이 지역에서 다양한 사회·환경적 도시 개입을 시도해 홍수는 물론 도시의 열 위험을 줄이려는 계획이다. 이는 폭염과 가뭄이 심할 때 물을 공급할 수 있는 호수 형성을 촉진하기 위해 움바라 지역에 물 보호구역을 새로 지정하여 공원으로 개발하는 일이다.

탄소중립을 위한 시민들의 실천

기후변화와 환경보호를 위한 행동을 적극 지지하는 프란치스코 교황은 2024년 5월 26일에 바티칸시티의 에너지 수요를 충족할 수 있는 태양광 발전소 건설을 지시했다. 로마에 있는 이 작은 국가는 세계 가톨릭교회의 본부가 있는 곳으로 성 베드로 대성당을 포함하고 있다. 0.44제곱킬로미터에 불과한 세계에서 가장 작은 나라다.

교황은 교황령으로 바티칸 성벽 밖 로마 북서쪽 외곽에 있는 산타 마리아 갈레리아에 태양광 공원 건설을 발표했다. 이 지역은 바티칸에 속해 있고 바티칸 라디오 방송 센터가 있는 곳이다. 교황령에 공원의 규모나 완공 시기는 명시되지 않았지만 곧 착수할 것으로 보인다.

이러한 변화는 교황청에만 국한되지 않는다. 각 나라의 가톨릭교회에서도 이런 활동이 적지 않다. 브라질의 꾸리찌바 대교구는 동 교구의 본당과 예배당에 전기를 공급하기 위해 파드레 바지우 태양광 발전소Usina Solar Padre Baggio를 건설했다. 이 발전소는 월 18만 킬로와트시의 청정에너지를 생산할 수 있는데, 이는 파라나 에너지공사에 연결된 약 700개의 소비자 유닛에 공급할 수 있는 용량이다. 그리고 캄푸 라르구의 발전소는 현지 에너지 공급업체인 코셀이 공급할 예정이다. 이는 지구의 환경 문제를 성찰하고 교회의 회개와 행동을 촉구하는 교황의 회칙 '찬미 받으소서'를 따르는 것이기도 하고, 꾸리찌바 시에서 추진하고 있는 '더 많은 에너지 프로젝트'에 부응하기 위한 노력이기도 하다.

꾸리찌바 대교구의 돔 호세 안토니우 페루초 대주교는 이 프로젝트의 동기가 경제적, 생태학적이라고 설명했다. 그는 환경 보호에 대한 프란치스코 교황의 요청이 시급하다고 말하며 "우리에게 공통된 이 집을 돌보기 위해 구체적인 조치를 취하는 것이 시

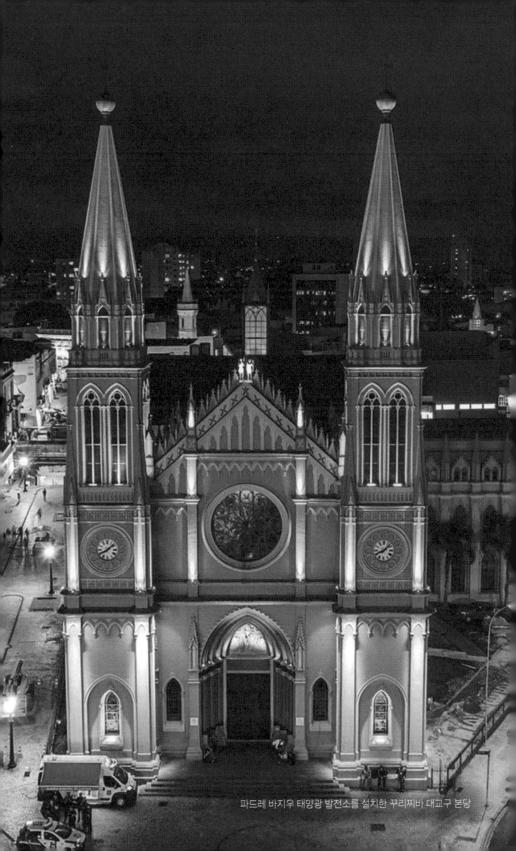

파드레 바지우 태양광 발전소를 설치한 꾸리찌바 대교구 본당

급하다."고 언급했다.

이 외에 꾸리찌바의 기업들이 탄소중립을 실현하기 위해 스스로 소박한 목표를 하나씩 설정해 추진하는 것도 상당히 흥미로운 부분이다. 꾸리찌바 시에 있는 화물자동차 운송업체 히마투르 트란스포르치는 2023년 10월부터 회사 근처에 위치한 다섯 개 거리에서 새로운 프로젝트를 시작했다. 즉 자신들이 배출하는 온실가스를 상쇄시키기 위해 연간 500그루의 묘목을 심기로 한 것이다. 우선 영어로 골든 트럼펫 트리라 불리는 꾸리찌바 시의 향토수종 이페 나무 72그루를 심었고, 300그루의 묘목은 시에 기증했다. 그리고 2024년까지 모든 식재를 완료했다.

히마투르 트란스포르치가 나무를 심으며 내건 현수막이 아주 인상적이다. "나무를 심어볼까요? 온실가스 배출을 중립화하기 위해 나무를 심습니다. 세상을 돕는 히마투르의 방식!" 우리 기업이나 시민·사회단체들도 이런 작은 목표를 하나 정해 탄소 흡수원을 확보하기 위한 운동을 적극적으로 추진해 보면 좋겠다.

탄소중립을 위한 노력은 관공서와 기업의 노력만으로는 부족하다. 탄소중립을 위해 자가용을 타지 않고 대중교통이나 자전거를 이용하는 작은 일들을 시민들이 실천하지 않는다면 소기의 성과를 거두기 어려울 것이다. 꾸리찌바에서는 시청에서 직접 주관하는 행사에도 시민들이 다양한 방식으로 참여해 배출된 이산화탄소를 중화시키려는 노력을 경주하고 있다. 그 좋은 예로 탄소 제로형으로 실시하는 '꾸리찌바 마라톤'을 들 수 있다.

꾸리찌바 시의 스포츠·레저·청소년국에서는 단축 마라톤과

일반 마라톤 대회를 할 때 각각 1,750명의 참가자 등록을 받는다. 참가자로 등록하는 선수들 중 선착순 500명의 주자에게는 토종 나무 묘목 1그루씩을 나누어주고, 도시 어딘가에 나무를 심는 동영상을 녹화해 소셜 미디어에 게시하도록 하고 있다. 이렇게 하는 이유는 묘목을 심으면 지구온난화를 일으키는 이산화탄소를 흡수하고 산소를 방출하는 역할을 할 수 있기 때문이다.

볼보와 포멘투 파라나가 후원하는 꾸리찌바 마라톤은 탄소 제로를 목표로 한다. 이러한 목표를 위해 우선 주최 측에서는 메달 3,500개를 생산할 때 나오는 이산화탄소 1,260킬로그램과 레이스하는 동안 사용되는 플라스틱 컵 1만 5,000개의 탄소 배출량 750킬로그램, 그리고 행사 기간 동안 사용하는 버스와 자동차의 탄소 배출량 각각 2,002킬로그램과 5,250킬로그램을 개략적으로 환산했다.[56] 이렇게 추정된 총 이산화탄소 배출량 9,262킬로그램을 상쇄하기 위해 필요한 나무는 모두 421그루인 것으로 계산되었다. 그래서 시청에서는 이보다 79그루가 더 많은 500그루의 나무를 심기로 결정한 것이다.

이렇게 스포츠 행사를 할 때도 시민들이 사회·환경적 책임의식을 갖도록 하는 것은 지속가능성을 위한 꾸리찌바 시의 전략 중 하나다.

7
열린 스마트시티 만들기

세계에서 가장 스마트한 도시

리처드 세넷은 탁월한 저서 《짓기와 거주하기》에서 송도와 마스다르Masdar 같은 기존의 스마트시티에 대해 매우 날 선 비판을 가하고 있다. 그의 강연 제목인 '멍청하게 만드는 스마트시티' 역시 참 자극적이다. 세넷이 말하는 우리를 영리하게 만드는 열린 스마트시티는 어떤 도시를 말하는 것일까?

"스마트시티에는 열린 것과 닫힌 것 두 종류가 있다. 닫힌 스마트시티(처방적 스마트시티)는 우리를 바보로 만들 것이고 열린 스마트시티(조정적 스마트시티)는 우리를 더 영리하게 만들 것이다. 처방적 스마트시티는 내적으로 권위주의적이지만 조정적 스마트시티는 민주주의적이다. 송도에서는 민주적 고찰이 별로 중요하지 않다. 계획 자체에 자유롭게 운신할 여지가 거의 없기 때문이다. 그에 비해 꾸리찌바 사람들은 테크놀로지적으로 민주주의를 실천한다."

이 책에서 세넷은 도시의 의미를 물리적 환경인 빌ville과 그 속에서 사람들이 살아가는 삶의 방식인 시테cite로 구분하며 이렇게 말한다. "기술적 빌은 처방적 스마트시티와 조정적 스마트시티로 나눌 수 있다. 처방적 스마트시티는 시민과 함께하는 공동 제작의 형태가 아니다. 장소의 형태와 기능은 미리 정해져 있고, 시민들은 가장 사용자 친화적인 것을 행한다는, 매력적이지만 정신을 둔감하게 만드는 규칙에 따른다. 그것은 폐쇄적인 빌이다. 조정적 스마트시티는 공동 제작의 형태로, 실시간 데이터를 통해 그 도시를 사용하는 방법뿐 아니라 리옹이나 꾸리찌바에서처럼 건물 형태와 거리 계획을 어떻게 다르게 고안할지도 생각하는 스마트시티다. 그렇게 고안된 대안 형태들이 현대적인 개방형 빌의 모델을 보여준다."[57]

국제사회에서 개방형 빌로 평가되는 꾸리찌바는 일찍부터 브라질 내에서 가장 스마트한 도시로 인정받아 왔다. 2018년 '커넥티드 스마트시티Connected Smart Cities' 포럼에서도 꾸리찌바는 브라질에서 가장 지능적이고 연결성이 높은 도시로 선정되었다. 이는 컨설팅 기업인 어반 시스템스가 개발한 방식에 의해 약 700개의 지자체를 대상으로 평가한 결과였다. 11개 영역(모빌리티, 도시계획, 환경, 에너지, 기술과 혁신, 경제, 교육, 의료, 보안, 기업가정신, 거버넌스), 70개 지표를 종합적으로 평가한 꾸리찌바의 점수는 31.782점이었다. 이것은 남아메리카에서 가장 큰 상파울루의 31.459점보다도 높은 점수였다. 한동안 상파울루가 1위였는데 2018년에 역전된 것이다. 이제 꾸리찌바는 대중교통이나 도시계획, 생태환경 분야를 넘어 스마트시티 영역에서도 브라질을 대표하는 도시가 되었다. 브라질 영토 안에 있으면서도 선진국에 있는 도시처럼 생각되는 도시가 꾸리찌바가 아닌가 싶다.

이와 같은 인식을 바탕으로 꾸리찌바에서는 남아메리카 최초로 바리귀 공원에 있는 엑스포 르노 바리귀Expo Renault Barigui와 발리 두 피냥 일원에서 2018년 2월 말 스마트시티 엑스포 세계회의를 열었다. 국내외 5,000여 명의 관계자들이 참석한 이 회의에서는 와해성 기술Disruptive Technology[58], 거버넌스, 디지털 혁신과 미래도시의 미래 등 4가지 주제를 가지고 기조 강연과 논문 발표 및 토론회를 개최했다. 그리고 꾸리찌바 시 325주년 기념행사가 열리는 3월 말까지 약 한 달 동안 스마트시티 엑스포 박람회와 20가지 이상의 문화행사, 그리고 다양한 이벤트를 진행했다.

그리고 다음 해인 2019년에는 세계 25개 도시와 브라질 80개 도시 대표들이 참가한 '스마트시티 엑스포 꾸리찌바 2019Smart City Expo Curitiba 2019'를 열고 국제포럼과 스마트시티 관련 기술 박람회 등을 개최했다. 개막 첫날 꾸리찌바 시에서 제공하는 모든 서비스와 도시정보, 관광명소, 이벤트 일정 등을 알 수 있도록 만든 '꾸리찌바 앱'을 처음 공개했는데, 이는 브라질 지방자치단체로는 처음으로 개발한 앱이었다.

코로나19 팬데믹으로 인해 2년 동안 잠시 중단되었던 남아메리카 최대의 스마트시티 엑스포 세계회의는 2022년에 다시 열리기 시작했다. 그리고 2024년 3월 20일에는 바리귀 공원에 있는 포지치부 이벤트 센터에서 '스마트시티 엑스포 꾸리찌바 2024'가 열렸는데, 이는 바르셀로나에서 열리는 스마트시티 엑스포를 제

포지치부 이벤트 센터와 바리귀 공원

외하고는 세계에서 가장 규모가 큰 행사다. 이때 세계적인 벽화가
인 에두아르두 코브라가 강연을 했다. 강연의 주제는 '도시 예술
은 스마트시티의 일부입니다'였는데, 그는 "거리 예술은 예술가뿐
만 아니라 도시 전체에도 큰 도움이 됩니다. 조화, 아름다움, 감성,
그리고 종종 평화의 메시지를 전달해 거리를 민주적인 공간으로
만듭니다."라고 말했다.

브라질 히우데자네이루의 항구 지역에 있는 코브라의 벽화
〈우리는 모두 하나〉는 지구상에서 가장 큰 그래피티로 기네스북
에도 등재되어 있다. 전 세계의 민족을 하나로 묘사하고 있는 이
작품은 2016년 올림픽을 위해 제작된 것으로 약 3,000제곱미터의
면적에 3,000개의 스프레이 캔과 2,500리터의 페인트를 사용해
그려냈다.

스마트시티 엑스포는 꾸리찌바뿐 아니라 세계 도처에서 열린

에두아르두 코브라의 벽화 〈우리는 모두 하나〉

꾸리찌바가 수상한 월드 스마트시티 어워드 2023의 도시 부문 대상

다. 그중 규모 면에서 가장 크고 오랜 역사를 가진, 세계에서 가장 권위 있는 행사는 피라 바르셀로나가 주최하는 바르셀로나의 스마트시티 엑스포다. 여기에서 꾸리찌바는 2023년 11월 8일 세계에서 가장 스마트한 도시로 선정되었다. 사회 경제적 성장과 지속가능성을 목표로 한 꾸리찌바 시청의 스마트한 공공정책, 행동, 도시계획 프로그램으로 '월드 스마트시티 어워드'의 도시 부문에서 세계적으로 유명한 도시들을 제치고 대상을 수상하는 쾌거를 달성한 것이다.

꾸리찌바는 브라질 최초의 대학과 보행자 전용거리를 가진 도시일 뿐만 아니라 대중교통, 도시계획 및 환경보존의 모델 도시다. 그러나 안타깝게도 이 도시가 한동안은 혁신성을 잃고 정체되어 있었다. 다행히 하파엘 그레카 정부가 개발한 창의적인 스마트시티 이니셔티브 덕분에 지난 8년 동안 혁신적인 DNA를 완전히 회복했다. 그 결과로 꾸리찌바는 기술 중심의 공급자 접근 방식(스마트시티 1.0)이 아닌 도시 중심의 기술 지원 모델(스마트시티 2.0)과 차세대 스마트시티를 주도하는 시민 공동 창조Citizen co-creation(스마트시티 3.0) 모델을 혼합해 발전해 나갈 수 있었던 것으로 생각된다.[59] 이로써 꾸리찌바는 기존의 생태도시 이미지에서 한 발 더 나아가 명실상부한 선도적인 스마트시티로 국제사회의 인정을 받게 되었다.

내 손 안의 도시

현대적인 개방형 빌의 모델을 보여준 꾸리찌바는 브라질에서 5G를 가장 많이 사용하는 도시다. 또 2022년에 인터넷을 통해 새로운 데이터 전송 기술의 신호를 수신하는 브라질 최초의 도시가 되었다. 이는 꾸리찌바가 2019년 휴대폰 안테나 설치를 규제하는 법률을 일찌감치 바꾸었기에 가능한 일이었다.

꾸리찌바 시민의 디지털 포용을 촉진하는 공공 와이파이 시스템은 도시 내 310개 지점에서 무료로 와이파이를 제공한다. 이는 시민들을 위한 디지털 자원의 가장 중요한 원천이기도 하다.

또한 꾸리찌바 시청은 정보 기술을 사용해 대중이 공공서비스에 더 쉽게 접근할 수 있도록 하는 전자정부e-Gov 프로젝트 및 프로그램에 막대한 투자를 해왔다. 꾸리찌바 시민들은 시청 데이터

환승 터미널에 설치된 공공 와이파이 시스템

베이스인 e-시다당e-Cidadão, 즉 e-시민을 통해 36개의 애플리케이션에 액세스해 안전하고 간단한 방법으로 시청에 디지털서비스를 요청할 수 있다. 이것은 '내 손 안의 도시Cidade na Palma da Mão'라 불리는 시스템으로 시민들이 가지고 있는 스마트폰으로 이 시스템에 접속하여 시청과 유관기관이 제공하는 모든 서비스를 확인하고 이용할 수 있다. 이를 완벽하게 구축하기 위해 하파엘 그레카 시장이 취임한 2017년부터 꾸리찌바 시청은 꾸리찌바 앱, 사우지 자 꾸리찌바Saúde Já Curitiba, 156 꾸리찌바156 Curitiba 및 노타 꾸리찌바나Nota Curitibana 등과 같이 도시에서 제공하는 서비스와 정보를 시민들이 손바닥 안에서 확인, 이용할 수 있는 애플리케이션을 계속 출시했다. 이를 간단히 소개하면 아래와 같다.

- 꾸리찌바 앱 : 꾸리찌바에서 만든 모든 서비스와 도시정보, 관광명소, 이벤트 일정 등을 알 수 있다.

- 사우지 자 꾸리찌바 : 꾸리찌바 시에서 운영하는 통합 의료 시스템의 하나로 시청의 보건국에서 관할한다. 여기서는 코로나19 신속항원검사 예약과 검사결과 확인이 가능하고, 교통사고를 포함한 위험에 노출된 긴급 상황에 대한 통보와 대응 등이 이루어진다. 이 애플리케이션은 사우지 자 센터 Saúde Já Center와 긴밀하게 연계되어 운영된다.

- 건강 4.1Health 4.1 : 꾸리찌바는 1990년에 이미 브라질 최초로 통합 전자 의료 기록 시스템을 도입한 선구적인 도시다. 이곳에서는 감염병이 창궐하기 시작하자 곧 사우지 자 센터를 설립·운영하며 브라질 최초로 코로나바이러스 감염 환자에 대해 화상 상담 서비스를 제공했다. 그 덕분에 꾸리찌바는 브라질의 도시 중 코로나19 팬데믹에 비교적 잘 대응한 도시로 평가된다. 현재도 꾸리찌바의 통합건강체계 Sistema Único de Saúde는 사용자가 집에서 원격 진료 또는 화상 통화를 할 수 있는 시스템을 갖추고 있다.

- 기아 꾸리찌바 : 꾸리찌바의 모든 행사를 영역과 이벤트 날짜별로 분류해 모아둔 시청의 플랫폼이다. 기아 꾸리찌바에서는 영화관, 회의 및 강연, 강좌 및 워크숍, 춤, 문화공간, 스포츠, 전시회, 박물관, 공원, 건강과 웰빙, 극장과 쇼, 발리 두 피냥, 요리 등 다양한 영역으로 나누어 상세한 정보를 제공한다. 이로써 시민들은 꾸리찌바 안에서 이루어지는 모든 행

사에 대한 정보를 쉽게 얻을 수 있다.

• 156 꾸리찌바 : 시민들은 156번으로 전화를 하거나 156 꾸리찌바 앱을 이용해 시청과 직접 소통할 수 있다. 이를 통해 156 꾸리찌바 앱의 운영에 관한 제안은 물론 개선 사항 등도 직접 요구할 수 있으며, 시청에서 제시해 둔 다양한 영역의 서비스와 조사 요청 및 제안 등을 실행할 수도 있다. 예를 들면 접근성 분야에서는 엘리베이터 및 경사로에 대한 유지 관리, 공공도로에 노약자 및 장애인 전용 주차장 설치 요청 등을 할 수 있고, 동물 영역에서는 공공도로에 방치되어 사람들에게 위험을 초래하는 들개에 대한 신고와 가축 학대 등에 대해 신고할 수 있다. 또한 가족창고 영역에서는 고객 서비스를 위한 카드 등록과 보존 및 유지 관리, 가격에 대한 불만 사항을 제시할 수 있다. 그리고 공공도로에 쓰러진 나무나 가지, 느슨한 케이블, 빗물받이의 유지 보수와 맨홀 청소, 배수구의 덮개 및 맨홀의 교체 및 유지 관리 등도 요청할 수 있다.

이 밖에도 보행로를 방해하는 문제에 대해 점검을 요청하거나 건축 및 정원 폐기물, 각종 잔해물의 수거와 관련된 서비스를 요청할 수 있다. 뎅기열을 예방하기 위해 비어 있는 부동산 및 토지 혹은 거주지 내의 모기 유충 검사를 요구할 수 있다. 또한 사용 가능한 상태의 전자제품, 가전제품, 가구 등의 회수 요청과 불법적인 광고에 대한 점검 요청을 할 수 있다. 이렇게 시민들이 직접 신고하거나 요청할 수 있는 사업들은 보도, 교통카드, 에너지 효율, BRT 스테이션, 거리 조명, 청소, 과속방지턱, 버스 운전기사와 관련된 서비스, 포장 등 다양한 분야에 걸쳐 있다.[60]

• 노타 꾸리찌바나 : 세금 및 각종 수수료 관련 서비스를 제공한다.

이외에도 꾸리찌바에는 주차 크레딧을 구매할 수 있는 'EstaR'이 출시되어 있는데, 이와 더불어 앱과 연결된 신용·직불카드, 은행 계좌, Picpay, G Payp[61] 등을 사용해 결재할 수 있도록 연계 서비스를 제공하고 있다. 이 방식으로 결재하면 금액의 일부가 브라질 최대 소아병원인 페케누 프린시피 병원으로 기부되어 간접적으로 사회 공헌에도 이바지할 수 있다.

혁신 생태계와 메이커 문화

2017년 하파엘 그레카 시장이 창설한 발리 두 피냥은 꾸리찌바의 혁신 생태계를 통합한 운동으로, 이 도시를 스마트시티로 만든 허브이자 산실이다. 시청과 꾸리찌바 개발혁신청이 발리 두 피냥에서 펼치는 활동은 다음과 같다.

우선 스타트업 도시Cidade das Startups 프로그램은 604개 스타트업의 발전에 기여하고 있으며, 이 중 이뱅스, 올리스트, 마데이라

마데이라 세 개 기업은 시장 가치 10억 달러가 넘는 유니콘 기업이다.[62]

다음은 기업가정신을 제고시켜 주는 프로그램이다. 여기에는 좋은 비지니스Bom Negócio 프로그램과 경영 및 기술 강좌가 있고, 엠프레엔데도라 꾸리찌바나Empreendedora Curitibana[63] 프로그램에서 제공하는 다양한 네트워크 이벤트, 멘토링 사업과 무료 교육 등이 있다. 또 청소년과 청년층의 취업률을 높이고 혁신·기술 분야 유망 인재를 발굴하고자 시청에서 운영하는 무료 프로그램인 제1회 엠프리고테크1º Empregotech, 40세 이상의 시민들이 IT 분야에서 경력을 시작하거나 취업할 수 있도록 새로운 기술을 습득시키는 무료 기술 교육 프로그램인 엠프리고테크 40+Empregotech 40+ 등은 정보기술 시장의 취업자들을 위한 교육을 제공한다. 이는 2023년 10월 19일 혁신의 날에 출범한 꾸리찌바 혁신학교Escola Curitiba de Inovação의 설립으로 더 탄력을 받게 되었다.

그리고 아홉 개의 기업가 공간은 꾸리찌바에 있는 21만 명의 개인 소기업가에게 매일 991개의 서비스를 제공하고 있다. 그 좋은 예로는 신규 소기업가의 창업 및 폐업, 소득세 신고 지원, 보증 기금을 통한 신용 분석, 인보이스 발행 등을 들 수 있다. 이렇게 제공되는 서비스는 브라질 내 최고 수준에 해당한다.

꾸리찌바는 브라질에서 사업하기 좋은 도시 중 하나이자 가장 빠르게 창업할 수 있는 도시로 인정받고 있다. 디지털 서비스 통합의 결과로 최근 몇 년 동안에는 다양한 혁신적인 성과들을 거두기도 했다. 꾸리찌바는 이미 266개의 초기 단계 기업을 유치한 세 개의 시립 공공 공동작업 공간 워크티바Worktiba를 통해 공공 공유 공간을 제공하는 브라질 최초의 도시다. 또 경제자유법에 포함된 활동 중 허가가 면제되는 사업 수를 606개로 확대해 기업 활동의 자유를 증대시킨 선도적인 자치단체다.

2018년에 재개된 혁신 프로젝트를 수행하기 위해 꾸리찌바에 설치된 기술 기반 기업에 대한 서비스세를 5%에서 2%로 감면하는 테크노파르키Tecnoparque 프로그램도 기업 성장과 일자리 창출에 크게 기여하고 있다. 그리고 꾸리찌바의 영세 기업가들을 위해 코로나19 팬데믹 초기에 조성된 꾸리찌바 보증기금Curitiba Guarantee Fund도 이미 2,020만 헤알의 대출 실적을 기록했다.

꾸리찌바 시의 기업들은 '인베스트 꾸리찌바Invest Curitiba'를 통해 국제적인 인정을 더 많이 받고 있다. 이 사업은 출범 이후 한 달 만에 세 가지 성과를 거두었다. 먼저 아젠시아 꾸리찌바Agência Curitiba와 브라질-캐나다 상공회의소CCBC 간에 상호협력 의정서 체결과 캐나다 앨버타 주 투자자 그룹의 꾸리찌바 방문이다. 그리고 혁신과 스마트시티를 홍보하는 국제 프로젝트인 이노베이트 월드Innovate® World[64]에 남아메리카 최초로 참여해 이노베이트 꾸리찌바INNOVATE™ Curitiba 프로젝트를 출범시켰다. 이노베이트 월드는 전 세계의 많은 도시에서 나온 100개의 혁신 성공 사례를 소개하고 연결하는 글로벌 네트워크다. 2024년 3월에는《이노베이트 꾸리찌바》라는 제목의 책도 출간했다. 255쪽 분량의 이 책은 도시 혁신의 역사를 일목요연하게 알려주고, 꾸리찌바의 혁신 생태계에서 경쟁을 선도하는 인물, 회사, 제품 및 서비스 등을 총망

카주루 팹 랩의 실내

라해 정리했다.

여기서 한 걸음 더 나아가 지난 8년간 꾸리찌바 시에서는 혁신적인 사고와 메이커 문화Cultura Maker를 장려하는 장소를 만들고 확산해 왔다. 카주루 팹 랩은 창의적인 프로젝트 개발을 위해 대중에게 공개된 메이커 공간으로 이미 224개의 프로젝트를 공동 작업해 왔다. 그리고 꾸리찌바는 32개의 혁신형 지혜의 등대[65]와 교육 혁신 연구소를 새로 만들었고, 이를 토대로 학생과 시 교육 네트워크 전문가들, 그리고 지역사회가 함께 실습 프로젝트를 진행할 수 있는 33개의 창의성 워크숍을 개최했다. 이 밖에도 일부 시립유아교육센터에 구비된 등대 모양의 이동식 카트에서 어린이들이 직접 메이커 활동을 하기도 한다.

이처럼 꾸리찌바 시는 하파엘 그레카 시장이 취임한 이래 수 년 동안 열린 스마트시티를 만들기 위한 기초 작업을 꾸준히 공 들여 해왔다. 일반 대중에게 디지털 기술 기반 제조기기를 무료로 개방해 자유롭게 창작, 구상, 개조 등 메이커 활동이 가능하도록 했으며 교육도 지속적으로 확대해 왔다. 특히 자라나는 청소년들 을 메이커 문화를 창조하는 주체로 키웠다. 그 결과로 꾸리찌바에 서는 현대의 하위문화인 기술 기반의 DIY 문화, 즉 메이커 문화 가 일상으로 자리 잡게 되었다. 이런 사회적 분위기가 바로 꾸리 찌바를 세계적인 스마트시티로 성장시키는 데 초석이 되어준 것 이다.

대화형 거리 조성과 어반 하이퍼바이저의 구축

꾸리찌바는 4차 산업혁명 기술을 채택해 거리를 스마트한 관광지 로 바꾸는 데도 앞장서는 도시다. 2018년 10월에 꾸리찌바의 프 루덴치 지 모라이스Prudente de Moraes 거리에 브라질 최초의 인터 랙티브 거리Rua Interativa, 즉 대화형 거리가 조성되었다. 이것은 도 시 통신 전문 기업인 스타트업 엠시티즈MCities가 꾸리찌바 시청, 파라나 상공인협회ACP와 파트너십 관계를 맺고 실행한 시범사업 이다.

인터랙티브 거리에는 데이터 수집 및 전송이 가능한 임베디드 시스템[66] 네트워크, 센서 및 연결 기능을 갖춘 소위 사물 인터넷 솔루션이 채택되었다. 레스토랑과 상점으로 가득한 이 거리에서는 두 가지 기술을 사용해 지역 기업과 거리를 걷는 사람들 간의 대화와 의사소통을 촉진하여 더 많은 엔터테인먼트를 제공한다. 일부 건물의 정면과 기둥에는 정보를 제공하는 QR 코드가 포함된 표지판과 아이비콘iBeacon[67]이라는 작은 장치가 설치되어 거리의 기존 서비스에 대한 정보를 블루투스를 통해 스마트폰으로 전송할 수 있다.

인터랙티브 거리, 즉 대화형 거리는 우리가 흔히 꽃의 거리라 부르는 11월 15일의 거리에도 구축되어 이벤트, 도시 전역의 투어 및 체험에 대한 정보는 물론이고 레스토랑 메뉴까지도 제공해 준다. 또한 역사지구에서는 주민과 관광객들이 역사에 관한 다양한 정보도 얻을 수 있다. 대화형 거리는 꾸리찌바에 현재까지 5곳이 조성되어 있다. 이 거리에서는 QR 코드만 찍으면 어떤 응용 프로그램도 다운로드할 필요 없이 서비스 정보를 손쉽게 확인할 수 있다.

꾸리찌바 시 관계자들은 상호교감형 기술의 채택이 시민들이나 관광객들이 해당 지역을 재발견하도록 하고, 해당 지역의 상업 및 서비스가 일자리와 소득을 창출하는 데도 도움을 줄 것이라고 내다보고 있다. 이는 새로운 기술이 더 많은 주민과 관광객을 대화형 거리로 불러들인다는 것을 뜻하는 것이다.

꾸리찌바에서는 인터랙티브 거리와 같이 시청과 스타트업이

대화형 거리에 설치된 QR 코드 표지판

직접 협업하는 사업 외에 시청이 직접 실행하고 있는 사업도 적지 않다. 시청에서는 오래전 무랄랴 디지털Muralha Digital, 즉 '디지털 벽' 시스템을 설치했다. 이는 꾸리찌바의 주요한 전략적 위치에 약 1,900대의 카메라를 설치하여 운영통제센터CCO를 24시간 내내 운영하는 것이다. 여기서는 도심과 교외 지역의 거리, 터미널 및 BRT 정류장, 학교, 시민의 거리, 공공건물, 공원, 광장에서 카메라로 포착한 움직임을 실시간으로 모니터링한다. 이러한 시스템은 범죄를 예방하고 퇴치하는 데 커다란 도움을 주고 있다. 실제로 디지털 벽의 효율적인 관리와 운영으로 이미 일부 지역에서는 범죄율이 40%나 감소하는 성과를 거두기도 했다. 또한 교통

어반 하이퍼바이저

상황과 민방위는 물론 홍수와 같은 자연재해 상황도 실시간으로 모니터링할 수 있어서 이에 능동적으로 대처하는 데도 상당한 도움을 제공한다.

꾸리찌바 도시계획연구소는 2년에 걸쳐 나사와 미군이 사용하는 것과 동일한 기술을 사용해 새로운 버전의 지리 포털 '지오꾸리찌바GeoCuritiba'를 구축했다. 도시 탄생 329주년을 기념해 2022년 3월 29일에 출시한 이 플랫폼은 꾸리찌바의 지적 데이터베이스에 대한 대화형 도구로, 75개 지역에 대한 부지, 거리, 광장 및 승인된 구역 계획 등에 대한 정보를 얻을 수 있다.

지오꾸리찌바에는 지적 데이터와 부동산의 관계를 알려주는 지적 지도가 있다. 국가공간정보인프라INDE와 구글 지도에서 제공하는 것보다 더 정확한 정보를 기초로 구축된 지도 제작 기반은 연구와 프로젝트 수행에 가장 필요한 기본자료가 된다. 또 항공사진을 토대로 실제적인 꾸리찌바의 모습을 볼 수 있는 3D 애플리케이션도 갖추고 있는데, 여기에는 완벽한 결과물을 만들기 위해 수직 및 경사 항공 이미지와 레이저 측량이 사용되었다.

지오꾸리찌바는 교통사고 발생 위치를 고속도로나 거리별로 분류해 사고 유형은 물론 원인까지 식별하는 지도도 제공한다. 또 지도 갤러리에서는 거리, 도시계획, 관광, 행정 정책, 수로, 녹지, 인프라 및 교통, 선거 지도 등을 구분해 제공한다. 지오꾸리찌바가 제공하는 정보는 프라이버시를 감안, 협의를 통해 제공되는 공개 버전, 특정 데이터를 일부 제한하는 편집용 버전, 시청의 기술 그룹만이 사용할 수 있는 전용 버전 등으로 나뉘어 있다.

그리고 2024년 2월 말에는 디지털 벽을 설치·운영 중인 지능도시연구소ICI에서 '어반 하이퍼바이저Urban Hypervisor'를 새롭게 설치해 운영하기 시작했다. 이는 꾸리찌바 도시계획연구소가 행정, 인사 관리 및 정보 기술 사무국Smap, 프랑스개발청[68], 미주개발은행과 협력하여 설계한 공공 데이터 공유 플랫폼으로 실시간으로 서비스를 관리하고 공공정책을 계획할 수 있도록 지원한다. 지능도시연구소에는 실시간으로 데이터를 업데이트하는 대형 모니터가 있는 운영센터가 있는데, 이곳에는 23명의 과학자와 개발자 등의 기술자가 근무하고 있다. 어반 하이퍼바이저에는 디지털 벽 외에도 교통 및 민방위 운영센터, 상수도 및 에너지 공공서비스 기관들이 하나로 통합되어 운영되고 있다.

어반 하이퍼바이저는 꾸리찌바의 지능형 두뇌 역할을 하는 곳으로, 도시의 다양한 영역에서 발생하는 상황을 모니터링, 분석 및 예방하기 위한 데이터의 융합을 가능하게 하는 플랫폼이다. 이를 두고 루이스 페르난두 자무르Luiz Fernando Jamur 꾸리찌바 도시계획연구소 소장은 "도시 데이터에 대한 심층적인 분석을 통해 시민의 요구에 더 빠르게 대응하고, 정확한 진단과 개입을 통해 각종 사고를 예방할 수 있을 것이다."라고 말한다. 꾸리찌바 도시계획연구소와 인접한 지능도시연구소에 있는 어반 하이퍼바이저 건물은 앞으로 혁신의 궁전으로 불릴 것이다. 이 일대는 향후에도 꾸리찌바의 혁신적인 도시계획을 지원할 가장 중요한 공간으로 발전해 갈 것으로 전망된다. 그래서인지 하파엘 그레카 시장은 이곳을 '미래 꾸리찌바의 얼굴'이라고 부른다.

지금까지 언급한 기술 인프라들은 꾸리찌바가 앞으로 생태도시와 스마트시티라는 두 개의 날개를 가지고 비상하는 데 꼭 필요한 것들이다.

꾸리찌바의 낡은 숙제들

생태도시와 스마트시티란 두 날개로 다시 날아오른 꾸리찌바도 유토피아적 도시라고 말하기는 어렵다. 하지만 이 도시는 우리나라의 도시들과는 달리 행정 원칙을 가능한 한 철저히 지키고 전임자가 추진한 사업을 백지화하는 오류를 범하지 않으며, 부단히 시민들의 삶의 질을 개선하고 행복하게 해주려고 노력한다. 브라질에 있는 도시지만 우리에게 많은 것을 가르쳐주고 교훈을 던져주는 모범적인 도시임에는 틀림없다.

유토피아적 도시를 만드는 것은 현실적으로 어렵지만 꿈은 꿔볼 수 있다. 유럽에 있는 인구 5~30만 내외의 중소도시들처럼 생태·환경적으로 건강한 도시를 만드는 것은 결코 쉽지 않지만 불가능한 일도 아니다. 하지만 인구가 200만에 육박하는 개발도상국의 대도시를 창조적으로 혁신하는 일은 아주 지난한 과업이다. 도시란 건축물처럼 시간이 지나가면 노후화되고 도처에 문제가 발생하는데, 우리는 그것을 보수하고 보완해 가며 살아야 한다.

꾸리찌바는 나의 행정 경험에 비추어보면 이런 노력을 비교적 큰 무리 없이 창의적으로 잘해 나가는 것으로 판단된다.

브라질 지리통계연구소가 2024년 7월 1일 기준으로 발표한 꾸리찌바의 인구는 182만 9,226명이고, 지난 2년 동안 연평균 1.56%씩 증가했다.[69] 이는 인구 증가율이 2000년부터 2015년까지 연평균 1.0~1.4% 수준이던 것에 비해 조금 더 증가했다는 것을 뜻한다. 이는 인접한 상파울루와 파라나 주의 많은 빈민과 빈농들이 적지 않게 꾸리찌바에 유입된 결과로 추측된다. 그로 인해 여섯 개 간선 교통축에서 벗어난 일부 교외 지역의 확장은 2010년 전후로 꾸리찌바에 새로운 도시문제 출현의 원인이 되었다.

앞서 언급했듯이 꾸리찌바는 2010년경부터 최악의 경기침체로 인해 재정투자가 원활하지 않은 데다 시 정부의 '소심한 관료주의chickenhearted bureaucracy'로 인해 국내외에서 도시 혁신이 멈췄다는 비판을 받아야 했다. 이것은 2010년부터 2016년까지 루시아누 두시Luciano Ducci와 구스타부 프루엣 시장 시절에 도시 발전이 거의 정체되어 있었다는 것을 의미한다. 이를 두고 자이메 레르네르는 생전에 "그들은 행동하기 전에 모든 대답을 원한다. 수영에 관한 논문을 쓰더라고 물에 뛰어들지 않으면 그것은 중요하지 않다."고 언급한 적이 있다. 이는 어떤 면에서는 적극적인 행정과 추진력을 보여주지 못한 것에 대한 비판이기도 하다.

2017년 하파엘 그레카 시장이 재취임한 후 옛날의 영광을 되찾기 위해 꾸리찌바가 어떤 노력을 해왔는지는 앞에서 상세히 고찰했다. 그가 레르네르가 말한 도시침술에 기반을 두고 생태도시와 스마트시티라는 두 날개로 꾸리찌바가 새롭게 비상하도록 하는 데 큰 기여를 했음은 부인하기가 어렵다.

지금부터는 꾸리찌바가 최근에 마주한 주요 도시문제들을 간단히 언급해 보기로 하자.

브라질의 다른 대도시들과 마찬가지로 꾸리찌바도 치안 문제에 직면해 있다. 다만 범죄율은 상대적으로 낮은 편이다. 꾸리찌바 시에서 공공안전을 개선하기 위해 다양한 조치를 시행하고 있어 대다수 지역이 일반적으로 안전한 것으로 간주되나 일부 주의를 기울여야 하는 특정 지역도 있다. 예를 들어 범죄율은 센트루 다음으로 상프란시스쿠, 센트루 시비쿠, 바텔, 식물원 지역이 비교적 높고, 범죄 발생 기록 수는 꾸리찌바 공업단지와 카주루, 보케이랑 등이 높다.[70] 과거에는 타투콰라와 피네이리뉴 인근 지역이 상대적으로 높았다고 한다. 이 지역들에 대한 공공안전과 치안 대책 마련은 꾸리찌바 시가 시급히 해결해야 할 문제다.

또 다른 문제는 카심바 지역과 같이 간선 교통축에서 멀리 떨어진 교외 지역에 파벨라와 서민 주거지가 형성되면서 나타났다. 교외 지역 주변 수로와 호수의 수질오염이 심각해지고 있고, 그곳 주민들이 교통 시스템의 미비로 도심부 통근에 어려움을 겪고 있는 것이다. 특히 교외 지역과 간선급행버스 시스템의 환승 터미널과 연계해 주는 지선버스 시스템과 자전거 도로망 체계가 미비해 여전히 라스트 마일 문제가 커다란 숙제로 남아 있다. 2017년부터 꾸리찌바 자전거 계획에 따라 자전거 도로망 확충 사업을 하고 있지만, 이들 교외 지역의 문제를 해결할 대책으로는 여전히 미흡하다. 시 정부에서 좀더 적극적으로 정책을 추진해야 할 것이다.

그리고 도심부와 외곽 지역 사이의 건축학적 부조화 문제와 교외 지역 주거지에 녹지 조성이 제대로 이루어지지 않는 문제도 있다. 꾸리찌바의 교외 지역에 거주하는 가난한 주민들에 대한 친환경적인 주택단지 개발과 공공 공간 조성, 나아가 기후변화 적응 사업들이 절대적으로 요망된다. 특히 카심바 지역처럼 그동안 소외되었던 지역에 대한 특단의 대책을 마련해 가난한 빈민들에게도 인간적인 삶을 영위할 수 있도록 기회를 보장해 줘야 할 것이다.

또한 도심 내에서 꾸리찌바가 현재 당면하고 있는 문제들을 해결하는 데도 적극 나서야 할 것이다. 첨두시간대에 일부 노선의 정류장에 버스가 30초 간격으로 진입하면서 발생하는 혼잡으로 인해 서비스 속도가 상당히 느려졌다. 이런 문제는 많은 중산층 여행객들이 자가용을 선택하도록 하는 데 압력으로 작용한다. 이는 보고타의 트랜스밀레니오 간선급행버스 시스템처럼 복합 교통 수단과의 연결intermodal connections, 특히 자전거 전용도로를 건설·연결해 주는 노력을 좀 더 속도감 있게 전개해야 하는 이유다.

이에 더하여 오랫동안 논의되었지만 투자비 조달 문제로 항상 좌절되었던 경전철 도입도 새롭게 책상 위에 놓고 신중하게 검토해야 할 것이다. 실제로 꾸리찌바에서는 최근 들어 새롭게 경전철 논쟁이 다시 점화되고 있다.

다시 점화되고 있는 경전철 논쟁

꾸리찌바 시와 파라나 주가 광역도시권 안에서 모노레일, 경전철 등과 같은 첨단교통 시스템의 도입 가능성을 검토하기 위한 통합 기술 그룹을 구성하기로 했다. 이런 결정이 나온 회의에는 꾸리찌바 시장과 파라나 주지사, 그리고 중국 버스회사인 비야디 브라질 대표가 참석했다.

꾸리찌바는 현재 통합교통망의 남북축에 수송능력을 초과하는 교통 수요가 발생하고 있어 첨두시간에는 시민들이 적지 않은 불편을 경험하고 있다. 이를 해소하기 위해 전임 시장 시절에 메트로 건설 계획을 발표했고, 지우마 호세프Dilma Rousseff 대통령은 꾸리찌바를 직접 방문해 공식적으로 재정 지원 의사를 밝히기도 했다. 그러나 호세프 탄핵 이후에 모든 것이 백지 상태로 돌아갔다. 물론 꾸리찌바 시에 도시철도 사업이 다시 시작될 가능성은 항상 열려 있다. 이런 와중에 간선급행버스 시스템의 메카인 꾸리찌바에 비야디가 깊숙이 관여하기 시작했다는 사실은 주목할 만한 일이다. 남아메리카에서 전기버스 분야의 최강자로 부상한 이 회사가 최근 들어 사업 영역을 도시철도 부문까지 확장했기 때문이다.

하치뉴 주니오르Ratinho Júnior 주지사는 꾸리찌바 시와 위성도시들을(파젠다 히우 그란지, 만디리투바Mandirituba, 아라우카리아, 상 조세 두스 피냐이스, 피냐이스, 피라콰라Piraquara, 콜롬부와 캄피나 그란지

두 술Campina Grande do Sul) 사이의 연결성을 강화하고 현대화하기 위해 꾸리찌바의 리냐 베르지(그린 라인)와 같은 교통축을 새로 구축하고, 전기버스를 투입하려고 한다. 이런 구상들이 실제로 이루어지게 되면 꾸리찌바 광역도시권은 경제적이고 환경적으로 지속 가능한 교통 시스템을 갖추게 될지도 모르겠다. 이 사례는 앞으로 광역 BRT 시스템을 구축하려는 우리나라 도시들도 참고하면 좋을 것이다.

꾸리찌바에서는 1979년 이래 지하철이나 모노레일과 같은 도시철도에 대한 논쟁과 사업구상에 대한 발표가 4차례나 있었지만 모두 자금 조달에 실패해 성공하지 못했다. 이 가운데 가장 큰 논란을 불러일으킨 경우는 2000년대 초반에 일본계 시장인 까시오 다니구찌가 추진했던 13.5킬로미터의 모노레일 프로젝트다. 일부 투자비를 일본국제협력은행JBIC으로부터 장기 저리의 차관으로 빌려 연방 정부가 지원하도록 추진했으나 이루어지지 않았다. 그 후에도 베투 히샤2005~2010, 루시아누 두시와 구스타부 프루엣 시장 시절에도 이런 논쟁이 계속 있었고, 2016년에는 지우마 호세프 대통령이 꾸리찌바를 방문해 메트로 건설을 위한 투자비를 지원하겠다는 헛된 약속을 하기도 했었다.

2024년에도 이에 관한 새로운 소식이 하나 들려왔다. 파라나 주 정부, 상 호세 두스 피냐이스(국제공항이 입지한 도시)와 꾸리찌바 시청, 그리고 브라질 경제사회개발은행BNDES 간에 협약을 맺고 아폰소 페나 국제공항에서부터 꾸리찌바 시민센터를 연결하는 경전철VLT 노선에 대한 연구가 시작되었다는 것이다. 두 지방자

경전철 노선에 대한 기초연구를 보고하는 회의

치단체 사이에 22.8킬로미터의 경전철 노선이 구축되어 운영되기 시작하면 매일 최대 16만 명의 대도시권 승객들을 수용할 수 있을 것으로 예측하고 있다. 이 노선에는 네 개의 통합 터미널이 있는 정류장을 포함해 27개의 정류장이 건설될 계획이라고 한다. 대부분의 노선은 지상에서 운행되고, 중앙터미널과 아폰소 페나 국제공항 사이의 구간 3.2킬로미터는 고가로, 꾸리찌바 도심의 일부 구간은 지하로 건설될 예정이다. 중간 보고가 최근에 있었으나 구체적으로 결정된 것이 하나도 없는 것 같다. 게다가 2024년 하파엘 그레카 현 시장의 임기가 끝났기 때문에 모든 것은 유동적일 수밖에 없다.

　이런 현실에도 불구하고 철도산업계의 로비는 이미 시작되었다. 세계적인 철도 유지 관리 서비스를 제공하는 유럽계 회사가 꾸리찌바 시장에게 2024년 9월 말 베를린에서 열리는 교통 기술을 위한 국제무역박람회에 참석해 달라고 공식적으로 초청 의사를 전한 것이다.

앞으로 꾸리찌바의 경전철 사업이 어떻게 진척될 것인지 주의 깊게 지켜볼 필요가 있다. 왜냐하면 경전철 노선이 위성도시에서 꾸리찌바 도심으로 들어오게 되면 통합교통망의 대대적인 변화가 예상되기 때문이다. 하지만 현재까지는 꾸리찌바 도시공사 대표 오제니 페드루 마이아 네투가 말한 것처럼 도입에 관해 결정된 것은 하나도 없다.

꾸리찌바는 유네스코와 유엔 해비타트가 정리한 '도시에 대한 권리(도시권)'를 잘 지켜가며 시민들이 행복한 도시를 만들기 위해 오늘도 애쓰고 있다. 도시에 대한 권리는 그 내용이 비교적 길지만 시민들을 존경해야 한다는 차원에서 글을 마무리하며 여기에 옮겨본다.[71]

첫째, '도시에 대한 권리'는 모든 거주자—여성이건 남성이건, 기존 거주자이건 신규 이주자이건—와 지역사회가 도시 생활의 혜택에 자유롭게 접근할 수 있게 하는 것이다. 또한 도시에 대한 권리는 도시 거주자들의 책임성도 동시에 부여한다.

둘째, 도시 행정의 투명성·형평성·효율성이 중요하다.

셋째, 도시에 대한 권리의 핵심은 지역의 민주적 의사 결정에 대한 참여 및 존중이다. 도시 정부는 시민들에게 무엇이 필요한지 확인하기 위해 참여를 통한 대화를 촉진하고 시민들에게 권능을 부여할 의무가 있다.

넷째, 경제·사회·문화적 생활의 다양성에 대한 인식이 중요하다. 도시는 문화의 중심지이고 도시에 대한 권리는 경제 및 사회 생활의 다양성을 포괄한다. 오늘날 다문화 도시에서는 문화적·언어적·종교적 차이가 인정되어야 하고 이에 대한 지식과 학습이 증진되어야 한다.

다섯째, 빈곤, 사회적 배제, 도시 폭력을 줄이는 것이 중요하다. 도시에 대한 권리는 빈곤 완화 및 도시 빈민들의 안전을 보장하려는 노력을 포괄한다. 무허가 정착촌에서 주거권을 보호하는 것, 도시의 공적·사적 공간의 사회적 가치를 인식하는 것, 거리에서의 안전을 보장하는 것 등이 인권 증진에 필요하다.

이러한 '도시에 대한 권리'의 패러다임은 서로 상이한 국가적·정치적·문화적 맥락에 따라 다르게 해석될 수 있지만 근본적인 철학은 같다. 그 철학은 모든 도시 거주자들이 도시 생활의 기회에 완전히 접근할 수 있어야 한다는 것이다.

주

1   https://www1.folha.uol.com.br/fsp/ilustrad/fq1108200309.htm

2   https://www.smh.com.au/entertainment/movies/coppolas-daunting-quest-to-find-urban-paradise-20030819-gdh9k3.html

3   Economist Intelligence Unit, The Green City Index, 2012.

4   https://www.bbcearth.com/news/six-cities-making-room-for-nature

5   Corporate Knights, Sustainable Cities Index: Environmental Performance and Climate Resilience in Global Cities, 2012.

6   https://aiph.org/green-city/green-city-awards/

7   https://elpais.com/eps/2023-06-25/curitiba-el-icono-sostenible-y-verde-de-brasil.html

8   1973년 처음 설립된 꾸리찌바 대도시권 지역의 행정구역은 일곱 차례나 변경되어 현재에 이르고 있다.

9   https://www.amep.pr.gov.br/Pagina/Sobre-RM-de-Curitiba

10   https://worldpopulationreview.com/cities/brazil/curitiba

11   자이메 레르네르의 사망 원인은 만성 신장질환으로 인한 합병증이었다. 파라나 주와 꾸리찌바 시에서는 3일을 공식 애도기간으로 선포했다.

12   2023년 7월 11일에 발표한 '과거와 현재의 가장 영향력 있는 도시계획 전문가 100인'에서는 50위를 차지했다. 이러한 결과는 그의 사망과 관련이 있을 것으로 생각된다.

13   https://www.pmi.org/learning/library/top-50-projects-11744

14   Jaime Lerner, Urban Acupuncture: Celebrating Pinpricks of Change that Enrich City Life, Island Press, 2016.

15   https://www.wsj.com/articles/brazilian-mayor-became-a-global-guru-of-urban-planning-11623247202

16 박용남, 《도시의 로빈후드 : 뉴욕에서 몬드라곤까지, 지구를 바꾸는 도시혁명가들》, 서해문집, 2014, pp. 178~201.

17 https://hbr.org/2023/01/how-frank-gehry-delivers-on-time-and-on-budget

18 루시아누 두시는 2010~2012년, 구스타부 프루엣은 2013~2016년에 시장으로 재임했다.

19 https://elpais.com/eps/2023-06-25/curitiba-el-icono-sostenible-y-verde-de-brasil. html

20 Donald Appleyard, Livable Streets, Berkeley, University of California Press, 1981

21 FTA, Issues in Bus Rapid Transit, 2016, p. 17.

22 Brisbane City, Bisbane Metro: Project Overview, January 2021.

23 퍼스트 마일(First Mile)은 승객이 집이나 회사에서 대중교통 시스템에 승차하는 단계를 가리키고, 라스트 마일(Last Mile)은 대중교통 시스템에서 하차하여 목적지에 당도하는 단계를 일컫는 말이다.

24 박용남, 《꿈의 도시 꾸리찌바 : 재미와 장난이 만든 생태도시 이야기》, 녹색평론사, 2009, pp. 279~281.

25 F. Halais (2012), "Has South America's Most Sustainable City Lost Its Edge?" Bloomberg CityLab, 6 June 2012. Available at:https://www.bloomberg.com/ news/articles/2012-06-06/has-south-america-s-most-sustainable-city-lost-its-edge.

26 K.K. Hashiguchi, B. de Freitas Gai, D.F. Pigatto and K.V. Ono Fonseca (2020), "Exploratory Analysis of Public Transportation Data of Curitiba, Brazil," EasyChair Preprint No. 3782. Available at: https://easychair.org/publications/ preprint/SbBB.

27 L.A. Lindau, D. Hidalgo and D. Facchini (2010), "Curitiba, the Cradle of Bus Rapid Transit." Built Environment, 36(3): 274-282. Available at: https://www. jstor.org/stable/23289717?read-now=1&seq=1.

28 리처드 세넷, 김병화 옮김, 《짓기와 거주하기 : 도시를 위한 윤리》, 김영사, 2020.

29 신개발은행은 브릭스(BRICS) 가입국의 개발사업을 지원하기 위해 만든 은행으로, 브릭스는 2006년에 러시아의 제안으로 만들어진 브라질, 러시아, 인도, 중국, 남아프리카공화국으로 구성된 신흥국 모임이다.

30 꾸리찌바 시민의 거리는 Bairro Novo, Boa Vista, Carmo/Boqueirão, Cajuru, CIC, Matriz/Rui Barbosa, Pinheirinho, Fazendinha/Portão, Santa Felicidade, Tatuquara 등에 있다.

31 J. H. Crawford, Carfree Cities, Utrecht: International Books, 2000.

32 https://cps.fgv.br/pesquisas/mapa-da-nova-pobreza

33 https://www.cell.com/one-earth/fulltext/S2590-3322(21)00236-0

34 프란시스 무어 라페·애나 라페, 신경아 옮김,《희망의 경계》, 시울, 2005.

35 https://unglobalcompact.org/library/1591

36 코로나19 팬데믹 위기가 끝난 후 다시 한번 식비 조정이 있었다. 2024년 5월 식사를 준비하는 데 드는 총비용 12.4헤알 중 9.4헤알을 시 정부에서 지원하고 있다. 식비를 3헤알로 유지하기 위해 보조금을 추가로 인상한 것이다.

37 박용남,《도시의 로빈후드 : 뉴욕에서 몬드라곤까지, 지구를 바꾸는 도시혁명가들》, 서해문집, 2014, p. 161.

38 2024년 7월 2일 상파울루에서 열린 라틴아메리카의 주요 지속가능한 모빌리티 이벤트 중 하나인 'Latam Mobility & Net Zero Brasil 2024'에서 하파엘 그레카 시장은 다음과 같이 말했다. "제가 2016년에 다시 꾸리찌바 시장에 출마하게 된 것은 바로 형언할 수 없는 빈민가 상황 때문이었습니다. 저는 아내 마르가리타에게 가서 제가 다시 시장이 되겠다고 말했습니다."

39 프란치스코 교황에 의해 발표된 '자비의 특별 희년(2015. 12. 8 ~ 2016. 11. 20)'은 가톨릭에서 신도들에게 특별한 은혜와 자비를 베푸는 성스러운 해를 말한다.

40 이탈로 칼비노, 이현경 옮김,《보이지 않는 도시들》, 민음사, 2016.

41 카니발 블록 중 특히 눈에 띄는 그룹은 하나는 학생, 예술가, 지식인을 포함한 중산층 사람들이 모여 조직한 블록이고, 다른 하나는 삼바와 아프리카-브라질 춤을 선보이며 꾸리찌바의 흑인 문화를 되살려 대중문화를 풍부하게 하고자 하는 블록이다.

42 삼바 퍼레이드는 초기에는 11월 15일의 거리에서 열렸으나 얼마 전부터 이 거리로 장소를 옮겼다.

43 https://www.vaticannews.va/pt/igreja/news/2024-05/curitiba-corpus-christi-2024-pede-unidade-paz-para-mundo.html

44 지랄두는 2024년 4월 6일에 히우데자네이루의 자택에서 91세의 나이로 사망했다. 하파엘 그레카 시장은 공식 애도를 표명했다.

45 Herbert Girardet, The Gaia Atlas of Cities: New Directions for Sustainable Urban Living, Gaia Books Limited, 1996.

46 리처드 로저스, 필립 구무치안, 이병연 옮김,《도시 르네상스》, 이후, 2005.

47 https://www.theguardian.com/cities/2017/jul/03/which-worlds-most-biodiverse-city-extreme-cities

48 https://www.ted.com/talks/sebastiao_salgado_the_silent_drama_of_photography?language=ko

49 티모시 비틀리, 최용호·조철민 옮김,《바이오필릭 시티 : 자연과 인간이 공존하는 지속가능한 도시》, 차밍시티, 2020.

50 샐리 쿨타드, 김민정 옮김,《바이오필릭 디자인 : 당신의 공간에 자연 가져오기》, 차밍

시티, 2021, p. 74.

51 클레멘스 G. 아르베이, 안세라·조순익 옮김, 《바이오필릭 라이프》, 차밍시티, 2023.

52 김종철, [특별기고] '개혁'의 아름다움, 《한겨레신문》, 2015년 6월 4일 자. http://www.hani.co.kr/arti/opinion/column/694280.html

53 실제로 꾸리찌바 시에서 기후 행동에 적극 나서기 시작한 시점은 하파엘 그레카 시장이 다시 취임한 2017년부터였고, 기후행동계획(PlanClima)의 수립은 재선 임기가 끝나는 2020년 12월에 이루어졌다. Curitiba & IPPUC, PlanClima: Plano De Mitigação E Adaptação Às Mudanças Climáticas, Decembro 2020.

54 비야디는 2015년 캄피나스(SP)에 최초로 100% 전기버스 조립 공장을 설립한 이래 브라질에 본격적으로 진출하고 있다. 비야디가 제공하는 자료에 따르면 연간 7만 2,000킬로미터를 주행할 경우 전기버스 한 대당 평균 118.7톤의 이산화탄소 배출을 줄일 수 있으며, 이는 847그루의 나무를 심는 것에 버금가는 효과라고 한다.

55 https://www.theurbanist.org/2023/02/08/urbanism-101-what-is-a-sponge-city/

56 각 메달은 주철로 만들어지는데, 주철을 제조할 때 재료 1kg당 0.48kg의 이산화탄소가 배출되고, 플라스틱 컵 한 개의 무게는 5g인 것으로 가정했다. 경주에 참가하는 버스와 자동차는 킬로미터당 각각 1,289kg과 0.175kg의 이산화탄소를 배출하는 것으로 가정했다.

57 리처드 세넷, 김병화 옮김, 《짓기와 거주하기 : 도시를 위한 윤리》, 김영사, 2020.

58 와해성 기술이란 업계를 완전히 재편성하여 시장 대부분을 점유하게 될 신제품이나 서비스를 뜻한다.

59 Darren Bates LLC와 같은 스마트시티 컨설팅 회사는 스마트시티 모델을 세 가지로 나눈다. 스마트시티 1.0은 기술 솔루션의 의미나 시민의 삶의 질에 어떤 영향을 미칠지 제대로 이해할 준비가 되어 있지 않은 도시에 기술 제공업체가 솔루션 도입을 장려하는 것이 특징이다. 이에 반해 스마트시티 2.0은 기술 지원, 도시 주도형 스마트시티이고, 스마트시티 3.0은 시민 공동창조 모델에 토대를 둔 스마트시티다. https://www.smartcitieslibrary.com/

60 156.curitiba.pr.gov.br

61 브라질의 결제 애플리케이션이다.

62 이뱅스는 라틴아메리카 17개국, 아프리카 11개국, 인도에서 결제 솔루션을 제공하는 플랫폼이다. 올리스트는 브라질의 이커머스 기업이다. 마데이라마데이라는 침실·거실·주방·사무용 가구를 판매하는 마켓플레이스다.

63 여성 기업가들을 대상으로 하는 프로그램이다.

64 https://innovationsoftheworld.com

65 '지혜의 등대'는 하파엘 그레카 시장이 첫 번째 시장 임기 중에 만든 '마을 도서관'이다. 이 도서관에 시대 변화에 맞춘 팹 랩의 역할을 결합해 만든 것이 바로 '혁신형 지

혜의 등대'다. 이는 그레카 시장이 재취임한 2017년부터 만들기 시작했다.

66 임베디드 시스템(Embedded System), 즉 내장형 시스템은 시스템을 동작시키는 소프트웨어를 하드웨어에 내장해 특수한 기능만을 수행하는 컴퓨터 시스템이다.

67 아이비콘은 블루투스4.0(BLE) 프로토콜 기반의 근거리 무선통신장치로, 최대 70미터 이내의 장치들과 교신할 수 있다. 5~10센티미터 단위의 구별이 가능할 정도로 정확성이 높다. 전력 소모가 적어 모든 기기가 항상 연결되는 사물인터넷 구현에 적합하다. 비콘은 사물인터넷 시대를 맞아 몰락해 가던 블루투스 기술을 부활시키는 주역으로 손꼽힌다.

68 하이퍼바이저는 호스트 컴퓨터에서 다수의 운영체제를 동시에 실행하기 위한 논리적 플랫폼을 말한다. 하이퍼바이저 프로젝트는 2017년 꾸리찌바 시에서 이 사업을 구현하기 위해 프랑스개발청의 지원을 요청하면서 시작되었다. 꾸리찌바 시는 프랑스의 유사한 시스템을 갖춘 스마트시티 분야의 개발 경험을 배웠고, 프랑스 기술자들이 하이퍼바이저의 개념 개발과 준비를 상당히 많이 도왔다.

69 https://www.ibge.gov.br/en/statistics/social/population/18448-estimates-of-resident-population-for-municipalities-and-federation-units.html

70 https://www.bemparana.com.br/noticias/parana/mapa-do-crime-saiba-quais-os-bairros-mais-perigosos-de-curitiba/

71 UNESCO·UN-HABITAT, Urban Policies and the Right to the City-Rights Responsibilities and Citizenship(Paris: UNESCO, MOST), 2009; 강현수, 《도시에 대한 권리 : 도시의 주인은 누구인가》, 책세상, 2010.

참고문헌

- 강현수, 《도시에 대한 권리 : 도시의 주인은 누구인가》, 책세상, 2010.
- 김종철, [특별기고] '개혁'의 아름다움, 《한겨레신문》, 2015. 6. 4일자.
- 데이비드 월러스 웰즈, 김재경 옮김, 《2050 거주불능지구》, 추수밭, 2022.
- 리처드 로저스, 필립 구무치안, 이병연 옮김, 《도시 르네상스》, 이후, 2005.
- 마즈다 아들리, 이지혜 옮김, 《도시에 산다는 것에 대하여》, 아날로그, 2018.
- 박용남, 《꿈의 도시 꾸리찌바 : 재미와 장난이 만든 생태도시 이야기》, 녹색평론사, 2009.
- 박용남, 《꾸리찌바 에필로그 : 세계화에서 지역화로, 지구를 살리는 창조적 도시혁명》, 서해문집, 2011.
- 박용남, 《도시의 로빈후드 : 뉴욕에서 몬드라곤까지, 지구를 바꾸는 도시혁명가들》, 서해문집, 2014.
- 박용남, 《기적의 도시 메데진 : 마약의 수도는 전 세계 도시의 롤모델이 되었나?》, 서해문집, 2023.
- 박용남, 〈시민들의 식량권을 지키는 도시〉, 《녹색평론》 제186호, 녹색평론사, 2024.
- 박용남 외, 〈시클로비아의 세계 동향과 서울시에의 시사점〉, 서울연구원, 2021.
- 샐리 쿨타드, 김민정 옮김, 《바이오필릭 디자인 : 당신의 공간에 자연 가져오기》, 차잉시티, 2021, p. 74.
- 세넷, 리처드, 김병화 옮김, 《짓기와 거주하기 : 도시를 위한 윤리》, 김영사, 2020.
- 에릭 클라이넨버그, 서종민 옮김, 《도시는 어떻게 삶을 바꾸는가》, 웅진지식하우스, 2019.
- 이탈로 칼비노, 이현경 옮김, 《보이지 않는 도시들》, 민음사, 2016.
- 제인 제이콥스, 유강은 옮김, 《미국 대도시의 죽음과 삶》, 그린비, 2014.
- 찰스 몽고메리, 윤태경 옮김, 《우리는 도시에서 행복한가》, 미디어월, 2014.

- 클레멘스 G. 아르베이, 안세라·조순익 옮김,《바이오필릭 라이프》, 차밍시티, 2023.
- 타운센드, 앤서니, 도시이론연구모임 옮김,《스마트시티 : 더 나은 도시를 만들다》, 엠 아이디, 2018.
- 티모시 비틀리, 최용호·조철민 옮김,《바이오필릭 시티 : 자연과 인간이 공존하는 지속 가능한 도시》, 차밍시티, 2020.
- 프란시스 무어 라페·애나 라페, 신경아 옮김,《희망의 경계》, 시울, 2005.

- Appleyard, Donald, Livable Streets, Berkeley, University of California Press, 1981.
- Barton, Hugh ed., Sustainable Communities: The Potential for Eco-Neighbourhoods, Earthscan Publications Ltd, 2000.
- Brisbane City, Bisbane Metro: Project Overview, January 2021.
- Corporate Knights, Sustainable Cities Index: Environmental Performance and Climate Resilience in Global Cities, 2012.
- Crawford, J. H., Carfree Cities, Utrecht: International Books, 2000.
- Curitiba & IPPUC, PlanClima: Plano De Mitigação E Adaptação Às MudançasClimáticas, Decembro 2020.
- Duarte, F. and C. Ultramari (2012) 'Making public transport and housing match: Accomplishments and failures of Curitiba's BRT', Journal of Urban Planning and Development 138(2): 183—194.
- Economist Intelligence Unit, The Green City Index, 2012.
- F. Halais (2012), "Has South America's Most Sustainable City Lost Its Edge?" Bloomberg CityLab, 6 June 2012. Available at:
- Girardet, Herbert, The Gaia Atlas of Cities: New Directions for Sustainable Urban Living, Gaia Books Limited, 1996.
- Gordon, David ed., Green Cities: Ecologically Sound approaches to Urban Space, Black Rose Books, 1990.
- Hawken, Paul, Amory Lovins & L. Hunter Lovins, Natural Capitalism: Creating the Next Industrial revolution, Little, Brown and Company, 2000.
- ITDP, The BRT Standard: 2024 Edition.
- K.K. Hashiguchi, B. de Freitas Gai, D.F. Pigatto and K.V. Ono Fonseca (2020), "Exploratory Analysis of Public Transportation Data of Curitiba, Brazil," EasyChair Preprint No. 3782. Available at:
- L.A. Lindau, D. Hidalgo and D. Facchini (2010), "Curitiba, the Cradle of Bus Rapid Transit." Built Environment, 36(3): 274-282. Available at:
- Lerner, Jaime, Urban Acupuncture: Celebrating Pinpricks of Change that Enrich

City Life, Washington, D. C.: Island Press, 2016.

- Rabinovitch, Jonas, Curitiba: towards sustainable urban development, Environment and Urbanization(Vol. 4, No. 2, 1992).

- Register, Richard, Ecocities: Building Cities in Balance with Nature, Berkeley Hills Books, 2002.

- Rogers, Richard and Anne Power, Cities for a country, Faber and Faber Limited, 2000.

- Roseland, Mark ed., Eco-City Dimensions: Healthy Communities, Healthy Planet, New Society Publishers, 1997.

- Schwartz, Hugh, Urban Renewal, Municipal Revitalization: The Case of Curitiba, Brazil, Alexandria, VA, 2004.

- Suzuki, H., R. Cervero and K. Iuchi (2013) Transforming Cities with Transit: Transit and Land-Use Integration for Sustainable Urban Development, World Bank, Washington, DC

- Suzuki, H., A. Dastur, S. Moffatt, N. Yabuki and H. Maruyama (2010) Eco2 Cities: Ecological Cities as Economic Cities, The World Bank, Washington, DC.

- UNESCO·UN-HABITAT, Urban Policies and the Right to the City-Rights Responsibilities and Citizenship(Paris: UNESCO, MOST), 2009.

- UN-HABITAT, Curitiba Challenge Brief, 2022.

- UN-HABITAT, Curitiba Technical Volume, 2022.

- Vassoler, Ivani, Urban Brazil: Visions, Afflictions, and Governance Lessons, Youngstown, New York: Cambria Press, 2007.

- Wright, Lloyd, Bus Rapid Transit: Planning Guide, GTZ, September 2004.

- https://www.bloomberg.com/news/articles/2012-06-06/has-south-america-s-most-sustainable-city-lost-its-edge.

- https://easychair.org/publications/preprint/SbBB.

- https://www.jstor.org/stable/23289717?read-now=1&seq=1.

- https://www.milwaukeetool.eu/systems/one-key/resources/lessons-from-curitiba-how-transit-oriented-plannin/

- https://www.cps.fgv.br/cps/bd/docs/Texto-Inseguranca-Alimentar-no-Brasil_Marcelo-Neri_FGV-Social.pdf

- https://www.cps.fgv.br/cps/bd/docs/Texto-MapaNovaPobreza_Marcelo_Neri_FGV_Social.pdf

- https://www.gazetadopovo.com.br/curitiba/reciclagem-estacoesde-sustentabilidade-viram-deposito-de-lixo-comum-em-curitiba-4onab4y51ofbn4gsx3hpatxif/

- https://www.curitiba.pr.gov.br/noticias/curitiba-e-a-primeira-capital-do-brasil-a-oferecer-videoconsulta-para-covid-19/55450
- https://www.curitiba.pr.gov.br/noticias/com-presenca-da-ministra-nisia-trindade-greca-amplia-central-saude-ja-curitiba-para-atendimento-virtual/68211
- https://www.curitiba.pr.gov.br/noticias/greca-atende-a-ligacao-1-milhao-da-central-saude-ja-curitiba/72471
- https://www.archdaily.com.br/br/948851/acupuntura-urbana-requalificando-espacos-publicos-por-meio-de-intervencoes-locais
- https://www.jll.com.br/pt/views/conceito-de-acupuntura-urbana-contribui-para-o-desenvolvimento-sustentavel-das-cidades
- https://www.nuceciwan127.xyz/en/2023/05/community-gardens-as-an-ecological-alternative/
- happyeconews.com/curitiba-community-gardens/
- http://www.novajerusalem2015.com.br/
- https://www.theguardian.com/world/2017/jun/20/gisele-brazil-environment-president-michel-temer
- https://aiph.org/green-city-case-studies/curitiba-brazil-urban-agriculture/
- https://elpais.com/eps/2023-06-25/curitiba-el-icono-sostenible-y-verde-de-brasil.html
- https://www.curitiba.pr.gov.br/noticiasespeciais/conheca-o-programa-municipal-de-compostagem/39
- https://www.curitiba.pr.gov.br/noticias/adultos-e-criancas-farao-compostagem-em-casa-e-na-escola-com-o-programa-com-pos-te-curitiba/71042
- https://www.curitiba.pr.gov.br/noticiasespeciais/bairro-novo-do-caximba/19
- https://www.curitiba.pr.gov.br/noticias/veja-como-curitiba-trabalha-para-mitigar-e-se-adaptar-as-mudancas-climaticas/73770
- https://www.tomtom.com/traffic-index/curitiba-traffic/
- https://www.plural.jor.br/noticias/vizinhanca/caximba-curitiba-no-limite/
- https://www.cohabct.com.br/?p=6537
- https://www.curitiba.pr.gov.br/noticias/prefeitura-e-estado-estudam-eletromobilidade-para-a-rmc/57580
- https://www.smartcitieslibrary.com/
- https://156.curitiba.pr.gov.br/

- https://www.curitiba.pr.gov.br/noticiasespeciais/curitiba-cidade-inteligente-inovadora-e-sustentavel/49
- https://www.curitiba.pr.gov.br/noticias/greca-e-eduardo-pimentel-lancam-o-hipervisor-urbano-de-curitiba/72349
- https://www.vaticannews.va/pt/igreja/news/2024-05/curitiba-corpus-christi-2024-pede-unidade-paz-para-mundo.html
- https://www.curitiba.pr.gov.br/noticias/curitiba-recebe-em-novembro-a-6-edicao-do-congresso-internacional-de-felicidade/70980
- https://www.curitiba.pr.gov.br/noticias/festival-de-felicidade-tem-atracoes-gratuitas-neste-fim-de-semana-em-curitiba/71228
- https://www1.folha.uol.com.br/fsp/ilustrad/fq1108200309.htm
- https://www.smh.com.au/entertainment/movies/coppolas-daunting-quest-to-find-urban-paradise-20030819-gdh9k3.html
- https://www.bbcearth.com/news/six-cities-making-room-for-nature
- https://aiph.org/green-city/green-city-awards/
- https://elpais.com/eps/2023-06-25/curitiba-el-icono-sostenible-y-verde-de-brasil.html
- https://www.amep.pr.gov.br/Pagina/Sobre-RM-de-Curitiba
- https://www1.folha.uol.com.br/fsp/ilustrad/fq1108200309.htm
- https://www.smh.com.au/entertainment/movies/coppolas-daunting-quest-to-find-urban-paradise-20030819-gdh9k3.html
- https://www.bbcearth.com/news/six-cities-making-room-for-nature
- https://aiph.org/green-city/green-city-awards/
- https://elpais.com/eps/2023-06-25/curitiba-el-icono-sostenible-y-verde-de-brasil.html
- https://www.amep.pr.gov.br/Pagina/Sobre-RM-de-Curitiba
- https://worldpopulationreview.com/cities/brazil/curitiba
- https://www.pmi.org/learning/library/top-50-projects-11744
- https://www.wsj.com/articles/brazilian-mayor-became-a-global-guru-of-urban-planning-11623247202
- https://hbr.org/2023/01/how-frank-gehry-delivers-on-time-and-on-budget
- https://cps.fgv.br/pesquisas/mapa-da-nova-pobreza
- https://www.cell.com/one-earth/fulltext/S2590-3322(21)00236-0
- https://www.vaticannews.va/pt/igreja/news/2024-05/curitiba-corpus-christi-2024-pede-unidade-paz-para-mundo.html

- https://www.theguardian.com/cities/2017/jul/03/which-worlds-most-biodiverse-city-extreme-cities
- https://www.ted.com/talks/sebastiao_salgado_the_silent_drama_of_photography?subtitle=en
- http://www.hani.co.kr/arti/opinion/column/694280.html
- https://www.theurbanist.org/2023/02/08/urbanism-101-what-is-a-sponge-city/
- https://www.smartcitieslibrary.com/
- https://innovationsoftheworld.com
- https://www.ibge.gov.br/en/statistics/social/population/18448-estimates-of-resident-population-for-municipalities-and-federation-units.html
- https://www.bemparana.com.br/noticias/parana/mapa-do-crime-saiba-quais-os-bairros-mais-perigosos-de-curitiba/